Weiblich – männlich – anders?

Gegenbilder

herausgegeben von

Ethnologie in Schule
und Erwachsenenbildung e.V. (ESE)

Band 5

Waxmann Münster / New York
München / Berlin

Claudia Kalka, Sabine Klocke-Daffa (Hg.)

Weiblich – männlich – anders?

Geschlechterbeziehungen im Kulturvergleich

Waxmann Münster / New York
München / Berlin

Bibliografische Informationen Der Deutschen Bibliothek
Die Deutsche Bibliothek verzeichnet diese Publikation in
der Deutschen Nationalbibliografie; detaillierte bibliografische
Daten sind im Internet über http://dnb.ddb.de abrufbar.

Gedruckt mit freundlicher Unterstützung der
Stiftung Apfelbaum, Köln,
Stiftung Umverteilen!, Berlin
Stadt Münster

Gegenbilder, Band 5
Hrsg. von Ethnologie in Schule und Erwachsenenbildung e.V.

ISSN 0948-7999
ISBN-10   3-8309-1590-X
ISBN-13   978-3-8309-1590-4

© Waxmann Verlag GmbH, 2006
Postfach 8603, D-48046 Münster

www.waxmann.com
E-Mail: info@waxmann.com

Umschlaggestaltung: Pleßmann Kommunikationsdesign, Ascheberg
Titelbild: Tuareg aus Niger. Tuareg-Frauen genießen hohes soziales Ansehen.
Anders als in anderen islamischen Gesellschaften sind hier die Männer verschleiert.
Fotos: Kerstin Brünenberg
Satz und Layout: Jörg Aufdemkamp, Bielefeld
Druck: Hubert & Co., Göttingen
Gedruckt auf alterungsbeständigem Papier, DIN 6738

Alle Rechte vorbehalten
Printed in Germany

Inhalt

Vorwort 8
Einführung 11
Claudia Kalka / Sabine Klocke-Daffa

Kapitel 1: Begegnungen mit fremden Frauen

»Das erste Fest ohne ihn!« 23
Über die Darstellung indigener Frauen in deutschen Printmedien
am Beispiel der Zeitschrift »Brigitte«
Claudia Kalka

»Der Tod tanzt mit mir, schau nicht in mein Gesicht« 29
Begegnungen mit N!ai, einer Ju|'hoan-Frau aus Namibia
Sonja Speeter-Blaudszun

Kapitel 2: Frauenwelten – Männerwelten

»Frauen haben keine Kraft!«? 41
Vorstellungen über Männer und Frauen bei den Wampar in Papua Neuguinea
Christiana Lütkes

Beduinenfrauen und Touristen auf der Halbinsel Sinai (Ägypten) 51
Katrin Biallas

Nur »anmutig und schön«? 61
Zur gesellschaftlichen Stellung der Frau bei den Tuareg
Kerstin Brünenberg

Fatimas Welt 69
Über das Leben einer Frau im Islam
Sandra de Vries

Kapitel 3: Frauen in Männerrollen

»Wenn ich gebraucht werde, bin ich im Boot« 77
Frauen beim Walfang – Interview mit einer Inuit
Heike Faller & Rosabelle Rexford

Tradition versus Kommerz 87
Die Teilnahme von Frauen am Fliegerspiel in Mexiko
Ursula Bertels

Kapitel 4: Frauenmacht

Ohnmacht oder Macht? 95
Frauen in Ägypten
Barbara Aboueldahab

»Die Frau ist der Schlüssel des Hauses« 105
Zur Macht verheirateter Frauen bei den Nama in Namibia
Sabine Klocke-Daffa

Frauenproteste gegen europäische Kolonialherrschaft 115
Fallbeispiele aus Afrika
Rita Schäfer

»Die Männer sind der Kopf und die Frauen der Hals« 127
Frauen im ländlichen Europa. Wanderung durch die ethnografische Literatur
Claudia Kalka

Die Nikokyrá 141
Haus-Frauen im griechischen Dorf
Ulrike Krasberg

Kapitel 5: Das Gleichgewicht der Geschlechter

Die Gesellschaft der Hopi: Eine Welt der Frauen? 151
Gisela Stappert

Die »mächtigen« Frauen von Juchitán 163
Geschlechtergeflecht in Ökonomie, Kultur und Spiritualität
Cornelia Giebeler

Einflussreich trotz Brautpreis 175
Weberinnen auf der Insel Flores in Indonesien
Willemijn de Jong

Jeder hat seine Aufgabe und keiner herrscht 187
Das Gleichgewicht der Geschlechter bei den Warao-Indianern in Venezuela
Claudia Kalka

Kapitel 6: Geschlechterverhältnisse im Wandel

Die Wayúu in Südamerika 195
Ein Frauen-orientiertes Gender-Modell
Maria-Barbara Watson-Franke

Nauasiuame 201
Frauenleben in einem Naua-Dorf in der Huasteka in Hidalgo, Mexiko
Lydia Raesfeld

»Frauen wollen doch nur Kleider!« 209
Materielle Wünsche und Geschlechterkampf in Ghanas Hauptstadt Accra
Barbara Meier

Kapitel 7: Geschlechtsrollenwechsel

Yamarikumá 221
Die mythischen Heldinnen vom Oberen Xingu (Brasilien)
Ulrike Prinz

»Die Seele ist alles«, sagte Aristoteles 231
Gedanken zum Crossdressing. Ein Plädoyer für Toleranz
Panja Jürgens

Die enttäuschte Braut 239
Geschlechtsrollen in indianischen Kulturen Nordamerikas und im »Westen«
Volker Beer

Autorinnen und Autoren 251
Bildnachweis 256

VORWORT Die Initiative zu diesem Buch geht auf den wissenschaftlichen Diskurs um Frauenmacht und Männerherrschaft zurück, der seit den 1970er Jahren die Kulturwissenschaften beschäftigt. Auch in der breiten Öffentlichkeit ist das Thema aufgegriffen und zum Inhalt zahlreicher Seminare, Vorträge und Workshops gemacht worden. Inzwischen liegt eine wahre Flut von Publikationen dazu vor. Die Diskussion um Frauenrechte und Frauenquoten, Gleichstellung der Geschlechter und Gendermainstreaming[1] hat längst nahezu alle Bereiche unserer Gesellschaft erreicht. Aber fast immer geht es dabei um unsere eigenen Konzepte. Außerhalb der Wissenschaften ist der Blick über den Tellerrand auf andere Kulturen eher selten, auch wenn wir dafür gar nicht weit zu reisen bräuchten.

Die Ethnologie hat wertvolle Beiträge zu dieser Diskussion geleistet, erreicht damit jedoch in der Regel ein vorwiegend universitäres oder akademisch interessiertes Publikum. In Schule und Erwachsenenbildung finden ethnologische Veröffentlichungen dagegen nur selten Eingang. Allenfalls hat die »Kopftuchdebatte« der letzten Jahre bewirkt, dass eine intensivere Beschäftigung mit islamischen Gesellschaften eingesetzt hat. Das Wissen um die Situation von Frauen (und Männern) in anderen Regionen der Welt ist jedoch oft nur bruchstückhaft und nach wie vor von vielen Stereotypen geprägt. Die kulturelle Konstruktion von »Geschlecht« als einer primär sozialen Kategorie und die kulturspezifische Ausprägung der Geschlechterbeziehungen ist kein bevorzugtes Thema in Erziehung und Bildung, obwohl wir inzwischen längst in einer multikulturellen Gesellschaft leben. Die Fremden müssten so fremd nicht sein, denn in Deutschland leben heute Mitglieder vieler unterschiedlicher Kulturen.

Das war für uns Anlass, einen neuen Band der Reihe »Gegenbilder« in Angriff zu nehmen, in dem EthnologInnen über ganz unterschiedliche Gesellschaften berichten und so einen Vergleich ermöglichen. Herausgegeben wird die Reihe vom Münsteraner Verein Ethnologie in Schule und Erwachsenenbildung (ESE) e.V., der es sich zum Ziel gesetzt hat, ethnologisches Wissen der Öffentlichkeit zugänglich zu machen, um auf diese Weise die Kenntisse über andere Kulturen zu fördern, Vorurteile abzubauen und fremde Sichtweisen verstehbar zu machen – als unabdingbare Voraussetzung für verantwortliches Handeln in der Einen Welt, in der unser eigenes Lebens- Denk- und Wertesystem nur eine von vielen Möglichkeiten darstellt.

Die ersten Beiträge, die auf den »call for papers« zu diesem Buch eingingen, hatten zunächst noch einen deutlichen »Frauenschwerpunkt«. Es zeigte sich jedoch, dass sich die Perspektiven im Laufe der Zeit verschoben. Es ging zu-

---

1 Das Konzept des Gender Mainstreaming versucht, die unterschiedlichen Lebenssituationen und Interessen von Frauen und Männern bei allen gesellschaftlichen Vorhaben zu berücksichtigen.

nehmend nicht mehr allein um Macht oder Ohnmacht von Frauen, sondern auch um Geschlechterbeziehungen und die Frage, was eigentlich »weiblich« oder »männlich« ist und ob es Alternativen zu den für uns selbstverständlichen Rollenzuweisungen gibt. Die Herausgeberinnen beschlossen daher, den Fokus dieses Buches breiter anzulegen, wie der Titel erkennen lässt. Unser Buch ist damit zugleich in gewisser Weise ein Spiegel der wissenschaftlichen Theorieentwicklung. Dementsprechend ist auch in der Ethnologie die Frauenforschung inzwischen von der Genderforschung abgelöst worden.

Unser Ziel ist es, den LeserInnen einen Einblick in die Vielfalt der Kulturen zu vermitteln. Dafür konnten insgesamt 21 AutorInnen gewonnen werden, die über Menschen in allen Teilen der Welt berichten, von Venezuela bis Papua Neuguinea, von Alaska bis Namibia. Alle Beiträge sind so geschrieben, dass sie sowohl in der Erwachsenenbildung als auch im Schulunterricht Verwendung finden können. Auf Fachtermini wurde weitestgehend verzichtet, ebenso auf komplexe theoretische Erörterungen. Die am Schluss jedes Beitrages angegebene Literatur dient als Anregung zur weiteren Beschäftigung mit dem Thema, ist aber nicht Voraussetzung zum Verständnis des jeweiligen Artikels. Da heute immer mehr Informationen aus dem Internet bezogen werden, enthalten einige Beiträge auch Hinweise auf aktuelle Websites.

Das Buch wendet sich nicht an eine bestimmte Altersgruppe. Es wurde daher bewusst darauf verzichtet, Unterrichtsmaterialien oder Unterrichtsentwürfe für einzelne Altersstufen anzufügen, um einen möglichst variablen Einsatz der hier vorgestellten ethnografischen Beispiele zu gewährleisten. Lediglich in einem Beitrag (Rita Schäfer) sind einige generelle Leitfragen für den Unterricht formuliert worden.

Allen, die an diesem Band mitgewirkt haben, gilt unser herzlichster Dank: den AutorInnen, die mit ihren Beiträgen dieses Buch erst haben entstehen lassen; unseren Sponsoren, ohne deren Unterstützung die Publikation nicht hätte realisiert werden können, sowie Dr. Ursula Bertels, Sabine Eylert und Freya Morigerowsky für die sorgfältige Korrektur der Manuskripte und Jörg Aufdemkamp, der die professionelle Gestaltung des Textes übernahm.

Ahrensburg/Münster, März 2006
    Claudia Kalka, Sabine Klocke-Daffa

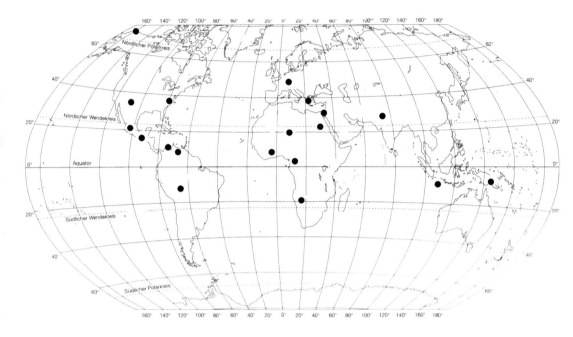

Die mit einem ● gekennzeichneten Regionen werden in diesem Buch behandelt.

Einleitung

Claudia Kalka
Sabine Klocke-Daffa

FRAGESTELLUNG UND ZIELE DIESES BUCHES Im Mittelpunkt des vorliegenden Themenbandes der Reihe »Gegenbilder« stehen vor allem Frauen. Das Buch will kulturspezifische Gegenentwürfe zu landläufigen Vorstellungen aufzeigen, die in unserer Gesellschaft über Frauen in anderen Kulturen und über die dort herrschenden Geschlechterbeziehungen bestehen. Es soll der Frage nachgegangen werden, wie sich die Situation von Frauen und Männern in unterschiedlichen Kulturen darstellt. Ziel ist es, andere kulturelle Normen und Werte vorzustellen, zu erklären und um Respekt für sie zu werben. Die Kenntnis fremder Kulturen hilft uns, das Eigene zu erkennen, denn wir verstehen uns selbst erst im Gegenüber zum Anderen. Durch den interkulturellen Vergleich wird zugleich deutlich, dass unsere Gesellschaft nicht das Maß aller Dinge sein kann, sondern nur eine von vielen Existenzmöglichkeiten darstellt, die Menschen entwickelt haben.

Es geht also nicht um Bewertungen – andere Gesellschaften sind nicht »besser« oder »schlechter« als die eigene, sondern nur anders. Es geht auch nicht um Veränderungen. Jede Kultur hat ihre eigene Geschichte und ihre spezifischen Muster entwickelt, die nur im Gesamtkontext verständlich werden und Sinn machen. Alle Gesellschaften sind jedoch in einem kontinuierlichen Wandel begriffen – es gibt keine statischen Kulturen, nur solche, die sich schneller und solche, die sich langsamer verändern. Sie sollten das in jedem Falle selbstbestimmt und in dem ihnen eigenen Tempo tun, wenn Wandel nachhaltig sein soll. Gesellschaften können sich allerdings gegenseitig beeinflussen. Nur so können wir voneinander lernen.

Aus dem Vergleich der Kulturen wird deutlich, wie Menschen ihr Zusammenleben unter ganz unterschiedlichen Bedingungen gestalten und den Alltag meistern. Ein wichtiger Aspekt der Alltagsrealität ist die Struktur der Geschlechterbeziehungen. Ihre Analyse wirft auch ein Schlaglicht auf andere charakteristische Merkmale der betreffenden Gesellschaft wie politische und wirtschaftliche Strukturen, Normen und Werte oder religiöse Vorstellungen.

GESCHLECHTERFORSCHUNG IN DER ETHNOLOGIE In der Ethnologie begann die Beschäftigung mit »fremden« Frauen schon im 19. Jahrhundert, blieb jedoch lange Zeit männlichen Forschern überlassen. Das prägte das Bild von Frauen in außereuropäischen Gesellschaften, denn sie wurden lange Zeit nur aus männlicher Sicht dargestellt (aus der Sicht von Männern, die dazu befragt wurden, und aus der sie beschreibenden Forscher). Oftmals wurde auch seitens der Ethnologen von vornherein davon ausgegangen, dass alles Wichtige in den Händen von Männern läge, weil von ihnen wichtige soziale oder politische Funktionen wie die des Häuptlings, Heilers oder Mythenspezialisten ausgeübt wurden und daraus auf eine untergeordnete Rolle der Frauen geschlossen wurde. Dabei übertrugen die Forscher ihre eigenen Vorstellungen von Frauen und vom Verhältnis der Geschlechter oft unhinterfragt und manchmal ganz unbewusst auf andere Kulturen. Das Leben der Frauen spielte sich eher am Rande ihrer Wahrnehmung ab und blieb in ihren wissenschaftlichen Arbeiten entsprechend unterbelichtet. Erst als Forscherinnen begannen, sich mit Frauenthemen zu befassen, wurde das Bild von der »fremden Frau« facettenreicher.

Ein wichtiger Schritt auf dem Wege zur interkulturellen Frauenforschung waren die Arbeiten der amerikanischen Ethnologin Margaret Mead. Sie war die erste, die darauf hinwies, dass das Geschlecht einer Person nicht allein biologisch bestimmt ist, sondern zu einem ganz wesentlichen Teil, wenn nicht sogar hauptsächlich, sozial konstruiert wird. Menschen werden zwar mit weiblichen oder männlichen Geschlechtsmerkmalen geboren und haben bestimmte weibliche/männliche biologische Anlagen, aber ob sie dann als Mädchen/Jungen aufwachsen und zu Frauen/Männern werden bzw. als solche angesehen sind, hängt oftmals von ganz anderen Faktoren ab. Auch das, was als »typisch weibliches Verhalten« bzw. als charakteristische »männliche Eigenschaften« gilt, ist keineswegs biologisch bedingt, sondern in erster Linie kulturell festgelegt und damit nicht allgemeingültig und auch nicht für alle Zeiten feststehend. Biologisch gesehen lässt sich zwar an einer Person wenig ändern (außer durch künstliche Eingriffe), aber welche soziale Rolle sie einnimmt, welches Verhalten sie an den Tag legt, welche Macht ihr zugestanden wird und welche Pflichten, Rechten und Verantwortlichkeiten sie zu übernehmen hat oder nicht übernehmen darf, das ist sehr variabel und wird in jeder Gesellschaft unterschiedlich gehandhabt.

Mead hat deshalb eine wichtige begriffliche Unterscheidung vorgeschlagen, für die wir in der deutschen Sprache keine Entsprechung haben: *Sex* ist das biologische Geschlecht, während mit dem Wort *gender* das sozial konstruierte Geschlecht bezeichnet wird. Im Deutschen wird beides mit *Geschlecht* bezeichnet.

Die eigentlich Frauenforschung[1], d.h. die Konzentration von Forscherinnen auf frauenspezifische Themen, begann erst in den 70er Jahren des 20. Jahrhunderts, maßgeblich beeinflusst durch die feministische Bewegung in den USA. Als besondere Herausforderung für die Ethnologie erwies sich dabei der schon im Jahre 1949 erschienene Bestseller der französischen Schriftstellerin Simone de Beauvoir, *Das zweite Geschlecht*. Sie stellte darin die provozierende These auf, dass Frauen auf der ganzen Welt einen gegenüber Männern untergeordneten sozialen Status hätten, weil sie aufgrund ihrer Rolle als Mütter wenig flexibel und weitgehend an das Haus gebunden seien. Deshalb seien sie überall und schon immer von Männern dominiert und als Beherrschte eben nur das »zweite« Geschlecht.

Um diese These im interkulturellen Vergleich zu überprüfen, wurden weltweit Forschungen durchgeführt. Es stellte sich die Frage, ob es Gesellschaften gibt oder je gegeben hat, in denen die politische Macht in der Hand von Frauen liegt, oder solche, in denen Frauen Macht haben, ohne zu herrschen oder beherrscht zu werden. Sehr bald stellte sich heraus, dass die einfache Zweiteilung in Beherrscher und Beherrschte nicht zutrifft. Zwar lässt sich nirgends eine Form von Matriarchat[2] feststellen, aber es gibt viele Gesellschaften, in denen Frauen und Männer sowohl sozial als auch politisch weitgehend gleich gestellt sind, so genannte geschlechtsegalitäre Gesellschaften.[3] *Gleichheit* bedeutet allerdings nicht *Gleichartigkeit*. Auch dort, wo eine weitgehende Gleichheit der Geschlechter besteht, werden unterschiedliche Zuständigkeiten und Verhaltensweisen anerkannt.

Aber auch in Gesellschaften, in denen die Geschlechter nicht gleichgestellt sind, kann daraus noch nicht auf eine unterlegene Stellung der Frauen oder gar auf ihre Unterdrückung geschlossen werden. Oftmals gibt es Bereiche weiblicher Macht, die nicht öffentlich sind und daher leicht übersehen werden: die alleinige Zuständigkeit von Frauen etwa im Bereich des Hauses, für die Kindererziehung, die Pflege sozialer Kontakte oder für die Ausübung religiöser Pflichten.

---

1 Zur Geschichte der ethnologischen Frauen- und Genderforschung siehe Hauser-Schäublin 1991: 9–37; de Jong / Möwe / Roth 2000; Schröter 2002: 15–59; zur Genderforschung allgemein Kroll 2002, im internationalen Vergleich siehe Brettell / Sargent 2005.
2 *Matriarchat* = Frauenherrschaft. Die Theorie, dass es in einer früheren Epoche der Menschheitsgeschichte einmal eine Phase des Matriarchats gegeben habe, in der die Herrschaft in der Gesellschaft immer von Frauen ausgeübt wurde, konnte bis heute nicht bewiesen werden.
3 Siehe dazu die Beiträge in dem Buch von Lenz / Luig 1990.

Weltweit sind Frauen keineswegs überall, wie Simone de Beauvoir behauptet hat, in einer untergeordneten Position, weder in westlichen noch in anderen Gesellschaften. Ein statistischer Vergleich von 140 nicht-industriellen Gesellschaften hat gezeigt[4], dass 32% durch Geschlechtergleichheit gekennzeichnet waren, 28% durch Ungleichheit und die Mehrheit von 40% durch mehr oder weniger Gleichheit. Auf einer Skala sieht das folgendermaßen aus:

Geschlechtergleichheit	32%
mehr oder weniger Gleichheit	40%
Geschlechterungleichheit	28%

In der Entwicklung der Geschlechterbeziehungen spielen viele Faktoren eine Rolle, die dazu geführt haben, dass sie weltweit sehr unterschiedlich sind und auch unterschiedlich bleiben werden: aufgrund von Umweltbedingungen oder bedingt durch ökonomische Strukturen, Verwandtschaft- und Heiratsregeln oder politische Verhältnisse. Darüber hinaus lässt sich feststellen, dass der Status einer Person variieren kann: In Gesellschaften mit mehr oder weniger deutlich ausgeprägter Geschlechterungleich geht ein günstiger oder ungünstiger Status in einem Bereich nicht grundsätzlich mit einem ebensolchen Status in anderen Bereichen der Kultur einher: So gelten z.B. Männer in manchen Gesellschaften als Haupternährer der Familie und geben wirtschaftlich den Ton an, müssen das erwirtschaftete Einkommen aber fast vollständig an ihre Frauen oder Mütter abgeben, die allein für die Verteilung zuständig sind; umgekehrt ist Frauen in vielen Gesellschaften zwar der Zutritt zu öffentlichen Ämtern verwehrt, sie mögen aber die alleinige Zuständigkeit für die Familie haben und u.U. auch Besitzerinnen der Häuser sein.

Neue Untersuchungen der letzten Jahre haben gezeigt, dass es auch innergesellschaftlich große Unterschiede je nach sozialer Schicht, Klasse oder Rasse gibt. Die weltweit zunehmenden Migrationsbewegungen sowohl innerhalb einzelner Länder wie auf regionaler und internationaler Ebene haben weiter dazu beigetragen, dass die bestehenden Geschlechterrollen verändert werden und sich damit auch die Beziehungen zwischen den Geschlechtern in relativ kurzer Zeit ändern können. Das führt manchmal selbst in ein und demselben Staat zu Unterschieden zwischen Stadt und Land wie zwischen »westlich« orientierten und traditionell lebenden Familien.

Ausgehend von der Tatsache, dass die konkrete Ausgestaltung der Geschlechterbeziehungen zwar kulturell vorgegeben, aber keineswegs unveränderlich

---

4 Zitiert bei de Jong 2002: 17.

sind, haben sich jüngste Forschungen wieder verstärkt der Frage zugewandt, wie »Geschlecht« konstruiert wird und wieviele Geschlechter es eigentlich gibt. Gibt es mehr als zwei Geschlechter?

Es hat sich herausgestellt, dass alle Gesellschaften weltweit die Einteilung in unterschiedliche Geschlechter kennen und Menschen dementsprechend zuordnen. Es ist keine Gesellschaft bekannt, die keine Vorstellung von »Geschlecht« hätte, wie es auch keine gibt, in der nicht schon bei der Geburt der Mensch entweder dem weiblichen oder dem männlichen Geschlecht zugeordnet wird.[5] Dagegen scheint es überall auf der Welt Menschen zu geben, deren soziales Geschlecht *(gender)* im Laufe ihres Lebens mehr und mehr von den biologischen Merkmalen ihres Körpers *(sex)* abweicht. Viele Gesellschaften tolerieren einen solchen Wechsel nicht, stellen ihn sogar unter Strafe. Andere haben eine Möglichkeit vorgesehen, dass Menschen das vorgegebene Zwei-Geschlechter-Modell vorübergehend verlassen oder ganz das Geschlecht wechseln.

Ein Wandel der vorgegebenen Geschlechtsrolle muss nicht in jedem Falle mit sexuellen Vorlieben zu tun haben und eine Frage der individueller Identität sein. In vielen Gesellschaften geschieht ein Wechsel der Geschlechtsrolle vielmehr aus sozialen Gründen, weil z.B. kein männlicher Nachfolger vorhanden ist und deshalb eine der Töchter zum »Mann« erklärt wird oder weil ein Mann sich besonders für weibliche Arbeiten interessiert und deshalb als »Frau« angesehen wird.[6] Selbst dort, wo die Rollenverteilung eindeutig ist: Die wenigsten Menschen entsprechen vollständig den vorherrschenden Stereotypen von Männlichkeit und Weiblichkeit, sondern verorten sich irgendwo dazwischen.[7] Es gibt eine große Bandbreite der Geschlechtsidentitäten, und die zunehmende Individualisierung der Welt mag dazu beitragen, dass immer mehr Menschen dazu stehen, »anders« zu sein als männlich oder weiblich. Von einem allgemeinen Akzeptieren unterschiedlicher und variabler Geschlechtsidentitäten sind wir indes sowohl in Deutschland wie weltweit weit entfernt.

ZU DEN BEITRÄGEN Internet und Printmedien bieten heute gute Möglichkeiten, sich über nahezu jede Kultur der Welt zu informieren, transportieren jedoch nach wie vor viele Stereotype. *Claudia Kalka* möchte den LeserInnen mit ihrem Beitrag Kriterien an die Hand geben, die es ermöglichen sollen, Zeitschriftenberichte über indigene Frauen auch ohne ein Ethnologiestudium zu beurteilen.

---

5 Schröter 2002: 215.
6 Siehe dazu den Beitrag von Volker Beer in diesem Band.
7 Schröter 2002: 227.

Nur wenige Menschen haben aber tatsächlich Gelegenheit, »fremden Frauen« so zu begegnen, wie es EthnologInnen möglich ist. Will man sich über Frauen in andere Kulturen informieren, so wissen die wenigsten um die fundierten ethnologischen Publikationen oder Filme, die meist ein unbeachtetes Dasein in Wissenschaftsverlagen oder wissenschaftlichen Filmverleihen fristen. Bekannter sind Ethno-Filme wie der vor einigen Jahren auch in Deutschland sehr populäre Film »Die Götter müssen verrückt sein«, in dem es um eine Gruppe von Buschleuten in der namibischen Kalahari ging. Doch niemand kennt die Geschichten hinter der Geschichte, den Alltag der Filmhelden und ihr wirkliches Leben, das im Film einen so romantischen Anschein hat. Und selbst wissenschaftliche Filme sind immer nur Momentaufnahmen, in denen Situationen festgehalten werden, die von den Betroffenen Jahre später ganz anders beurteilt werden mögen. *Sonja Speeter-Blaudszun* stellt uns eine Frau der Buschleute vor, die sie zuerst im Film gesehen hat und dann persönlich kennen lernte.

In manchen Kulturen herrscht eine für uns ungewöhnliche Trennung zwischen den Geschlechtern. Denn hier bleiben Frauen und Männer meist für sich. In gleichgeschlechtlichen Gruppen gehen sie ihren jeweiligen Aufgaben nach und verrichten diese auch an ganz unterschiedlichen Orten. Selbst Eheleute gehen getrennte Wege. Man sieht sie in der Öffentlichkeit in der Regel nicht zusammen. Lediglich zu den Mahlzeiten und des Nachts treffen sie sich. Die Trennung in eine Frauenwelt und eine Männerwelt muss nicht gleichbedeutend sein mit einer unterschiedlichen Wertigkeit von Frauen und Männern. Dass Männer körperlich stärker sind als Frauen, wird nicht überall als Minderwertigkeit der Frauen ausgelegt. Und wenn Frauen sich im Gegensatz zu Männern nicht frei in der Öffentlichkeit bewegen können, sondern sich hauptsächlich im Haus aufhalten, kann daraus noch nicht auf die Unterlegenheit und Herabwürdigung des weiblichen Geschlechtes geschlossen werden.

Christiana Lütkes zeigt auf, was Männer und Frauen nach Sicht der Wampar in Papua Neuguinea auszeichnet. Sie stellt die Idealvorstellungen dieser Kultur vor und vergleicht diese mit der gelebten Wirklichkeit, und immer wieder weist sie darauf hin, wie wichtig es ist, im Umgang mit Menschen aus anderen Kulturen unserer eigenen Denkmuster gewahr zu sein.

Die Beduinen des Sinai haben strikt getrennte Lebensbereiche für Männer und Frauen, die auch in der räumlichen Anordnung der Zelte und Häuser deutlich wird, wie *Katrin Biallas* zeigt: Der private Teil ist den Frauen und Kindern zugeordnet, hier haben Fremde nichts zu suchen. Die Männer halten sich dagegen vorwiegend im öffentlichen Teil des Hauses auf, wo sie auch ihre vielen Gäste empfangen. Von Beduinenfrauen wird erwartet, dass sie sich überwiegend im Haus aufhalten. Das verurteilt sie aber keineswegs zur Abhängigkeit von ihren Männern. Vielmehr sind sie wirtschaftlich sehr aktiv und verdienen ihr eigenes Geld, vorwiegend mit Perlenschmuck, den ihre Kinder für sie an Touristen verkaufen – denn Kinder können sich frei zwischen allen Bereichen bewegen.

Auch bei den Tuareg, die wie die Beduinen des Sinai Nomaden sind, haben Frauen eine hohe gesellschaftliche Stellung. Sie sind die Besitzerinnen der Zelte und geben den Familiennamen an die Kinder weiter. *Kerstin Brünenberg* erklärt, warum Zurückhaltung und Würde – auch in den Beziehungen zwischen den Geschlechtern – eine so große Rolle spielen und warum bei den Tuareg die Männer und nicht die Frauen verschleiert gehen.

Im überwiegend islamischen Pakistan dagegen sind es die Frauen, die in der Öffentlichkeit nie ohne ein Kopftuch zu sehen sind. *Sandra de Vries* zeigt, wie Mädchen und Frauen sich in der Öffentlichkeit bewegen und warum eine große Familie so wichtig ist.

Jede Gesellschaft hat klare Vorstellungen davon, welche Aufgaben und Arbeiten Frauen bzw. Männer zu erfüllen haben. Wir bezeichnen das als »geschlechtliche Arbeitsteilung«. Doch müssen wir uns hüten, dies als ein starres System zu begreifen. Vielmehr lassen viele Kulturen den Frauen und Männern den Freiraum, ihren individuellen Fähigkeiten und Vorlieben nachzugehen. Die in diesem Kapitel aufgeführten Beispiele konzentrieren sich auf Frauen, die gelegentlich Männerarbeit verrichten:

Die Inuit-Frau *Rosabelle Rexford* berichtet in ihrem Interview mit *Heike Faller* von ihrer Teilnahme am Walfang, der sonst von Männern ausgeübt wird.

Ursula Bertels führt uns eine Umbruchsituation vor Augen, die durch den Tourismus hervorgerufen wurde: Unverheiratete Frauen nutzen die sich wandelnden Gegebenheiten und dringen in die ursprünglich nur Männern vorbehaltende Domäne des Fliegerspiels vor.

Macht – was ist das eigentlich? Zunächst einmal kennen wir das Wort in der Bedeutung, dass jemand Macht über (eine) andere Person(en) hat und Gehorsam verlangen kann. Wer die Macht hat, kann anderen seinen Willen aufzwingen. Macht kann aber auch haben, wer über Ressourcen und Prozesse (z. B. in der Entscheidungsfindung) bestimmt, wer Einfluss nehmen kann auf soziale Beziehungen. Gerade hier zeigt sich die Macht von Frauen besonders deutlich. Es geht dabei um die Frage, ob Frauen beispielsweise eigenes Vieh, Land oder ein eigenes Haus besitzen und darüber frei verfügen können, ob Frauen Einfluss auf (politische) Entscheidungen der Gemeinschaft nehmen oder ob sie im religiösen Leben eine Rolle spielen. Diese Form von »Macht« und Einfluss ist nicht immer sofort sichtbar und wird daher oft nicht wahrgenommen.

Aus ihrer guten Kenntnis ägyptischen Lebens heraus gibt *Barbara Aboueldahab* neue Einblicke in das Leben muslimischer Frauen in Ägypten und entdeckt Macht hinter vermeintlicher Ohnmacht.

Sabine Klocke-Daffa zeigt, welche Schlüsselposition verheiratete Nama-Frauen in Namibia einnehmen. Sie allein entscheiden über den Haushalt – dazu gehört auch das Einkommen all derer, die in ihrem Haus leben.

Rita Schäfer stellt vor, wie Frauen aus Nigeria und Kamerun in der Kolonialzeit wiederholt gegen Eingriffe in ihre traditionellen Befugnisse und Rechte protestierten und wie befangen die Kolonialverwaltung war, weil sie Derartiges den Frauen nicht zutraute und hinter den protestierenden Frauen lediglich feige Männer vermutete.

Claudia Kalka unternimmt auf der Suche nach der Macht der Frauen eine Wanderung durch das ländliche Europa und stellt fest, dass der erste Blick auf die Beziehung der Geschlechter oft trügt.

Am Schluss dieses Kapitels wirft *Ulrike Krasberg* einen Blick auf das südöstliche Europa: Griechenland erscheint vielen noch immer als Paradies für Männer, wo die Frauen arbeiten und die Männer ihre Tage beim Kaffeetrinken zubringen können. Erst bei genauerem Hinsehen zeigt sich: Das Dorf der Männer ist unter seiner Oberfläche eigentlich ein Dorf der Frauen, in dem für die Männer nur auf dem Dorfplatz im Kaffeehaus ein Platz ist.

In geschlechtsegalitären oder geschlechtssymmetrischen Gesellschaften herrscht ein weitgehendes Gleichgewicht der Geschlechter: Entweder nehmen Frauen und Männer an allen gesellschaftlich bedeutsamen Bereichen gleichberechtigt teil oder die Bereiche, in denen Männer das Sagen haben, werden aufgewogen werden durch andere, in denen Frauen dominieren.

Gisela Stappert zeigt, wie sich die Hopi-Indianer der USA stets um einen Ausgleich zwischen den Geschlechtern bemühen.

Cornelia Giebeler stellt heraus, dass bei den Zapoteken in Mexiko gerade die Anerkennung der Unterschiedlichkeit der Geschlechter die Grundlage für das Geschlechtergleichgewicht bildet.

Willemijn de Jong hält uns unsere Vorstellungen vom »Frauenkauf durch Brautpreis« vor Augen und zeigt auf, was Brautpreis und die damit einhergehenden Gegengeschenke in der Gesellschaft der Lio in Indonesien wirklich bedeuten.

Claudia Kalka verdeutlicht am Beispiel der Warao-Indianer in Venezuela, wie das dortige Geschlechtergleichgewicht durch die Trennung der Zuständigkeiten von Männern und Frauen erreicht wird.

Weltweit verlassen Millionen von Menschen ihre Herkunftsregionen und ziehen auf der Suche nach besseren Lebensbedingungen in andere Regionen, städtische Zentren oder fremde Länder. Welche langfristigen Auswirkungen haben die Aufgabe der gewohnten Umgebung und das Kennenlernen von anderen kulturellen Gepflogenheiten und Werten für die Beziehungen der Geschlechter? Dieser Frage gehen drei Beiträge im Kapitel über »Geschlechterverhältnisse im Wandel« nach:

Die Wayúu in Venezuela haben jahrhundertelang erfolgreich dem westlichen Einfluss widerstanden und konnten so ihre traditionelle Sozialstruktur, in der Frauen eine hohe Stellung haben, erhalten. *Maria-Barbara Watson-Franke* macht deutlich, welche Probleme in jüngster Zeit mit der Abwanderung in die modernen Großstädte Venezuelas und Kolumbiens entstanden sind.

Lydia Raesfeld zeigt, wie äußere Eingriffe und nicht zuletzt der Einfluss der Medien Wirkung zeigen und sich ein Wandel der Macht- und Rollenverteilung zwischen den Geschlechtern bei den Naua von Mexiko abzuzeichnen beginnt.

In dem Beitrag von *Barbara Meier* geht es um veränderte Ansprüche von Migrantinnen in Ghanas Hauptstadt Accra, die sich so gar nicht mehr mit traditionellen Rollenzuweisungen und Geschlechterbeziehungen ihrer eigenen Gesellschaft begnügen wollen.

Das letzten Kapitel dieses Buches greift das Thema Geschlechtsrollenwechsel auf. *Ulrike Prinz'* Beitrag über den »Streit der Geschlechter« bei indianischen Gruppen in Brasilien zeigt, dass ein im Ritus inszenierter Wechsel der Geschlechtsrolle als Gegenbild zur etablierten Männerherrschaft dient und einen Kreislauf der Macht in Gang halten kann, durch den einseitige Machtverhältnisse verhindert werden.

Westliche Gesellschaften zeichnen sich dagegen gerade dadurch aus, dass sie an starren Geschlechterrollen festhalten und sich noch immer sehr schwer damit tun, wenn Menschen sich nicht eindeutig zuordnen lassen wollen. Was im Spiel erlaubt und bejubelt wird, bereitet im Alltag enorme Schwierigkeiten und war in früheren Zeiten z. T. unter schwere Strafe gestellt. *Panja Jürgens* beschäftigt sich mit den »Crossdressern« und plädiert für mehr Toleranz, denn letztlich kommt es auf die Seele des Menschen und nicht auf sein Äußeres an.

Menschen, die ein anderes als ihr biologisches Geschlecht vorziehen, müssen zwei Seelen haben – das ist die Ansicht vieler nordamerikanischer Indianergruppen, wie *Volker Beer* im letzten Beitrag eindrücklich zeigt. Deshalb akzeptieren sie unterschiedliche Geschlechtsidentitäten. »Two Spirits«, d.h. Menschen mit »zwei Seelen«, müssen sich keiner operativen Geschlechtsumwandlung unterziehen, um (nur) weiblich oder (nur) männlich zu werden, sondern können einfach auch »anders« sein.

ERGEBNISSE Die Beiträge dieses Buches machen deutlich, wie unterschiedlich Geschlechterrollen und Geschlechterbeziehungen gestaltet sein können. Zum geringsten Teil sind sie durch biologische Gegebenheiten vorgegeben. Was als »weiblich« oder »männlich« gilt, ist in erster Linie kulturell vorgegeben. Viele Gesellschaften akzeptieren darüber hinaus auch andere geschlechtliche Identitäten und einige können damit weit besser umgehen als unsere eigene.

Der Blick auf andere Kulturen lässt aber auch erkennen, dass wir unser Bild von fremden Frauen und fremden Männern oftmals revidieren müssen. Wie Männer und Frauen miteinander umgehen, ist nur aus dem jeweiligen kulturellen Gesamtzusammenhang verständlich. Wandlungsprozesse sind unvermeidlich in einer globalisierten Welt. Dennoch bleiben kulturelle Werte und Normen erhalten, die sich nicht ohne weiteres gleichmachen lassen. Das gilt es zu respektieren, das stellt uns für unser Miteinander aber auch vor große Herausforderungen.

LITERATUR

Brettell, Caroline und Carolyn F. Sargent (eds.)
2005 Gender in Cross-Cultural Perspective. 4. Aufl., Upper Saddle River. NJ.

Hauser-Schäublin, Brigitta (Hrsg.)
1991 Ethnologische Frauenforschung. Ansätze, Methoden, Resultate. Berlin.

de Jong, Willemijn; Möwe, Ilona und Claudia Roth (Hrsg.)
2000 Bilder und Realitäten der Geschlechter. Fallstudien zur Sozialanthropologie. Zürich.

Kroll, Renate (Hrsg.)
2002 Metzler-Lexikon Gender Studies – Geschlechterforschung. Ansätze, Personen, Grundbegriffe. Stuttgart.

Lenz, Ilse und Ute Luig
1990 Jenseits von Matriarchat und Patriarchat. In: Dies. (Hrsg.): Frauenmacht ohne Herrschaft. Geschlechterverhältnisse in nichtpatriarchalischen Gesellschaften. Berlin, S. 1–15.

Schröter, Susanne
2002 FeMale. Über Grenzverläufe zwischen den Geschlechtern. Frankfurt.

Kapitel 1: Begegnungen mit fremden Frauen

»Das erste Fest ohne ihn!«[1]
Über die Darstellung indigener Frauen in deutschen Printmedien am Beispiel der Zeitschrift »Brigitte«

Claudia Kalka

REPORTER ZU BESUCH Ein Gedankenexperiment: Bitte stellen Sie sich vor, Sie seien eine Frau und bekämen unangemeldeten Besuch von jemandem, der seit kurzer Zeit im Nachbarhaus wohnt. Seine Ankunft in Ihrem Ort konnten Sie der Tageszeitung entnehmen, ebenso, dass er nicht lange bleiben wird. Eigentlich kommen die Besucher sogar zu zweit. Der eine macht von allen und allem Fotos, verfolgt einen geradezu. Der andere versucht, ein bisschen mit den Leuten zu reden. Dabei spricht er nicht einmal Ihre Sprache, allenfalls ein bisschen Englisch, so wie Sie. Oder er kommt in Begleitung eines Mannes aus Ihrem Dorf, der diese Sprache ein wenig besser beherrscht. Der Fremde kennt die Regeln nicht, die in Ihrem Dorf gelten und kann sich daher auch nicht benehmen. Er weiß nicht, wie man sich Frauen gegenüber verhält, mit denen er nicht verwandt ist. Er ist ein bisschen wie eine Witzfigur. Auch seine Hautfarbe ist anders als Ihre und seine Kleidung ebenfalls. Dennoch gebieten die Regeln der Gastfreundschaft, seine Fragen zu beantworten und ihn zu bewirten. Vielleicht bringt er ja Geschenke. Er hat ja auch Ihre Freundin dafür bezahlt, dass sein Kollege sie fotografieren durfte. Sie werden ihm und seinem Dolmetscher nicht viel erzählen, das gebieten die Regeln des Anstandes. Ob er Sie etwa auch beim Baden fotografieren möchte – die anderen Frauen haben von solchen Wünschen erzählt. Nach kurzer Zeit haben die Besucher Ihr Dorf wieder verlassen, höchstens zwei Wochen waren sie da. Später dann, in seinem eigenen Land, erscheinen Fotos von Ihnen und ein Bericht über Sie in einer Zeitschrift. Still seien Sie, steht da, fast ein bisschen scheu, und schön. Und worüber Sie dem Fremden ihr Herz ausgeschüttet und an was Sie beim Kochen gedacht haben, das steht da auch.

ARTIKEL ÜBER INDIGENE FRAUEN Betrachtet man ein paar wahllos zusammengetragene Artikel über indigene Frauen, so scheint Erstaunliches stattzufinden, wenn Mitarbeiter dieser Zeitschriften auf Reisen gehen: Was Ethnologen erst nach einigen Monaten gelingt, nämlich dann, wenn sie die Sprache richtig beherrschen und man Vertrauen zu ihnen gefasst hat, glückt den Re-

---
1 Stührenberg 1991: 86.

portern scheinbar innerhalb kürzester Zeit, egal wo sie gerade sind, ob bei den Inuit in Grönland, bei den Tuareg am Südrand der Sahara, bei den Iko im Norden von Laos oder bei den Kalina-Indianern im brasilianischen Regenwald. Auch kommen sie meist rechtzeitig zu einem Fest. Diese Journalisten müssen eine seltene Gabe haben!

Unbenommen sei ihnen, dass alle Artikel gut gemacht sind: Sie sind spannend und einfühlsam geschrieben und leicht zu lesen. Sie packen einen, und man hat das Gefühl, einen tiefen Einblick in das Leben der Frauen der jeweiligen Ethnie bekommen zu haben. Auch das gelingt kaum einem Ethnologen.

Hat man den Artikel gelesen, schleicht sich beim Leser meist eine Bewertung der jeweiligen Frauen und ihrer Situation ein. Hier kann es sich um Neid handeln oder Mitgefühl. Der Ethnologe dagegen ist um Verständnis bemüht. Wie sind solche Artikel, die mit schöner Regelmäßigkeit in den Printmedien erscheinen, im Hinblick auf die Information zu bewerten, die sie über das Leben von Frauen anderer Ethnien geben? Sind sie eine ernstzunehmende Informationsquelle? Kann auch ein Nicht-Ethnologe die Artikel einschätzen?

Statt also einzelne Artikel eingehend zu besprechen und ethnologische Falschaussagen zu identifizieren, möchte ich hier einige Fragen und Kriterien aufzählen, die dem Leser bei der Beurteilung eines solchen Artikels hilfreich sein können. Die eingefügten Beispiele mögen das Gesagte illustrieren.

1. Wer ist der Autor? Ist er eine Frau oder ein Mann? In welchem Alter? Wie lange war er bei der Ethnie, über die er berichtet hat? Erfährt man etwas über seine Sprachkenntnisse? Spricht er die Sprache der Ethnie oder die Landessprache? Hat er einen Dolmetscher benötigt? Warum sind das Vorhandensein von Sprachkenntnissen (»lernte etwas Indonesisch«[2]) oder ein längerer Aufenthalt so ungewöhnlich, dass sie – oft an anderer Stelle – eigens erwähnt werden? Hat der Autor die Fotos selbst gemacht oder war ein Fotograf bei ihm? Was heißt das für die Arbeitssituation des Autors?

2. Wie ist der Artikel aufgemacht? Wie sind Fotos und Text verteilt? Was genau ist auf den Fotos zu sehen? Könnten sie auch ganz andere Geschichten illustrieren? Was zeigen die großen Fotos, was die kleinen? Gibt es Nahaufnahmen und was vermitteln sie? Was sagen die Bildunterschriften aus? Etwa: »Wer von den Männern wird der Liebhaber der nächsten Nacht?«[3], oder: »Sie kennen keine Schrift und keine Uhr und leben in größter Abgeschiedenheit«[4]. Gibt es Zwischenüberschriften oder fett gedruckte Sätze, was steht in ihnen? Etwa: »So frei«, »Die bösen Mächte töteten ihren Mann«, »Jede Nacht wartet

---

2 Brigitte 2000: 3.
3 Gardiner 1997: 75.
4 Stührenberg 1994: 140.

sie auf Kunden«, »Tatrits Eltern verlangten vom Bräutigam ein Dromedar für ihre Tochter«, »Lieber hätte sie seinen Vater geheiratet«, »Wer krank ist, wird zum Schamanen gebracht«, »Ihr Mann erbt das Wissen des Schamanen«[5]?

3. Was erfährt man über die Ethnie? Welche reinen Sachaussagen werden gemacht? Mögliche Punkte sind: Wo leben sie (Dorf, Einzelgehöft, Stadt, Berge, Wüste, Flora, Fauna, Wetter etc.)? Welchen Tätigkeiten gehen die Frauen und Männer nach? Was sind die Hauptnahrungsmittel? Wer trifft welche Entscheidungen? Woran glauben die Leute? Hat man mehrere Artikel, so kann man vergleichen, ob bestimmte Punkte immer wieder vorkommen und wodurch sich diese auszeichnen. Sind sie für uns etwa besonders Exotisches wie der Schamane?

4. Wie werden die Sachaussagen geschildert? Knapp und nüchtern oder gibt es atmosphärische Verdichtungen? Was wird damit erreicht? Wessen Sicht geben sie wider, die des Autors oder die der portraitierten Frauen? Wo handelt es sich um Interpretationen? Was lesen wir aus Sätzen wie: »Männer bauen Häuser und Ruderboote, Holzsättel und vor allem solide, breite, bequeme Betten«[6]? Oder: »Mitcheu, die Gazelle, hockt auf der Veranda der Pfahlhütte, schaut in den Regen des aufziehenden Tages. Alles grau, wie in ihrem Kopf«[7].

5. Welche Frauen und Männer werden portraitiert? In welchen Lebenssituationen befinden sie sich? »Mitcheu stöhnt, verflucht diesen grauen Tag, den ihrer Hochzeit. Denn heute muss die Gazelle Kamphin heiraten, den 17jährigen Tiger. Weil das Dorf es so will«[8]. Kennen wir solche Situationen oder sind sie uns fremd? Wie ist unsere Haltung zu solchen Situationen (bspw. zum Verheiratet-werden)?

6. Wie werden die Frauen und Männer beschrieben? »Knapp 15, noch mager und fast ohne Brüste«[9]. Wird in dem Artikel ein bestimmter Aspekt aus ihrem Leben hervorgehoben? »Mosuo heiraten nicht, und die Paare leben auch nicht zusammen. Solange die Liebe Spaß macht, besuchen die Männer nachts ihre Freundinnen und verschwinden morgens wieder. Wenn eine Frau schwanger wird, dann geht das den Vater weiter nichts an, denn das Kind wird sowieso in der Mutterfamilie großgezogen«[10]. Oder: »Ja früher, da bot der Mann alleinreisenden Jägern an, zu seiner Frau unter das Fell zu kriechen. Und wenn der Mann eine Jagdreise unternahm, ging die Frau häufig in ein anderes Iglo.

---

5 Aus den Brigitte-Heften Nr. 25, 1991; Nr. 23, 1994; Nr. 25, 1995; Nr. 7, 1996; Nr. 8, 2000; Nr. 16, 2000.
6 Gardiner 1997: 75.
7 Stührenberg 1994: 138.
8 Ebd.
9 Ebd.
10 Gardiner 1997: 75.

Heute lockt manche die Abwechslung im Nachbarhaus noch ebenso«[11]. Beneiden wir die Frauen darum oder bemitleiden wir sie? Erscheinen sie uns sympatisch oder unsympatisch? Können wir sagen, warum? Hat das etwas mit unseren eigenen Werten zu tun, mit unseren eigenen Hoffnungen?

7. Was sind die Sachaussagen, die der Autor über die jeweiligen Personen macht? Was ist Interpretation? Bei einem Satz wie: »Tatrit blickt mürrisch in den aufziehenden Tag, lässt lustlos den schweren Stößel in den Mörser fallen, wünscht sich, statt Hirsekörner Erinnerungen zu zerstampfen«[12], erfahren wir mehr als die reine Beobachtung (Frau stampft Hirse) ermöglicht. Woher weiß der Autor das, was über die reine Beobachtung herausgeht? Ist die Frau wirklich »mürrisch« oder hat sie nur Bauchweh, ist sie »lustlos« oder hat sie Muskelkater oder macht es etwa immer so? Verwendet der Autor wörtliche Zitate, die über die jeweiligen Begrüßungen, Sätze wie »es schmeckt gut« oder »aiaiahe« hinausgehen? Und wenn ja, welche? Werden Gefühle oder Gedanken widergegeben? Welchen Raum nimmt diese Wiedergabe innerhalb des Artikels ein? Und nicht zuletzt die Frage: Kann der Autor wirklich etwas über die Gefühle und Gedanken der Betreffenden wissen oder legt er es ihnen in den Mund? (siehe Sprachkenntnisse, Aufenthaltsdauer).

8. Welche Haltung des Autors kommt bei der Art und Weise, wie der Autor die Sachausagen, die Gedanken und Gefühle der betreffenden Personen schildert, zum Vorschein? »Als Washlim Gul vor etlichen Jahren zehn Hühner kaufte und mit Eiern handeln wollte, funkte der Schamane dazwischen. ›Die Götter mögen Hühner nicht‹, rechtfertigt Khazi noch heute seinen Spruch, ›weil sie sich ihrem Gebot widersetzen, keine Insekten und Körner zu fressen‹. Bei so viel Schamanenweisheit musste Washlim Gul passen«[13]. Ganz anders liest sich dagegen der folgende Text, in dem Pilo und Lopang ihr fieberndes Kind zum Schamanen gebracht haben. »Der Schamane spricht leise, schwenkt das Bambusrohr über Ulo, bespuckt mit sprühenden Tröpfchen den heißen Körper. Für einen Moment öffnet Ulo die Augen. Hastig steht der Schamane auf, eilt mit dem Bambusrohr, mit Pilo und Lopang in ein Kanu und paddelt an Land. Sie rennen zu einem Baum und machen den Stab mit den Reusen daran fest. Der krank machende Geist ist verbannt. Als sie zurückkommen, liegt Ulo reglos da. Sie sitzen um ihn herum, essen und rauchen. Nachts legen sich Pilo und Lopang an Ulos Seite. Als sie am nächsten Morgen aufwachen, ist er weg. Pilo entdeckt ihn im Boot. Er steht im Bug und dippt eine Schnur mit Köder ins Wasser«.[14]

---

[11] Jungblut 1991: 82.
[12] Stührenberg 1991: 86.
[13] Gardiner 2000: 100.
[14] Drüke 2000: 116.

Mit diesen und anderen Fragen kann man dem Autor auf die Spur kommen. Und dann, wenn man all die Interpretationen des Autors, die in den Mund gelegten inneren Monologe und die sprechenden Adjektive von dem Text abzieht, was bleibt dann noch übrig? Die Fotos vielleicht? Und die könnten ja auch eine ganz andere Geschichte erzählen.

Übrigens lässt sich diese Analyse auch auf Artikel in den Zeitschriften GEO, National Geographic, Stern etc. übertragen. Die Ergebnisse unterscheiden sich kaum. Und hat man mehrere dieser farbenfrohen Artikel untersucht, ist das Endergebnis oft eintönig. Entweder sind die Frauen unterdrückt und Opfer oder genießen eine vermeintliche Freiheit in Bezug auf die körperliche Liebe, die wir in unserer Gesellschaft nicht kennen.

LITERATUR

Brigitte-Redaktion
2000   Auf den Spuren der Wassermenschen. In: Brigitte, Nr. 8, S. 3.

Drüke, Milda
2000   Ihr Leben – eine immerwährende Reise. In: Brigitte, Nr. 8, S. 108–116.

Gardiner, Angelika
1997   Die freiesten Frauen der Welt. In: Brigitte, Nr. 2, S. 70–77.
2000   Damenwahl in Balanguru. In: Brigitte, Nr. 16, S. 95–100.

Hassenkamp, Susanne
1996   »Mörderinnen heiratet man nicht«. In: Brigitte, Nr. 7, S. 110–122.

Jungblut, Christian
1991   Ohne Frau ist der Mann nur ein halber Mensch. In: Brigitte, Nr. 23, S. 74–84.

Kwapil, Anette und Hans Otzen
1992   Noch ist sie eins mit der Welt. In: Brigitte, Nr. 15, S. 82–90.

Stührenberg, Michael
1991   Sie ist stark, weil die Wüste keine Schwäche duldet. In: Brigitte, Nr. 25, S. 84–96.
1994   Ihr Mann ist ein Tiger ohne Krallen. In: Brigitte, Nr. 24, S. 136–146.
1995   Der kurze Traum vom Glück in der Stadt. In: Brigitte Nr. 25, S. 84–94.

LESEEMPFEHLUNG

Röben, Bärbel und Cornelia Wilß (Hrsg.)
1996   Verwaschen und verschwommen: fremde Frauenwelten in den Medien. Frankfurt a. M.

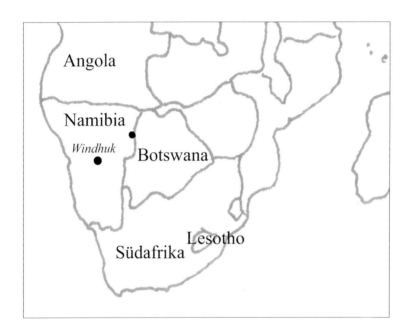

Abb. 1 Das Siedlungsgebiet der Juǀ'hoansi liegt im Grenzgebiet zwischen Namibia und Botswana.

»Der Tod tanzt mit mir, schau nicht in mein Gesicht«

Begegnungen mit N!ai, einer Ju|'hoan-Frau aus Namibia

Sonja Speeter-Blaudszun

EINLEITUNG   Mit seinem Film »N!ai – The Story of a !Kung Woman« (1980) erreichte der dokumentarische Filmemacher und Ethnologe John Marshall mehr als 24 Millionen amerikanische Fernsehzuschauer und gewann zahlreiche Auszeichnungen. Bevor ich N!ai am Rande der Kalahari-Wüste im Nordosten von Namibia das erste Mal traf, hatte ich sie schon auf Leinwänden von internationalen ethnographischen Filmfestivals gesehen und ihre Stimme gehört. Mitte der 1990er Jahre, fast 20 Jahre nachdem der Film gedreht wurde, reiste ich nach Namibia, um Erinnerungen von Ju|'hoansi-Buschleuten an die ersten Kontakte mit der Familie des Filmemachers zu sammeln und zu dokumentieren. N!ai ist eine Ju|'hoan-Frau. In der Literatur werden die Ju|'hoansi auch als *Buschleute*, *San*, *Bushmen*, *!Kung* oder *!Kung San* bezeichnet. Sie sprechen den zentralen !Kung Dialekt. Der Schrägstrich nach »Ju« ist eines von vier geschriebenen Zeichen (|, ||, ! und ǂ), die zur Notierung verschiedener Klick- und Schnalzlaute in den Sprachen der Buschleute verwendet werden. Als die amerikanische Familie Marshall zwischen 1950 und 1961 ihre acht ethnographischen Forschungsreisen ins südliche Afrika unternahm und Angola, Botswana und Namibia bereiste, lernte sie 1951 auch N!ai und ihre Familie im Nordosten Namibias kennen. John Marshall war bei seiner ersten Reise mit seinem Vater Laurence Marshall siebzehn Jahre alt, später begleitete er auch seine Mutter Lorna Marshall und seine ältere Schwester Elizabeth Marshall. Das Ziel ihrer ethnographischen Forschungen war eine vollständige Bestandsaufnahme der Kultur einer kleinen Gruppe von Buschleuten, die in der Nyae Nyae Region lebten. Für die Wissenschaft war gerade diese ca. 1.200 Individuen zählende Gruppe interessant, da sie zu einer der letzten Gesellschaften Afrikas zählten, die noch als Jäger und Sammlerinnen lebten. Man erhoffte sich von den Untersuchungen auch Rückschlüsse über eine vergangene Epoche der Menschheitsgeschichte. Bereits zu diesem Zeitpunkt lebten ca. 30.000 Buschleute in Namibia auf Farmen weißer Siedler oder in der Nähe davon, wo sie zum Teil unter sklavenähnlichen Bedingungen ein Leben in großer Armut und Ausbeutung fristen mussten.

Kapitel 1: Begegnungen mit fremden Frauen

Abb. 2: N!ai als Kind beim Beerensammeln, 1951.

N!AI N!ai wurde im April 1942 geboren. Sie war das einzige Kind von Di!ai und Gumza. Ihre Mutter Di!ai war bereits zuvor mit ǂToma verheiratet, der 1938 bei einer gewalttätigen Auseinandersetzung ums Leben kam. Die beiden Kinder aus dieser Ehe waren gestorben. Kurz nach N!ais Geburt trennten sich ihre Eltern, da Di!ai bei ihrer Lokalgruppe in |Aotcha leben wollte und Gumza sich nicht mit Di!ais älterer Schwester !U verstand. 1944 heiratete Di!ai den Heiler Kxao und akzeptierte ihre Rolle als Zweitfrau.[1] Kxao starb an Tuberkulose, ein Jahr vor den Filmarbeiten zu dem Film »N!ai«. Während der Zeit des Filmens lebte N!ai mit ihrer Mutter, ihrer Tante !U, !Us Ehemann ǂToma und anderen Verwandten und Halbgeschwistern in Tjùm!kúi (Eastern Otjozondjupa).

N!ai erzählt im Film über ihre Kindheit, über Spiele mit Gleichaltrigen wie das »Melonenwurfspiel« und dem Nachahmen von speziellen Tätigkeiten von Frauen wie Sammeln und »häuslichen« Aktivitäten. Im Alter von 11 Jahren wurde sie mit |Gunda, einem fünf Jahre älteren Mann verheiratet. Der Entscheidung ihrer Eltern lagen wirtschaftliche Argumente zugrunde: Alle Eltern versuchten, ihre Kinder mit Mitgliedern von anderen *N!ore*-Gruppen zu verheiraten. Eine *N!ore*-Einheit bestand aus einer erweiterten Familiengruppe mit vielen sozialen Beziehungen, die reichen Zugang zu wilden Pflanzen und

---

1 Die traditionelle Eheform der Ju|'hoan war die Polygynie, bei der ein Mann mit mehreren Frauen gleichzeitig verheiratet sein konnte.

Wasserressourcen hatte. In Notzeiten waren die Ju/'hoansi darauf angewiesen, Verwandte in anderen Regionen zu besuchen, um zu überleben. N!ai lehnte ihren Ehemann lange Zeit ab und zeigte kein Interesse an Sexualität. Von ihren Müttern wurden die jungen Mädchen ermuntert, Frauen zu werden. N!ai und viele ihrer Freundinnen hatten jedoch Angst davor, mit Männern zu schlafen und fürchteten sich vor einer Schwangerschaft. Schon häufiger war N!ai mit dem Tod anderer junger Frauen konfrontiert worden, die während der Geburt gestorben waren. N!ai rebellierte gegen die Entscheidung ihrer Eltern und verweigerte sich ihrem Ehemann. Sie suchte sich andere Partner und brachte viele ihrer Gemeinschaft gegen sich auf. Als ihr Mann begann, die Kunst des Heilens in der Trance zu erlernen, hielt sie ihn für verrückt und gefährlich. Die alten Menschen erklärten ihr jedoch, dass die Arbeit der Heiler sehr wichtig für die Gemeinschaft war, und allmählich begann sie, ihren Mann besser zu verstehen.

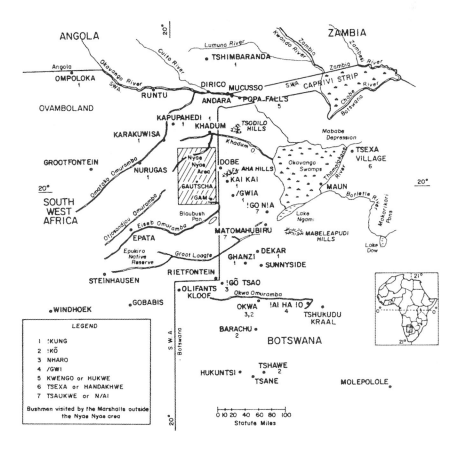

Abb. 3: Das Gebiet der Ju/'hoansi-Buschleute von Nyae Nyae im ehemaligen Reservat »Buschmannland« in Namibia.

DAS LAND Das Land der Juǀ'hoansi lag in den 1950er Jahren noch außerhalb der so genannten »Polizeizone«, d.h. außerhalb des Zuständigkeitsbereiches der südafrikanischen Verwaltung, die für Gesetz und Ordnung verantwortlich war. Nach dem Ende der deutschen Kolonialherrschaft, die von 1884–1914 dauerte, war das Land (das damals noch »Südwestafrika« hieß) unter südafrikanische-Verwaltung gestellt worden.[2] Doch erst in den 1940er Jahren begann sich die südafrikanische Verwaltung für die Buschleute außerhalb der »Polizeizone« zu interessieren und plante für sie die Einrichtung eines »Reservates«. Ende der 1950er Jahre wurde der erste Verwaltungsposten in Tjùmǃkúi, nahe dem Zentrum des alten Gemeinschaftslandes der Juǀ'hoansi, mit dem Ziel errichtet, die Buschleute sesshaft zu machen und ihnen den Anbau von landwirtschaftlichen Produkten zu zeigen. Das Leben von ǃNai und ǀGunda und den anderen Buschleuten sollte sich in den nächsten Jahrzehnten radikal verändern. Unter der Doktrin der »Apartheid« wurde schließlich 1970 das Reservat »Bushmanland« gegründet. Die Regierung enteignete zwei Drittel des ursprünglichen Landes mit wichtigen Nahrungs- und Wasserressourcen der Juǀ'hoansi-Buschleute von Nyae Nyae. Der Filmemacher John Marshall durfte 1978, nach zwanzigjähriger Ausweisung, zum ersten Mal wieder in Südwestafrika einreisen und war schockiert über das, was er in Tjùmǃkúi vorfand. 800 Buschleute lebten in dem ländlichen Slum von Tjùmǃkúi in Gras- und Sacktuchunterkünften, die Tuberkuloserate wurde auf 30% geschätzt. Es gab keine Arbeitsmöglichkeiten, Alkoholismus, Prostitution und Kriminalität breiteten sich aus, die Buschleute hungerten, die Todesrate lag über der Geburtenrate, und die Bewohner waren vollständig abhängig von Maismehllieferungen der Regierung. Im gleichen Jahr begann die südafrikanische Armee, das Reservat »Bushmanland« zu besetzen und rekrutierte Juǀ'hoansi Männer als Fährtenleser im Kampf gegen die südwestafrikanische Befreiungsbewegung SWAPO[3]. Der Soldatenberuf wurde für die Buschleute zu einer verhängnisvollen Verstrickung in die Kriegswirtschaft. Was John Marshall und sein Filmteam zu diesem Zeitpunkt noch nicht wussten war, dass die südafrikanische Regierung die Einrichtung eines Wildreservates auf dem verbliebenen Gebiet der Buschleute plante. Damit wäre es den Buschleuten verboten gewesen, sich im östlichen »Bushmanland« niederzulassen und Landwirtschaft zu betreiben.

---

[2] Der Name Namibia wurde erst 1990 mit der politischen Unabhängigkeit offiziell eingeführt. Bis dahin hieß das Land Southwest Africa (dt. Südwestafrika), zur Zeit der deutschen Kolonialverwaltung hieß es Schutzgebiet Deutsch-Südwestafrika.
[3] SWAPO = South West African People's Organisation.

DAS LEBEN IM RESERVAT Die Aufzählung der sozialen Wirklichkeit in Tjùm!kúi erfolgt hier nur bruchstückhaft. Über die 1970er Jahre spricht N!ai mit bitterer Stimme, wenn sie an die materielle Abhängigkeit der Ju|'hoansi von den Weißen denkt. N!ai hat gerade vor einigen Wochen ein Kind verloren und ist selbst an Tuberkulose erkrankt. Vor der Kamera singt sie mit ihrer ||Gwashi[4] ein selbstkomponiertes Lied:

> »Die Leute verspotten mich jetzt und ich weine.
> Meine Leute beleidigen mich.
> Die weißen Leute verachten mich.
> Der Tod macht sich über mich lächerlich.
> Der Tod tanzt mit mir. Schau nicht in mein Gesicht.
> Schau nicht in mein Gesicht«.

Von N!ai erfahren wir, dass ihre Verwandten neidisch und eifersüchtig auf sie sind. Sie werfen ihr vor, Nahrungsmittel zu verstecken und nicht mit ihnen zu teilen. N!ai erzählt:

> »Die Leute zerren an mir. Als weiße Leute mich fotografierten und mich bezahlten, war jeder neidisch. Sie sind hungrig nach Essen und Geld. Wie Du siehst, haben wir heute nichts zu essen. Der Hunger packt uns alle am Schopf.«

Jamie Uys drehte zur gleichen Zeit in Tjùm!kúi seinen Film »Die Götter müssen verrückt sein« (1980), und auch N!ai erhielt eine Nebenrolle. Die heftig umstrittene Filmkomödie von Jamie Uys, die in den folgenden Jahren alle Zuschauerrekorde bricht, romantisiert das Leben der Buschleute und zeigt sie in einer intakten und ursprünglichen Umwelt.

Während meiner Forschungsarbeit in der Nyae Nyae Region in den 1990er Jahren traf ich N!ai, |Gunda und viele ihrer Verwandte in |Aotcha wieder. Seit Beendigung des Filmes gab es weitere tiefgreifende kulturelle Veränderungen für die Buschleute. Gerade in den 1980er Jahren kämpften die Buschleute gegen die Errichtung des Wildreservates, und mit Hilfe breiter nationaler und internationaler Unterstützung gelang ihnen die Verhinderung des Projektes. Die Buschleute des ehemaligen Reservates »Eastern Bushmanland« begannen, sich in Selbsthilfeprojekten zu organisieren und bauten Strukturen auf, die ihr Überleben sichern sollten. Nach der Unabhängigkeit Namibias 1990 setzten

---

4 ||gwashi = Musikinstrument

neue Prozesse ein, in denen sie vor allem ihre Perspektiven für die Zukunft formulieren und mit der Regierung und Entwicklungshilfeorganisationen aushandeln mussten. Die lokale Gruppe, zu der N!ai und |Gunda gehören, kehrte in den Wintermonaten von 1996 wieder nach |Aotcha zurück. Da Elefanten ihre Trinkwasserpumpe zerstört hatten, musste die Gruppe zuvor bei Verwand-

Abb. 4: N!ai und |Aaotcha, 1996.

ten viele Monate unterkommen. Nur ein kleiner Teil der Gruppe, die zwischen 15–35 Personen schwankte, ging zu diesem Zeitpunkt festen oder gelegentlichen Jobs in Tjùm!kúi oder Baraka nach.

Die alten Menschen erhielten von der Regierung eine kleine Pension. Für die meisten Frauen gab es keine geregelten Arbeitsmöglichkeiten. Für Touristen und Händler stellten sie Schmuck aus Perlen, Straußeneierschalen und lokalen Früchten und Lederarbeiten her. Im Dorf selbst fehlte jegliche Infrastruktur, d.h. ihre alten Hütten waren zerfallen, es gab kein Geschäft für den täglichen Nahrungsbedarf, keine medizinische Versorgung, keinen Strom, kein Telefon, keine Schule und keine öffentliche Verkehrsverbindung. Wasser und Brennholz mussten täglich über eine weite Strecke geholt werden. Ihre Kühe, die auf einem Kraal in der Nähe weideten, waren dünn und gaben keine Milch. Aufgrund der schlechten Ernährungssituation und der Trockenheit des Landes erhielten die Buschleute von der Regierung einmalig drei Monate lang Lieferungen von Maismehl, das die Welternährungsorganisation zur Verfügung stellte. Trotz dieser schwierigen Situation nahm ich die Menschen nicht als passiv und resigniert wahr. In den folgenden Wochen sprach ich vorwiegend mit Frauen, da die Männer häufig auf die Jagd gingen, um die einseitige Ernährung aus Maismehl zu bereichern. Die Frauen wirkten auf mich selbstbewusst und kompetent. Viele Gespräche der Frauen drehten sich um ein Modell von »Conservancy« (Erhaltung), das die Buschleute von Nyae Nyae mit der namibischen Regierung aushandeln wollten. Darunter versteht man eine Neuorganisation des Managements von kommunalen Ressourcen. Nach dem Ende der südafrikanischen Apartheidregierung von 1989 sollte die Nutzung von Land- und anderen Ressourcen in benachteiligten Gebieten neu geordnet werden. Viele Buschleute versprachen sich davon bessere Einkommensmöglichkeiten durch die steigenden Tourismuszahlen und eine Gewinnbeteiligung an der Trophäenjagd. Kritische Stimmen warnten jedoch vor dem Zusammenbruch ihrer eigenen Subsistenzwirtschaft, die verstärkt auf den landwirtschaftlichen Anbau von Produkten und Viehhaltung seit den 1980er Jahren setzte. Gewohnt, mit Ethnologen, Entwicklungshelfern und Medien umzugehen, formulierten die Frauen ihre eigenen Interessen. Auf großen regionalen Versammlungen von Juǀ'hoansi Buschleuten, die von ihrer Selbstverwaltung, der *Nyae Nyae Farmers Cooperative*, initiiert worden waren, ergriffen viele Frauen das Wort oder vertraten als gewählte Repräsentantinnen die Interessen ihres Dorfes. Selten traf ich auf größere Zurückhaltung, noch verwiesen sie mich an Männer als die besseren Gesprächspartner. Im Laufe meines Aufenthaltes wurden sie selbst zu »Forscherinnen«, die mir viele Fragen über das Leben in der Bundesrepublik stellten. Sie interessierten sich für die schulischen und beruflichen Möglichkeiten, für den Alltag und die Freizeit und ganz besonders für meine Beziehungen zu meinem Mann, meinen Freunden und Verwandten.

Zwischen N!ai und mir entwickelte sich eine Beziehung, die von gegenseitiger Sympathie und Vertrautheit geprägt war. Ihre Tochter Hwaǁa gab mir ihren Namen und trug dazu bei, dass ich den symbolischen Status einer Familienangehörigen erhielt. N!ai und ǀGunda wurden meine Juǀ'hoansi Eltern, die mir halfen, das Leben unter den regionalen Bedingungen zu organisieren. Vor allem N!ai und die anderen Frauen ließen mich an ihrem Alltag teilnehmen und halfen mir so, die täglichen Schwierigkeiten besser zu verstehen und zu bewältigen. Wir sprachen auch über den Film »N!ai«, und ich erfuhr, dass die Frauen einige Teile des Filmes kritisch betrachteten. Eine Szene, in der N!ais Tochter von ihrem Ehemann ǁGau als »Hure« beschimpft wurde, weil sie mit einem Mann des Filmteams flirtete, würden sie am liebsten aus dem Film entfernen. Zahlreiche Verwandte hatten sich damals an den Beschuldigungen beteiligt und N!ai für das Verhalten ihrer Tochter verantwortlich gemacht. Heute interpretierte N!ai dieses Verhalten in Kategorien von Neid und Eifersucht, weil sie eine bezahlte Arbeit hatte. Viele suchten nach einem Grund, um

Abb. 5: Hwan‖a, N!ais Tochter, mit ihrem Sohn Debe, 1996.

N!ai und ihre Familie in der Öffentlichkeit schlecht zu machen. Die Filmszene, die die emotionalen Spannungen von N!ai und ihren Verwandten zeigte, ist für die direkt Betroffenen heute eher peinlich und wird als private Streiterei und nicht als typisch für ihre Beziehungen zueinander betrachtet. Wie sich im Laufe des Gespräches herausstellte, waren einige der im Film miteinander streitenden Frauen bei unserer Diskussion anwesend und versuchten, mir ihr damaliges Verhalten zu erklären. Trotz der Kritik waren sich alle Teilnehmerinnen des Gesprächs einig, dass der Film »N!ai« ein guter und wichtiger Film sei.

Meine Begegnungen mit N!ai fanden auf unterschiedlichen Ebenen statt. Zum einen sah und hörte ich sie auf der Leinwand und las Interviewtexte, die John Marshall mit ihr geführt hatte. Gerade der Film hinterließ eine nachhaltige Wirkung auf mich, denn seine Stärke liegt darin, dass er N!ai und die Buschleute nicht romantisiert und exotisiert. Die Buschleute sind keine Fremden, deren Gefühle und Handlungen verborgen und fremd bleiben, im Gegenteil: Man kann ihre Trauer und Wut über ihre nicht selbstverschuldeten Bedingungen verstehen und nachempfinden. Als ich der »wirklichen« N!ai gegenübersaß, gab es für mich bereits viele Anknüpfungspunkte für unsere Gespräche. Vor allem N!ai und ihrer Familie habe ich es zu verdanken, dass mir vieles ihrer Kultur und Denkweise besser verständlich wurde. Das Filmportrait über N!ai rüttelte mich auf, ihr und der sozialen Wirklichkeit in Tjùm!kúi in das Gesicht zu schauen.

LITERATUR

Gordon, Robert
1985 Gehegt bis zur Ausrottung: Buschleute im Südlichen Afrika. In: Peripherie 20, S. 18–35.

Kapfer, R.; Petermann W. und R. Thoms (Hrsg.)
1991 Jäger und Gejagte. John Marshall und seine Filme. München.

Leacock, Eleanor
1989 Der Status der Frauen in egalitären Gesellschaften: Implikationen für eine soziale Evolution. In: Arbeitsgruppe Ethnologie (Hrsg.): Von fremden Frauen. Frausein und Geschlechterbeziehungen in nichtindustriellen Gesellschaften. Wien / Frankfurt, S. 29–67.

Marshall, Lorna
1976 The !Kung of Nyae Nyae. Cambridge, Mass.

Shostak, Marjorie
1982 Nisa erzählt. Das Leben einer Nomadenfrau in Afrika. Reinbek.

Speeter, Sonja
1994 N|um Tchai. Trance und Heilung. Analyse eines Filmes von John Marshall. Göttingen.
1998 Mit der Familie im Feld: Die Ethnologin Lorna Marshall. In: Schröter, Susanne (Hrsg.): Körper und Identität. Ethnologische Ansätze zur Konstruktion von Geschlecht. Münster / Hamburg.

Speeter-Blaudszun, Sonja
1999 Trance, Tanz und Film. Zum Film N|um Tchai: The Ceremonial Dance of the !Kung Bushmen (1957–58) von John Marshall. In: Dehnert, Walter (Hrsg.): Zoom und Totale. Aspekte eigener und fremder Kultur im Film. Marburg, S. 58–70.
1999 Construction of the Past and Indiginous Time Concepts of Ju|'hoansi San. In: Basler Afrika Bibliographien. BAB Working Paper No. 5.
2004 Die Expeditionen der Familie Marshall. Eine Untersuchung zur ethnographischen Erforschung der Nyae Nyae !Kung. Münster.

WEITERFÜHRENDE WEBSITES

http://www.san.org.za
http://www.firstpeoples.org
http://der.org/docued
http://www.kalaharipeoples.org

FILMVERZEICHNIS

Marshall, John
N!ai. The Story of a !Kung Woman. 59 Min., farb., ausleihbar als 16 mm-Kopie vom Institut für den Wissenschaftlichen Film, Göttingen.

Uys, Jamie
1980 Die Götter müssen verrückt sein, 109 Min., farb.

Kapitel 2: Frauenwelten – Männerwelten

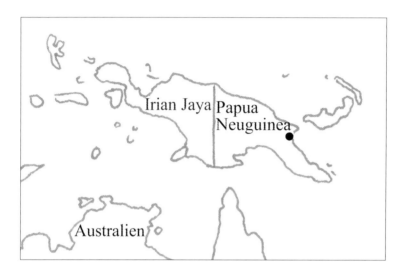

Abb. 1: Das Siedlungsgebiet der Wampar liegt im Nordosten von Papua-Neuguinea.

»Frauen haben keine Kraft!«?
Vorstellungen über Männer und Frauen bei den Wampar in Papua-Neuguinea

Christiana Lütkes

MÄNNER UND FRAUEN BEI DEN WAMPAR In den Jahren 1991 und 1997 verbrachte ich insgesamt 13 Monate in Tararan, einem Dorf der Wampar in Papua-Neuguinea. In dieser Zeit wurde ich immer wieder mit Vorstellungen über Männer und Frauen konfrontiert, die für mich – und wahrscheinlich für viele Menschen aus westlichen Industrieländern – nur äußerst schwer verständlich sind. Meist ging es dabei um Ansichten, die Männer über Frauen äußerten. *»Frauen haben keine Kraft. Sie können keine Bäume fällen«*, sagte mir zum Beispiel ein Mann, der mich auf dem Weg durch die Gärten der Wampar begleitete, wo ich kurz zuvor eine Frau beim Fällen von Bäumen getroffen hatte. *»Frauen haben zu Hause zu bleiben, oder sie sollten auf den Dorfversammlungen zumindest ihren Mund halten«*, hieß es immer wieder, wenn ich mich zu den wöchentlichen Treffen einfand, bei denen die Tararaner über verschiedenste Themen diskutierten. Aussagen dieser Art, oft von sympathischen Männern mit einem liebenswürdigen Lächeln vorgebracht, waren für mich ziemlich befremdlich. Etwas schwer tat ich mich auch mit den Kommentaren zur Unreinheit der Frauen: Weibliche Körperflüssigkeiten gelten bei den Wampar als unrein; sie werden dafür verantwortlich gemacht, dass Männer, wenn sie zu engen Kontakt mit Frauen haben – etwa zu oft mit ihnen schlafen oder sich auf die Matten der Frauen legen – ihre Männlichkeit verlieren und vorzeitig altern.

Urteile über Frauen werden hauptsächlich von Männern geäußert, während Frauen dieses Thema weit weniger zu interessieren scheint. Die eine oder andere Frau erklärte zwar ihre Abneigung gegenüber der Haltung der Männer; zu meinem Erstaunen gab es aber auch viele Frauen, die den üblichen Auffassungen über weibliche Schwäche und Unreinheit zustimmten. Am meisten wunderte ich mich über eine Witwe, die tagtäglich Männerarbeiten verrichtete, den Busch rodete, das Dach des Hauses reparierte oder einen Brunnen grub. Sie behauptete, Frauen könnten nur »die kleinen Arbeiten« verrichten, zu schweren Arbeiten seien sie nicht fähig. Auf solche Widersprüche hingewiesen, antworteten die Wampar meist nur mit einem Achselzucken. Offensichtlich war ich die einzige, die Schwierigkeiten damit hatte.

Um einheimische Vorstellungen verstehen und nachvollziehen zu können, muss man detaillierte Informationen über die gesamte Kultur haben. Hier ein kleiner Überblick: Die Wampar sind eine mehr als 8.000 Menschen zählende Bevölkerungsgruppe im Nordosten von Papua-Neuguinea. Im Dorf Tararan, dem kleinsten der Wampar-Dörfer, leben alle Familien zu einem großen Teil von der Subsistenzwirtschaft, d. h. sie versorgen sich weitgehend selbst. Grundlage der Wirtschaft sind die Gärten, in denen Kochbananen, Kokos- und Betelpalmen, Knollenfrüchte und etwas Gemüse angebaut werden. Mit dem Verkauf von Überschüssen auf dem Markt verdienen die meisten Familien den größten Teil des Geldes, das sie brauchen, und nur wenige Wampar waren in den 1990er Jahren im modernen Wirtschaftssektor tätig. Neben dem Gartenbau spielen die Jagd, der Fischfang und die Schweinehaltung eine Rolle.

Wichtiges Merkmal der sozialen Organisation ist die Einteilung der Gesellschaft in verschiedene Klane und Lineages, d. h. in verschieden große Verwandtschaftsgruppen, deren Mitglieder über die männliche Linie miteinander verwandt sind. Frauen heiraten stets in den Klan ihres Mannes hinein; sie verlassen ihre eigene Familie und leben nach ihrer Heirat zusammen mit ihrem Mann meist in der Nähe ihrer Schwiegerfamilie. Damit werden sie oft – zumindest, wenn sie nicht aus demselben Ort stammen wie ihre Männer –, aus ihrem früheren Lebenszusammenhang herausgerissen. Oft bringt man der jungen Schwiegertochter zunächst einmal Misstrauen entgegen, bis deutlich wird, dass sie einen angemessenen Arbeitseinsatz bringt und sich den Vorstellungen ihrer neuen Verwandten unterordnet.

Die Wampar ziehen eine deutliche Grenze zwischen den männlichen und weiblichen Bereichen. Während meiner ersten Feldforschung 1991 brauchte ich Monate, bis ich herausfand, wer mit wem verheiratet war. Grundsätzlich sah man Männer und Frauen nicht zusammen, auch sprachen die Tararaner selten von ihren Ehepartnern. Viele Arbeiten, die verrichtet werden, sind jeweils einem Geschlecht zugeordnet, und Überschreitungen gibt es nur in Einzelfällen. Noch strikter getrennt ist die Freizeit: Frauen besuchen andere Frauen, um mit ihnen zusammen zu sitzen und zu reden, und Männer halten sich mit anderen Männern auf. Bei den Tanzfesten tanzen Männer in einer Gruppe, während Frauen etwas abseits in einer anderen Gruppe unter sich bleiben. Wenn große gemeinschaftliche Essen stattfinden, essen Frauen getrennt von Männern. Ehen werden entweder durch die Familien arrangiert oder kommen durch gemeinsames einmaliges »Weglaufen« der jungen Leute zustande. Mir erschien es dabei anfangs ziemlich befremdlich, dass sich junge Ehepartner kaum kannten, wenn sie heirateten – eine logische Folge der ansonsten ziemlich strikten Geschlechtertrennung. Auf der anderen Seite sind aber auch die emotionalen Erwartungen an die Ehepartner nicht so hoch, wie dies in unserer Gesellschaft üblich ist:

Liebe spielt zwar eine Rolle, ist aber oft nicht ausschlaggebend für das Zustandekommen einer Ehe, da man in dieser Hinsicht lieber auf zuverlässigere Kriterien baut – wie etwa auf die Arbeitsamkeit oder auf die Traditionstreue des zukünftigen Partners. Zudem habe ich nie gehört, dass sich der eine Ehepartner über den anderen definierte und sich etwa für dessen Verhalten vor anderen entschuldigte: Niemand konnte etwas dafür, wie sich der Partner verhielt, man war nicht für ihn verantwortlich. Auch hier zeigt sich das große Maß an Distanz zwischen beiden Seiten.

DIE KRAFT DER MÄNNER Welche Unterschiede sehen die Wampar nun zwischen Männern und Frauen? Neben biologischen Unterschieden ordnen sie den Geschlechtern bestimmte Eigenschaften zu, die für westliche Beobachter recht starr und willkürlich erscheinen und auf deren Existenz die Wampar auch beharren, wenn die Realität offensichtlich dagegen spricht – wie etwa im Fall der Frauen, die (keine) Bäume fällen.

Ein wichtiges Merkmale der Zuordnung ist die körperliche Kraft. In den Augen der Wampar haben Männer Kraft, für Frauen dagegen spielt dieses Kriterium keine Rolle. Ein schwacher Mann ist kein richtiger Mann; er sollte sich vielmehr dadurch auszeichnen, dass er die schweren körperlichen Arbeiten in den Gärten verrichtet, dass er auf der Jagd fliehendes Wild über längere Zeit verfolgen kann oder Baumstämme ins Dorf trägt, um Häuser zu errichten. Bis vor etwa 90 Jahren, als die ersten Europäer in das Gebiet der Wampar kamen, war körperliche Kraft auch die Bedingung für erfolgreiche Kriegszüge, die die Wampar untereinander und gegen benachbarte Bevölkerungsgruppen führten. Ein Mann, der sich den Bedingungen des Alltags nicht angemessen stellen kann, hat es bei den Wampar aber auch in den heutigen friedlichen Zeiten sehr schwer, denn Anerkennung bei Männern bezieht sich nach wie vor in hohem Maße auf den Bereich der physischen Kraft. War ich während meines Feldforschungsaufenthaltes mit Männern zusammen, so fiel mir immer wieder auf, wie wichtig das Messen körperlicher Kraft war: Bei fast allen Arbeiten, die Männer in Gruppen verrichteten, wurde darum gewetteifert, wer die meiste Ausdauer hatte, das größere Jagdwild zur Strecke brachte oder die größeren Bäume fällte. Kraft ist ein wichtiges Identifikationsmerkmal unter Männern.

Bei Frauen fehlte das Element des Wetteiferns völlig. Wie ich schnell bemerkte, war Kraft schlicht kein Thema für sie, und da sich die Bereiche der Frauen kaum mit denen der Männer berührten, kam es auch nie zu Vergleichen zwischen den Geschlechtern. Ein solcher Vergleich entsprang lediglich meinen eigenen, von der europäischen Kultur beeinflussten und daher ethnozentrischen Gedanken. Für die Wampar dagegen war die Frage, ob Männer oder Frauen mehr Kraft haben, wie der Versuch, Äpfel und Birnen miteinander zu verglei-

Abb. 2: Männer aus Tararan nach erfolgreicher Jagd.

chen. So würde eine Aussage wie »*Frauen haben weniger Kraft als Männer*« unter den Wampar höchstwahrscheinlich gar nicht fallen, sie wurde erst auf meine wiederholten Fragen hin geäußert. Hinzu kam meine eigene Wertung, nämlich: Aha, Frauen haben keine Kraft, also sind sie minderwertiger als Männer. Diese Schlussfolgerung ist sogar doppelt ethnozentrisch, denn wenn Kraft kein Kriterium ist, mit dem man Frauen misst, so kann sie auch nicht mit einer Wertung verbunden sein, wie dies für Männer sehr wohl der Fall ist. In dieser Hinsicht sind Frauen schlicht anders. Wenn eine Frau die Grenze zum männlichen Bereich übertritt und etwa Bäume fällt, so ist das etwas, was eigentlich nicht sein darf und besser für nichtexistent erklärt wird, um die Ordnung aufrecht zu erhalten.

HÄUSLICHER UND ÖFFENTLICHER BEREICH Neben dem Kriterium der Kraft ist die Zuordnung zu den Kategorien häuslicher und öffentlicher Bereich ein weiteres Element, das Frauen und Männer unterscheidet. Nicht nur bei den Wampar, sondern auch in vielen anderen Kulturen werden diese beiden Bereiche strikt getrennt; Frauen werden dem häuslichen Leben zugeordnet, Männer dem Bereich der Öffentlichkeit. Wenn die Wampar auch keine so strikte Trennung kennen, wie es z.B. in einigen islamischen Kulturen der Fall ist, so ist eine entsprechende Geschlechtertrennung jedoch auch bei ihnen üblich. Hier sind Frauen für die Führung des Haushalts und für die Versorgung der Kinder zuständig. Verantwortlich sind sie auch für die Pflege der Gärten, die oft kilometerweit vom Dorf entfernt und damit weit außerhalb des häuslichen Umfelds liegen können – als bebautes Land gelten sie bei den Wampar aber als eine Art Fortsetzung des Dorfes. Damit bleiben die Frauen durchaus innerhalb des ihnen zugeordneten Bereiches. Kritisch wird es für sie allerdings, wenn sie zum Beispiel zum Markt gehen, um dort etwas zu kaufen oder verkaufen. Oft erledigen die Frauen dies eigenständig, doch fast immer befinden sich auch einige Männer des Dorfes auf dem Markt, um soziale Kontakte zu pflegen und um ein Auge darauf zu haben, wie die Frauen sich verhalten und in welcher Weise sie mit Außenstehenden in Kontakt treten. Viele Frauen gaben mir gegenüber an, dass sie von ihren Männern daran gehindert wurden, in die nahe gelegene Stadt zu fahren oder ihre entfernt lebenden Verwandten zu besuchen, und zwar mit der Begründung, Frauen hätten im Dorf zu bleiben.

Abb. 3: Wampar-Frauen bei der alltäglichen Hausarbeit.

Kontakte nach außen, etwa mit nicht oder entfernt Verwandten, fallen fast ausschließlich in den Bereich der Männer. Auch die Repräsentation einer Familiengruppe in Heiratsangelegenheiten oder die Stellungnahme zu bestimmten, das ganze Dorf betreffenden Angelegenheiten werden von Männern übernommen. Während bei einer Frau der Bewegungsradius stets von den Männern der Familie kontrolliert wird, können sich Männer und männliche Jugendliche frei bewegen.

Es ist eindeutig, dass sich Frauen den Männern oft unterordnen müssen und dass ihr Spielraum eingeschränkt ist, und es trifft ebenso zu, dass viele Frauen dies als Einschränkung empfinden. Doch auch in diesem Punkt muss man mit einer Bewertung der Kategorien »Öffentlichkeit« und »häuslicher Bereich« vorsichtig sein. Aufgrund der eigenen Wertsetzungen neigen Europäer häufig dazu, die häusliche Sphäre negativ zu belegen und als weniger angesehen einzuordnen. Dies muss nicht notwendigerweise in anderen Kulturen so sein. Während viele Frauen bei den Wampar die Männer zwar um ihren großen Spielraum beneiden, so wird er von ihnen oft aber auch als negativ angesehen, und zwar insofern, als er wenig produktiv ist: Männer »treiben sich herum« in den Augen der Frauen, sie legen große Entfernungen zurück, ohne dabei viel zu leisten, sie drücken sich damit vor der Arbeit und vor ihren familiären Verpflichtungen. Die Frauen selbst teilen in der Regel kaum die Auffassung der Männer, die ihre eigenen Tätigkeiten als wichtiger einordnen; vielmehr setzen sie ihre Prioritäten im Bereich der sozialen innerfamiliären Verantwortung. Oft genug äußern sie die Meinung, dass Männer Verantwortung scheuen und sich wenig um die Familie kümmern, und dass es vielmehr die Frauen sind, welche die wirklich für das alltägliche Leben wichtigen Dinge erledigen. Damit erfährt auch der ihnen zugewiesene Bereich der häuslichen Sphäre eine Aufwertung, und selbst Männer geben gelegentlich zu, dass es die Frauen sind, die den eigentlichen Beitrag zum Überleben der Familie leisten.

REIN UND UNREIN Sehr extrem erscheint Europäern die Zuordnung von »rein« und »unrein« zu den Geschlechtern. Männer wie Frauen bei den Wampar gehen davon aus, dass die Körperflüssigkeiten von Frauen unrein und bei zu häufigem Kontakt zwischen beiden für Männer schädlich sind. In den Augen der Wampar wohnen dem weiblichen Körper Substanzen inne, die ein Nachlassen der Körperkraft bei Männern bewirken. Männer, die von diesen Substanzen »verunreinigt« werden, magern ab und verlieren ihre Muskelkraft, der Bartwuchs lässt nach und der Alterungsprozess setzt vorzeitig ein. Für Männer, die sich in hohem Maße über die körperliche Kraft definieren und daraus ihre Anerkennung ziehen, ist dies eine erhebliche Gefahr.

Daher schränken viele Tabus den Kontakt zwischen Männern und Frauen deutlich ein. Vor allem müssen sexuelle Kontakte möglichst gering gehalten werden. Ein Mann, der bei der Jagd kurzatmig wirkt, wird von anderen Männern schnell ausgelacht. *»Du treibst dich wohl ein bisschen viel mit Frauen herum!«*, heißt es dann. Aber auch das Sitzen auf denselben Sitzgelegenheiten kann ein Nachlassen der Kraft bewirken, ebenso wie die Aufnahme von »verunreinigter« Nahrung, etwa wenn diese bei einer unvorsichtigen Zubereitung mit den Körperflüssigkeiten der Frauen in Berührung gekommen ist. Frauen, die sich zwischen sitzenden Männern bewegen, raffen stets ihre Röcke unter den Knien zusammen, um etwa herumliegende Betelnüsse oder Zigaretten nicht zu verunreinigen, und sie vermeiden es strikt, darüber zu steigen.

Auch in diesen Konzepten von »rein« und »unrein« sehen westlich geprägte Beobachter schnell eine Missachtung der Frauen, und auch hier stellt sich wieder die Frage, ob »unrein« für die Wampar dieselbe Bedeutung hat wie für uns. Fragt man die Frauen, so beschweren sie sich zwar über den geringen Arbeitseinsatz der Männer, Kritik an den Auffassungen über die Geschlechter hört man dagegen kaum. Stattdessen bemerken manche Frauen, dass die Maßnahmen der Männer, sich vor zu häufigem sexuellen Kontakt zu schützen, einer Empfängnisverhütung gleichkommen und sie vor zu häufigen Schwangerschaften schützen. Ebenso wird in der Literatur über die Gesellschaften Papua-Neuguineas, von denen viele ähnliche Auffassungen haben wie die Wampar, darauf hingewiesen, dass die Angst der Männer vor einer »Verunreinigung« für die Frauen eine gewisse Macht für diese bedeuten kann. »Unreinheit« hat also nicht nur negative Aspekte.

URTEILEN ODER NICHT? DER UMGANG MIT ANDEREN WERTEN

Dennoch – aus der Perspektive eines Europäers oder einer Europäerin mag trotz aller Versuche, die Auffassungen der Wampar über die Geschlechter aus ihren eigenen Augen zu betrachten, ein Rest Unverständnis bleiben. Dies betraf auch mich während meiner Feldforschungszeit. Dass Frauen als unrein gelten, war für mich aufgrund des Gedankens, dass »unrein« eine andere Bedeutung haben kann als bei uns, noch nachvollziehbar. Ebenso konnte ich die mit dem Kriterium der Kraft in Verbindung stehenden Auffassungen noch akzeptieren. Dass Frauen aber an öffentlichen Diskussionen und Entscheidungen nicht beteiligt werden und ihre Meinung zu vielen Fragen gar nicht erst angehört wurde – oder dass ihnen in dieser Hinsicht schlicht die Kompetenz abgesprochen wurde –, das war und bleibt für mich schwer zu verstehen. Hinzu kam das Verhalten der Männer gegenüber Frauen in Bereichen, die mit diesen Auffassungen wenig zu tun hatten: Etwa ihre ständigen Versuche, den Frauen einen großen Teil der alltäglichen Arbeit zu überlassen, vor allem aber die Fälle von häuslicher Gewalt, bei denen Frauen von Männern geschlagen wurden.

Spätestens hier stellte sich für mich die Frage nach Parteinahme. Sollte ich die kulturellen Gegebenheiten bei den Wampar ausnahmslos akzeptieren, weil ich als Außenstehende kein Recht habe, zu urteilen, mich einzumischen, und damit möglicherweise zu Veränderungen beizutragen – Veränderungen, wie sie schon oft von Weißen gegen den Willen der Wampar initiiert wurden? Oder sollte ich Partei ergreifen, für die Frauen sprechen und ihnen unsere Vorstellungen von Emanzipation aufzeigen? Dies ist prinzipiell eine schwere Entscheidung, selbst wenn man nicht wie ich in der Situation anwesend ist, sondern das Problem rein theoretisch behandelt: Haben wir als Kulturfremde das Recht, das zu kritisieren, was nicht in unsere ethische Anschauung passt?

Für mich selbst gab es im Hinblick auf die Frauen letztlich nur ein Kriterium für diese Entscheidung, nämlich die Tatsache, ob sie selbst eine Veränderung wünschten oder nicht. Aber auch dies war oft nicht leicht ersichtlich. Einige Frauen, wenn auch eine Minderheit, waren mit ihrem Leben sehr zufrieden; aus der Mehrbelastung schöpften sie das positive Gefühl, dem Leben gewachsen zu sein und – besser noch als die Männer – die Anforderungen des Alltags selbständig zu meistern und die wahren Verantwortungen zu kennen. Die Mehrheit der Frauen dagegen beklagte sich häufig über den mangelnden Arbeitseinsatz der Männer; dennoch musste ich zu meiner Enttäuschung immer wieder feststellen, dass ihnen die Vorstellung, sich zu wehren, gar nicht erst in den Kopf kam. Völlig fern war ihnen auch der Gedanke, sich zu solidarisieren und gemeinsam etwas zu verändern. Eine Frau, die sich ihrem Mann widersetzte und die sich zum Beispiel weigerte, für ihren Mann zu kochen, wurde von anderen Frauen kritisiert, manchmal sogar heftig beschimpft. Jüngere Frauen waren ständig auf der Hut vor den älteren, die als Hüterinnen der Moral immer ein Auge auf die jüngeren Schwestern, auf Töchter und Schwiegertöchter hatten und eher deren Männer unterstützten. Vorschläge meinerseits, sich zu wehren, wurden daher immer als sinnlos oder hoffnungslos oder auch als nicht der Tradition entsprechend abgewiesen.

Vielleicht wird sich auf diesem Gebiet in Zukunft etwas ändern, zumal auch öffentliche Stellen im Land Kampagnen gegen häusliche Gewalt und für Gleichberechtigung finanzieren. Dies wird jedoch sicherlich Jahre und Jahrzehnte in Anspruch nehmen. Vielleicht entscheiden sich die Mitglieder der Kulturen von Papua-Neuguinea aber auch für einen neuen, jedoch ganz eigenen Umgang zwischen den Geschlechtern, der wiederum den ethischen Vorstellungen der westlichen Welt nicht entsprechen muss. Für mich selbst war die einzige Lösung, mit diesem Problem umzugehen, möglichst wachsam gegenüber eigenen ethnozentrischen Wertungen zu bleiben und vor allem den Respekt vor der anderen Kultur nicht zu verlieren, auch wenn ich einige Dinge nicht nachvollziehen konnte. Mir ist immer noch das entsetzte Gesicht einer Frau bei den Wampar in Erinnerung, als sie von mir erfuhr, dass wir in Deutschland keinen Brautpreis kennen. »*Sind Frauen bei euch so wenig wert?*«, fragte sie mich.

LITERATUR

Beer, Bettina
2002   Körperkonzepte, Interethnische Beziehungen, Rassismustherorien. Eine kulturvergleichende Untersuchung. Berlin.

Fischer, Hans
1975   Gabsongkeg 71. Verwandtschaft, Siedlung und Landbesitz in einem Dorf in Neuguinea. München. Heilserwartung. Geister, Medien und Träumer in Neuguinea. Frankfurt a. M.
1996   Der Haushalt des Darius. Über die Ethnographie von Haushalten. Berlin.

Lütkes, Christiana
1997   Vor der Heirat: Kennenlernen und Werben bei den Wampar in Papua-Neuguinea. In: Bertels, Ursula; Eylert, Sabine und Christiana Lütkes (Hrsg.): Mutterbruder und Kreuzcousine. Einblicke in das Familienleben fremder Kulturen. Münster u. a., S. 20–26.
1999   Gom. Arbeit und ihre Bedeutung bei den Wampar im Dorf Tararan, Papua-Neuguinea. Münster u. a.
2000   »Lohnarbeit? Das ist wie Gefängnis!« Ansichten der Wampar in Papua-Neuguinea. In: Eylert, Sabine; Bertels, Ursula und Ursula Tewes (Hrsg.): Von Arbeit und Menschen. Überraschende Einblicke in das Arbeitsleben fremder Kulturen. Münster u. a., S. 163–170.
2005   Liebe, Ehe und Sexualität bei den Wampar in Papua-Neuguinea. In: Alex, Gabriele und Sabine Klocke-Daffa (Hrsg.): Sex and the Body. Ethnologische Perspektiven zu Sexualität, Körper und Geschlecht. Bielefeld, S. 71–85.

Nash, Jill
1986   Gender Attributes and Equality: Men's Strength and Women's Talk Among the Nagovisi. In: Strathern, Marilyn (eds.): Dealing with Inequality. Analysing Gender Relations in Melanesia and Beyond. Cambridge u. a., S. 150–173.

Schröter, Susanne
1994   Hexen, Krieger, Kannibalinnen. Phantasie, Herrschaft und Geschlecht in Neuguinea. Münster / Hamburg.

Strathern, Marilyn
1988   The Gender of the Gift. Problems with Women and Problems with Society in Melanesia. Berkeley / Los Angeles / London.

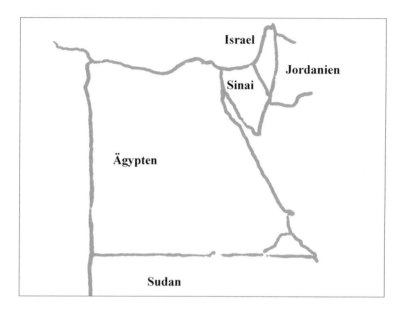

Abb. 1: Der Sinai

Beduinenfrauen und Touristen auf der Halbinsel Sinai (Ägypten)

Katrin Biallas

AUSFLUG IN EINE EXOTISCHE WELT Immer wenn in der Ferne die bekannten Staubwolken auftauchen und die Kinder freudig rufen: »Touristen kommen, Touristen kommen!«, unterbricht Salima ihre Hausarbeit (und manchmal sogar ihren geliebten Mittagsschlaf) packt ihr Bündel und geht hinüber zum Garten von Hajja Hsena. Hajja nennt man die alte Frau, weil sie bereits die Pilgerfahrt (hajj) nach Mekka gemacht hat, zweimal sogar.

Ihr Garten ist ohne Zweifel der schönste in der ganzen Oase: Unter den noch jungen Palmen, dem Christdorn, den Ölbäumen und der Dornakazie, in der immer zwitschernde Vögel spielen fühlt man sich ein wenig wie im Paradies.

Die TouristInnen kommen in nummerierten Jeeps und werden vom Reiseleiter in den Garten geschleust. Dort nehmen sie auf den Matten im Schatten der Bäume Platz. Die *Hajja* serviert süßen, mit Minze gewürzten Tee, während der Reiseleiter mit seinen Erklärungen beginnt.

Davon allerdings versteht Salima nichts. Sie hat sich zusammen mit anderen Frauen und Mädchen des Dorfes vor der Touristengruppe niedergelassen und breitet ihren Perlenschmuck auf einem Tuch aus. Sie kann ihre Ware inzwischen auf englisch, hebräisch, italienisch und russisch anpreisen, denn das sind die Sprachen der AusländerInnen. Sie haben meist eine Pauschalreise »Baden am Roten Meer« gebucht. Der Ausflug in ein Beduinendorf in der Wüste steht auf dem Programm.

Klick klick – man hat die exotischen, verschleierten Frauen geknipst, vielleicht ein Kettchen gekauft, steigt wieder in den Jeep und freut sich aufs Hotel und das Meer.

Wenn Salima auch nur den Gegenwert von ein, zwei Euro verdient hat, ist sie schon zufrieden: »Al-hamdulillah« – »Lob sei Gott!« . Die Beduinen sind Muslime. Gott ist derjenige, der einem hilft, seinen *Rizq* zu finden, seinen Lebensunterhalt. Wenn sich der Mensch auch stets darum bemüht – er hat es nicht in der Hand. Man kann nie wissen, was kommen wird.

WER SIND DIE BEDUINEN? Salima hat zwar die ägyptische Staatsangehörigkeit und besitzt neuerdings auch einen Personalausweis im Kreditkartenformat, aber sie würde nie von sich sagen: Ich bin Ägypterin. Vielmehr ist es Zufall, dass der Sinai im Moment von Ägypten regiert wird. In den vergangenen hundert Jahren hat die Staatsmacht immer wieder gewechselt: Die Türken, die Briten, die Israelis und nun die Ägypter. Salima aber fühlt sich nicht dem Staat zugehörig, sondern ihrem Stamm[1], dem Stamm der Mzena.

Die Mzena betrachten sich als Abkömmlinge der Ur-Araber, der »eigentlichen« Araber, und einen ihrer Urahnen kennen auch wir: Noah und dessen Sohn Sem (daher unsere Bezeichnung »Semiten«). Es handelt sich also um dieselbe Abstammungslinie, aus der laut Überlieferung auch die Propheten Abraham, Jesus und Muhammad hervorgingen.

Aus Südarabien kommend schwärmten die Araber im Laufe der Jahrhunderte Richtung Norden. Beduinen nennt man diejenigen, die sich vor allem in den trockenen Gegenden niederließen, wo man keine intensive Landwirtschaft mehr betreiben kann, wo es aber genügend Wüstenpflanzen und Wasservorkommen gibt, um mit einer nomadischen Lebensweise existieren zu können. Heute leben noch Beduinen im gesamten Mittleren Osten – von Nordafrika über die arabische Halbinsel bis hin zum Irak. Jeder Staat hat seine eigene Einstellung zu ihnen: In manchen Gegenden werden die Beduinen zwangsweise sesshaft gemacht und in Lohnarbeit gelockt, anderswo können sie in den Wüstengegenden noch weitgehend ihrer ursprünglichen Lebensweise nachgehen. Man muss aber ganz klar sehen, dass es keine »vom Westen unberührten« Gebiete gibt und vor allem die jetzige Generation oft nichts Reizvolles mehr daran findet, in der Wüste zu leben.

DAS STAMMESSYSTEM – AUFGABEN DER FRAUEN UND MÄNNER

Warum ist das mit der Abstammung so wichtig? Abstammung und Verwandtschaft sind bei den Beduinen, wie auch in vielen anderen Stammesgesellschaften das vorherrschende Prinzip für die gesamte Organisation der Gesellschaft. Jede Mensch erhält seinen Platz durch Geburt. Das ist zum Beispiel bedeutsam für die Fließrichtung von Autorität. Denn im Stamm gibt es keine zentrale Autorität, kein Machtzentrum wie einen König oder Häuptling. Vielmehr haben Vater und Mutter absolute Autorität über ihre Kinder. Der ältere Bruder hat Autorität über den jüngeren usw. Von jedem Stammesmitglied wird erwartet, dass es den ihm zugewiesenen Platz einnimmt und seine Aufgaben erfüllt. Auch wird erwartet, dass man seine eigenen Bedürfnisse zugunsten der Familie und der Stammesgemeinschaft zurückstellt.

---

[1] Der Begriff Stamm gilt in der deutschen Ethnologie als negativ bewertet und wird daher abgelehnt. Im englisch-sprachigen Raum wird der Begriff jedoch weiterhin verwendet. Da die Beduinen sich auch selbst als Stamm bezeichnen, wird der Begriff hier beigehalten.; vgl. ähnlich den Beitrag von Stappert in diesem Band.

Abb. 2: Beduine mit seinen Kindern. Ein friedliches Familienleben ist für die Beduinen von größter Bedeutung.

Selbstverwirklichung und »Ego-Trip« sind also nicht gefragt. Wer sich fehl verhält, kommt vor den Familienrat oder einen Stammesrichter (qadi). Dort wird verhandelt, wie man entstandenen Schaden (zum Beispiel Verletzung der Ehre eines anderen) wiedergutmachen kann. Neben der Kontrolle und Beengung, die Stamm und Familie für den Einzelnen darstellen, geben sie aber auch Halt, Hilfe und Geborgenheit.

Als Aufgabe der Frauen gilt, sich um das Haus, den Haushalt, die Kinder und das Vieh zu kümmern. Viele Kinder zu haben wird als großer Segen betrachtet und als Mutter erfährt man große Anerkennung von den anderen Stammesmitgliedern. Kinder können schon sehr früh im Haushalt mithelfen und das Vieh auf die Weide führen. Man schickt sie auch als Boten ins Dorf oder lässt sie kleine Einkäufe machen. Und wenn die Eltern alt und pflegebedürftig werden, sind es die eigenen Kinder, die sich um sie kümmern. Den Frauen wird große Wertschätzung entgegengebracht, wenn sie ihren Haushalt gut führen und ihre Kinder ordentlich erziehen. Diese Dinge sind viel wichtiger als z. B. ihr Aussehen oder ihr Bildungsstand.

Die Häuser waren in den früheren Tagen Zelte. Die Frauen selbst haben die Zelte aus Ziegenhaar gewebt, daher nennt man sie Haarhaus. Heute leben nur

Abb. 3: Tagsüber treiben die Mädchen Ziegen und Schafe in die Täler.

noch wenige Familien in diesen Zelten. Mit dem Zelt war man mobil, denn die Beduinen lebten ursprünglich als Nomaden, das heißt, sie bauten ihre Häuser ab, wenn die Weide für das Vieh leer gefressen war und zogen mit allem, was sie hatten, an einen anderen Ort. Diese Mobilität ist heute nicht mehr so wichtig, weil man nun andere Möglichkeiten hat, seinen Lebensunterhalt zu erwerben. Die Ordnung in den modernen Häusern aus Stein und Beton ist aber dieselbe wie im Zelt und man findet sie im gesamten Orient: Es gibt einen Bereich für die Familie, also den Teil des Hauses, in dem die Frau sich mit den Kindern aufhält, dort ist auch die Küche. Das ist der private Bereich. Dort führt die Frau sozusagen Regiment. Und es gibt den Bereich, in dem sich nur Männer und (männliche) Gäste aufhalten – Beduinen haben fast immer Gäste zu Besuch. Dieser Bereich hat öffentlichen Charakter. Dort werden die Stammesangelegenheiten diskutiert. Das ist Aufgabe der Männer. Sie sind traditionellerweise auch zuständig für die Kommunikation mit fremden Leuten, mit Regierungsvertretern oder Ausländern.

Frauen sollen den Kontakt zu den Fremden meiden. Aber nicht nur den Fremden, auch den männlichen Stammesmitgliedern gegenüber tragen sie einen Schleier, der Mund und Nase verhüllt. Den Schleier legen sie etwa ab dem vierzehnten Lebensjahr an, nicht ohne gewissen Stolz. Denn er ist ein Zeichen dafür, dass man erwachsen ist und ein Schamgefühl entwickelt hat. Jede Frau verziert ihren Schleier selbst nach eigenem Geschmack und je nach Mode mit Perlen, Pailletten und Strass. Die Schleiermode orientiert sich an Saudi-Arabien, von woher die Beduinenstämme ja ursprünglich eingewandert sind.

Eine weitere Aufgabe der Männer ist es, das Geld für den Unterhalt von Haus und Familie herbeizuschaffen. In früheren Tagen, also bis noch vor etwa 40 Jahren lebten die Beduinen vorwiegend von selbst angebautem Getreide (es genügte ein starker Regenguss pro Jahr), Obst, Gemüse und Datteln aus bewässerten Gärten in den Oasen, Ziegenmilch und Jagdwild, aber auch von Fisch und Meeresfrüchten aus dem Roten Meer. Um zusätzliche Grundnahrungsmittel und Kleidung einkaufen zu können, stellten die Männer Holzkohle für die Wasserpfeifen der Ägypter her und reisten zu Fuß oder auf dem Kamel in den Nordsinai, um sie dort zu verkaufen. Außerdem begleiteten sie gegen Lohn seit jeher Fremde, die in ihr Land kamen, oder vermieteten ihnen Kamele.

In den alten Tagen besaßen die Frauen große Herden mit Ziegen und Schafen. Wenn ein Gebiet abgeweidet war, zog die ganze Familie oder Großfamilie weiter. Durch den Verkauf von Tieren konnten die Frauen eigenes Geld erwirtschaften. Auch verkauften sie gewebte Taschen oder Decken.

Welches aber sind heutzutage die Erwerbsmöglichkeiten für Beduinen im Sinai? Die meisten Männer verdienen ihr Geld im Bereich des Tourismus. Sie eröffnen Camps oder Cafeterias für Touristen, arbeiten als Jeep- oder Taxifahrer oder sie veranstalten Kameltouren in der Wüste. Dennoch reicht das Geld oft nicht aus. Hinzu kommt, dass der Touristenstrom großen Schwankungen unterliegt. Gab es einen Terroranschlag oder droht Kriegsgefahr im Mittleren Osten, haben viele Europäer Angst, in diese Region zu reisen. Umso wichtiger ist es, dass auch die Frauen Geld verdienen.

1967 kam der Sinai mit dem »Sechstagekrieg« unter die Kontrolle Israels, des Nachbarlandes. Vorher hatten im Sinai fast ausschließlich Beduinen gelebt. Nun aber veränderte sich vieles in ihrem Leben. Etliche Männer fanden jetzt Beschäftigung bei der Besatzungsmacht oder gingen (oft zu Fuß) bis zu den Plantagen und in die Städte Israels, um dort gegen Lohn zu arbeiten. Also waren viele Beduinenfrauen für lange Zeit alleine. Gleichzeitig kamen aber mehr und mehr Fremde in die Siedlungen und Häuser der Beduinen: Regierungsvertreter, Forscher, Siedler, Reisende.

Was tun? Die Männer, die sich traditionellerweise im Gästeteil des Hauses zu den Fremden gesetzt hätten, waren fort, aber abweisen konnte man diese auch nicht. Also übernahmen die Frauen entgegen der Tradition kurzerhand die Bewirtung der Fremden, sprachen und verhandelten mit ihnen – und begannen, an ihnen Geld zu verdienen. Sie buken ihnen Brot und boten ihnen selbstgemachte Gegenstände oder wertvollen alten Schmuck zum Verkauf an.

BEDUINENFRAUEN ALS SCHMUCKVERKÄUFERINNEN Seit jener Zeit kamen immer mehr Touristen in den Sinai. Hotels wurden gebaut, Städte entstanden. Die Frauen begannen, mehr und mehr Perlenschmuck herzustellen. Heute besitzt fast jede Beduinenfrau ein Bündel mit Arm-, Hals- und Fußkettchen, Anhängern und Gürteln aus Perlen, gewebten und gestickten Täschchen usw. Es gibt verschiedene Möglichkeiten, die Ware abzusetzen. Manche Frauen verkaufen den Schmuck dort, wo sie wohnen, an vorbeikommende Touristen. Frauen, die an der Küste wohnen, gehen oft selbst zu den Hotels an den Strand und bieten den ausländischen Frauen ihren Schmuck direkt am Liegestuhl an. Wer aber eine solche Möglichkeit nicht hat, gibt sein Bündel einer Verwandten oder Freundin, die günstiger wohnt oder bessere Möglichkeiten hat, Touristen zu begegnen. Es gibt auch Männer, die Schmuck verkaufen.

Eine besondere Rolle kommt hier den Kindern zu. Denn gemäß der Tradition sollte eine Beduinenfrau bei ihrem Haus bleiben und sich um ihr Vieh kümmern. Auch soll sie gemäß der Tradition stammesfremde Menschen meiden. Das gilt vor allem an der Küste, wo die Ausländer halbnackt am Strand liegen. Also schicken viele Frauen ihre Kinder zum Verkaufen. Kinder (Buben und Mädchen) können sich nämlich in dieser Gesellschaft in allen Bereichen frei bewegen: Bei den Männern, den Frauen und den Fremden. Sie sind sehr geschickt im Umgang mit den Touristen und erlernen schnell die Grundzüge der unterschiedlichen Sprachen. Oft gehen sie vormittags in die Schule und verkaufen nachmittags für einige Stunden Schmuck.

Abb. 4: Beduinenfrauen stellen Perlenschmuck her, um ihn an Touristen zu verkaufen.

Ein großer Vorteil des Schmuckverkaufes ist, dass die Frauen (und Mädchen) ihn in aller Ruhe zu Hause herstellen können. Zwischen den Haushaltspflichten oder während der Mittagsruhe, wenn man mit dem Vieh auf der Weide ist oder eine Nachbarin besucht: Immer wieder gibt es die Gelegenheit, neuen Schmuck herzustellen. Die Frauen müssen also nicht aus dem Haus gehen oder ihre Aufgaben vernachlässigen, um Geld zu verdienen.

In den letzten Jahren hat sich in verschiedenen Stämmen des Sinai ein Teil der Frauen zusammengeschlossen und kleine Genossenschaften gegründet. Mit ihrer Hilfe können die Beduinenfrauen nun Schmuck und Taschen auch über Läden im Sinai, in (Festland-)Ägypten und sogar im Ausland (Europa, Amerika, Australien) verkaufen.

Auch in den umliegenden Ländern, in denen Beduinen leben, haben Frauen solche Vereinigungen ins Leben gerufen. Manche nutzen das Internet, um ihre Waren online anzubieten.[2] Dieser Bereich hat sich unabhängig von den Aktivitäten der Männer herausgebildet. Viele von ihnen sehen es nicht gerne, dass ihre Frauen und Töchter sich so weit in den öffentlichen Bereich hinaus begeben und regen Kontakt mit Fremden haben, andererseits sind aber viele Familien auf dieses Einkommen der Frauen angewiesen, weil die anderen Erwerbsmöglichkeiten nicht genug einbringen oder aber zu vielen Schwankungen unterliegen.

Wenn die Beduinenfrauen im Sinai das verdiente Geld nicht benötigen, um den Haushalt zu versorgen, können sie sich eigene Wünsche und Träume erfüllen. Sie kaufen gerne neue Kleider, Parfum und Kosmetik oder aber sie sparen – sofern es in ihrem Dorf Elektrizität gibt – auf einen Kassettenrecorder, Fernseher oder eine Waschmaschine. Manche Frauen leisten sich von ihrem Geld eine Pilgerfahrt nach Mekka oder sie bauen sogar ein neues Haus. Oder sie investieren das Geld in den Kauf eines Kamels. Man kann es gegen einen festen Tagessatz für die von den Beduinenmännern oder ausländischen Veranstaltern organisierten Kameltouren vermieten.

Während selbst hergestellte, traditionelle Handwerksprodukte an andere verkauft werden, benutzen die Beduinen selbst jedoch mehr und mehr Billigprodukte, made in China. Kunststoffe ersetzen Naturmaterialien, sowohl bei der Kleidung als auch bei Hauseinrichtung und Haushaltsgegenständen. Bestünde von ausländischer Seite kein Interesse an den traditionellen Handarbeiten der Frauen, würde das Wissen um ihre Herstellung vermutlich mit der alten Generation völlig verschwinden.

---

2   Einige Websites sind in der Literaturliste aufgeführt.

LITERATUR

Alafenisch, Salim
1990 Das Kamel mit dem Nasenring. Zürich.
1993 Das versteinerte Zelt. Zürich.

Biallas, Katrin
1997 »We live inside their Bible« – Diskurse um die »Seßhaftmachung« von Beduinen im heutigen Staat Israel. Magisterarbeit Universität Tübingen.

Biasio, Elisabeth
1998 Beduinen im Negev – Vom Zelt ins Haus. Zürich.

WEBSITES

www.lakiya.org
Seite über das »Negev Bedouin Weaving«-Projekt israelischer Beduinen. Online kann man gewebte Produkte ansehen und bestellen.

www.palestinecostumearchive.org/refugee_camps.htm
Informationen über Herstellung und Verkauf traditionell gefertigter Textilien im Nahen Osten.

www.sunbula.org/groups.html
Organisation, die Frauenkooperativen unterstützt.

www.stkparks.gov.eg/stk-sp-bedouincrafts.htm
Informationen zum Projekt »Fansina« in Katherine, Sinai.

www.sinai-bedouin.com
Website von Katrin Biallas mit weiteren Informationen und Literaturtipps zu der Kultur der Beduinen.

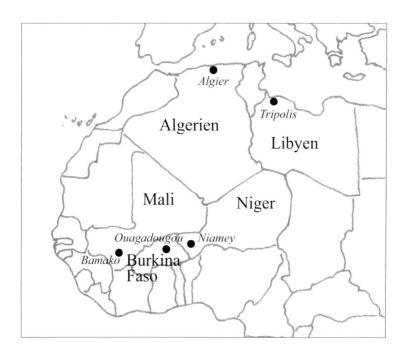

Abb. 1: Die Tuareg leben
in den Staaten Algerien, Libyen,
Niger, Mali und Burkina Faso.

Nur »anmutig und schön«?
Zur gesellschaftlichen Stellung der Frau bei den Tuareg

Kerstin Brünenberg

ALLGEMEINES ZU DEN TUAREG In der größten Wüste der Welt, der Sahara, leben die Tuareg[1] in den Staaten Algerien, Libyen, Niger, Mali und Burkina Faso. Als »Herren der Wüste« sind sie in Europa bekannt. Wegen ihrer Fähigkeiten, in der Wüste zu überleben, und ihres hartnäckigen Widerstandes gegen die französische Kolonialisierung wurden sie lange als »Ritter der Wüste« verklärt. Vor allem die verschleierten Männergesichter üben auf den europäischen Betrachter eine große Faszination aus. Lange Zeit waren die Männer deshalb im Mittelpunkt des Forschungsinteresses. Über die Frauen ist vergleichsweise wenig berichtet worden.

Das Leben der Tuareg wird zu einem großen Teil durch die Haltung von Kamelen bestimmt. Kamele dienen als Last- oder Reittiere, und ihre Milch gilt als wertvolles Nahrungsmittel. Traditionell leben Tuareg als Nomaden. Auf der Suche nach Weideplätzen ziehen sie mit ihren Herden umher. Neben den Kamelen gehören auch Ziegen und Esel zum Viehbestand. Diese fallen in den Zuständigkeitsbereich der Frauen, während die Männer für die Kamele verantwortlich sind. Einmal jährlich ziehen die Kel Ewey (das sind Tuareg des Aïr-Gebirges in Niger) mit ihren Kamelkarawanen zu den Oasen Fachi und Bilma, um dort Salz und Datteln einzutauschen. Einen Teil davon benötigen sie für den Eigenbedarf, den Großteil jedoch verwenden sie, um auf den Märkten des Südens die lebensnotwendige Hirse und andere Güter zu erwerben. Nur die Männer nehmen an der Karawane teil, da Kamele zu ihrem Verantwortungsbereich gehören. Währenddessen bleiben die Frauen und Kinder mit den Ziegenherden und Eseln zurück. Die Abwesenheit der Männer kann bis zu einem halben Jahr dauern und richtet sich nach den Regenzeiten und Weideverhältnissen. Was für eine europäische Frau schwer vorstellbar scheint, ist für die Tuaregfrauen der Kel Ewey Alltag: Jedes Jahr leben sie einen Großteil des Jahres ohne Männer. Das gesamte Familien- und Wirtschaftsleben wird von ihnen

---

[1] Bei der Bezeichnung »Tuareg« handelt es sich um eine Fremdbezeichnung. Sich selbst nennen die Tuareg Kel Tamashek – »Menschen, die Tamashek sprechen« oder auch Kel Tagilmust – »Menschen, die den Gesichtsschleier tragen«. Da sie in Europa meist nur unter dem Namen Tuareg bekannt sind, verwende ich im Folgenden diesen Begriff.

alleine organisiert. Diese »Zeit der Frauen« (*essagha n-ced'od'en*)², wie sie von den Tuareg bezeichnet wird, bestimmt die Stellung der Frau: Sie ist nicht abhängig vom Mann, sondern eigenständig und eigenverantwortlich.

UNVERHEIRATET, ABER NICHT OHNE MANN – JUNGE FRAUEN BEI DEN TUAREG Frauen nehmen im gesellschaftlichen Leben der Tuareg eine bedeutende Stellung ein. Entsprechend der berberischen³ Tradition haben sie einen hohen Status. Obwohl die Tuareg islamisiert sind, genießen die Frauen größere Freiheiten als viele islamische Frauen in den Städten Nordafrikas. Im Gegensatz zu diesen tragen die Tuaregfrauen keinen Gesichtsschleier. Ihr traditioneller, indigoblauer Schleier (*aleshu*) bedeckt nur die Haare, nicht das Gesicht. Das Tragen des Schleiers ist ein Ausdruck von Reife und kennzeichnet den Übergang ins Erwachsenenleben. Junge unverheiratete Frauen genießen große Freizügigkeit. Liebesverhältnisse vor der Ehe sind nicht ungewöhnlich, sondern erwünscht. Eine erfahrene Frau hat keinen schlechten Ruf, vielmehr gilt sie als begehrenswert.

Abb. 2: Frauen haben bei den Tuareg eine hohe gesellschaftliche Stellung. In vielen Tuareg-Gruppen gehören die Kinder zur Verwandtschaftsgruppe der Mutter.

---

2 Ritter 2002:130.
3 Die Tuareg werden zu den Berbern, einer großen Gemeinschaft ähnlicher Kulturen in Nordafrika gezählt. Tuareg sind keine Schwarzafrikaner. Ihre Vorfahren wanderten einst als Kamelnomaden in

Gelegenheiten, das andere Geschlecht kennen zu lernen, gibt es bei den Tuareg häufig.[4] Bei Festen wie dem *tende* können sich potentielle Heiratspartner miteinander bekannt machen und verabreden. Hauptattraktion des *tende* sind die Reiterspiele, bei denen die Männer – angefeuert von den in der Mitte sitzenden Frauen – mit ihren Kamelen die Frauen umrunden und den Schleier ihrer Auserkorenen zu ergreifen versuchen. Die Frau entscheidet dann, ob sie den Abend mit dem Mann verbringen möchte. Dies kann sie durch für andere unsichtbare Zeichen ausdrücken. Ein bestimmtes Drücken der Finger auf die Handinnenfläche des Mannes zeigt diesem ein mögliches Interesse der Frau an.

Bei den heute eher selten gewordenen traditionellen *ahal*-Festen spielt eine meist ältere Frau die *imzad*, die einsaitige Violine der Tuareg. Bei diesen Treffen hat man die Gelegenheit, in Form von gesungenen Gedichten seine Auserwählte bzw. seinen Auserwählten zu beeindrucken. Ausdrucksfähigkeit und Redegewandtheit gelten als geschätzte Charaktereigenschaften für beide Geschlechter, aber besonders die Männer bemühen sich darum, eine Frau durch ihre Dichtkunst zu beeindrucken. Deshalb handeln viele Gedichte von der Schönheit und Anmut einer Frau.

DIE HOCHZEIT – DER BEGINN EINER NEUEN LEBENSPHASE

Mit der Hochzeit verändert sich die Stellung der Frau. Nach der relativ unbeschwerten Jugendzeit folgt die verantwortungsvolle Phase als Ehefrau, Schwiegertochter, Mutter und Erzieherin. Moderne europäische Vorstellungen von einer Liebeshochzeit sind bei den Tuareg weniger wichtig. In erster Linie verbindet die Ehe nicht nur zwei Menschen, sondern ganze Familien miteinander. Deshalb müssen beide Familien ihr Einverständnis geben. Kommt es zu einer Einigung, wird über den Brautpreis (*taggal*) verhandelt. Dieser ist abhängig vom sozialen Status der Braut und umfasst u.a. die Gabe von Kamelen und Ziegen. Er stellt eine erhebliche Summe dar, die von der Verwandtschaftsgruppe des Mannes aufgebracht werden muss. Durch den Brautpreis wird eine Beziehung zwischen beiden Gruppen hergestellt. Von Seiten der Frau werden das Zelt und seine Ausstattung mit in die Ehe gebracht. Das Zelt wird von den weiblichen Verwandten der Frau geknüpft und bleibt zeitlebens ihr Eigentum.

---

die Bergländer der Sahara ein. Im Laufe der Zeit unterwarfen die Tuareg die einheimische Bevölkerung. Daraus entwickelte sich ein gegenseitiges Abhängigkeitsverhältnis und eine streng geschichtete Gesellschaft der Tuareg. Heiraten waren nur innerhalb der eigenen Schicht möglich.

4 Festlichkeiten wie Heiraten oder Feste zu Ehren ranghoher Personen finden in der Regenzeit im Sommer statt. Wenn die Pflanzen sprießen, gibt es gute Weiden und reichlich Wasserstellen für die Herden. Geht es Menschen und Tieren gut, ist es Zeit zum Feiern. Das Leben eines Nomaden ist nicht nur von Entbehrungen gekennzeichnet, sondern schwankt zwischen kargen und üppigen Zeiten.

Eine Hochzeit ist immer eine Familienangelegenheit: Der junge Mann kann den Brautpreis nicht alleine aufbringen, und die junge Frau kann ihr Zelt bzw. ihren Hausrat nicht selbst anfertigen. Geheiratet wird in der Regel innerhalb der eigenen gesellschaftlichen Schicht. Traditionell leben die Tuareg monogam, das bedeutet, sie heiraten nur eine Frau. Unter dem zunehmendem Einfluss des Islam können Männer mittlerweile auch zwei Frauen heiraten, was allerdings von vielen Tuaregfrauen nicht akzeptiert wird. Meist wagt der Mann nicht, sich gegen die Familie seiner Frau aufzulehnen. Tut er es dennoch, kann es sein, dass ihn die Frau mitsamt der Kinder verlässt oder er großzügige Geschenke zur Versöhnung machen muss, damit sie zurückkehrt. »Eine Tuaregfrau weiß um ihren Wert«, sagen die Tuareg.

VERWANDTSCHAFT – VON VÄTERN, ONKELN UND COUSINS

Die große Bedeutung der Frau hängt auch mit der so genannten *Matrilinearität* vieler Tuareg-Gruppen zusammen: Kinder gehören zur Linie ihrer Mutter. Ihre Abstammung wird mütterlicherseits gerechnet. Ein Kind ist somit Mitglied der Verwandtschaftsgruppe seiner Mutter und nicht der seines Vaters. Wichtige männliche Bezugsperson im Leben des Kindes ist der Onkel mütterlicherseits. Von ihm erben die Kinder seiner Schwester. Dieses jahrhundertealte Namenssystem ist im Wandel begriffen. Die Regierungen der unabhängigen Staaten Algerien und Niger sehen vor, dass alle Staatsbürger nach dem Namen des Vaters benannt werden. Und so steht heute im Pass der Nachname des Vaters.

Bevorzugte Heiratspartner sind so genannte Kreuzcousinen und -cousins: Ein Mann heiratet die Tochter seines Onkels mütterlicherseits, also die Tochter des Bruders der Mutter. Eine Frau heiratet entsprechend den Sohn der Schwester des Vaters. Weil Kreuzcousins (*ebuba*) und -cousinen (*tebuba*) mögliche Ehepartner darstellen, haben sie eine besondere Form der Beziehung zueinander. Die üblichen Regeln von *tekarakit* und *ashek*, also von Zurückhaltung und Schamgefühl bzw. Würde, gelten für sie nicht. Sie können Neckereien austauschen, sich gegenseitig hänseln und verspotten. Ein solches Verhältnis wird Scherzbeziehung genannt. Es stellt eine Ausnahme im sonst eher strengen Verhaltenskodex der Tuareg dar.

SCHAM UND WÜRDE – WERTVORSTELLUNGEN BEI DEN TUAREG

Tekerakit und *ashek* sind zwei Wörter aus der Sprache der Tuareg, die auch in anderen Zusammenhängen immer wieder fallen. Zurückhaltung und Schamgefühl bzw. Würde werden in unterschiedlichsten Lebenssituationen verlangt. Das fängt bei der Begrüßung an. Auf die Frage nach der Befindlichkeit antworten die Tuareg »*alkher ghas*«, was soviel heißt wie »nur Gutes«. Man fällt anderen nicht mit seinen Sorgen und Nöten zur Last, sondern löst seine Probleme selbst. Bei Nachbarn oder Fremden erscheint man nicht während der Essenszeit, um diese nicht in die Lage zu bringen, den Besucher einladen zu müssen.

Zurückhaltung und Würde haben auch mit Stolz zu tun: Man bittet nicht um etwas, weil das mit Betteln gleichgesetzt wird und Betteln als unwürdig gilt. Deshalb sagt man nicht: »gib mir«, sondern »besorge mir« (*agrowi-du*)[5]. Im ersten Fall wäre man zu Dank verpflichtet, im zweiten erteilt man den Auftrag, etwas zu besorgen. Kommt man nicht umhin, andere um Hilfe zu bitten, schildert man seine Notlage in der Hoffnung, dass der andere entsprechend reagiert. Während der großen Dürre in der Sahelzone zu Beginn der 1980er Jahre waren nicht Hunger und Tod das Schlimmste für die Tuareg, sondern der Verlust an Würde. Es kam nicht in erster Linie darauf an, Nahrung zu beschaffen, um zu überleben, vielmehr ging es immer darum, Mensch zu bleiben, die Würde zu bewahren und sich nicht von seiner »animalischen Natur« einholen zu lassen. Nur in der größten Not griffen die Tuareg auf Blätter, Früchte und Wurzeln zurück, die sonst als Nahrungsmittel der Tiere angesehen werden.[6]

Abb. 3: Tuareg-Mann mit korrekt gebundenem Gesichtsschleier. Mund und Nase sollten bedeckt sein.

---

5   Spittler 1989:112.
6   Ders.: 28.

Zurückhaltung und Würde stellen die größten Werte in der Tuareg-Gesellschaft dar. Auch das Verhältnis von Männern und Frauen ist durch diese geprägt. Besonders der Mann muss sich einer Frau gegenüber würde- und damit respektvoll verhalten. Dazu gehört vor allem, dass er seinen Gesichtsschleier korrekt bindet: Nur seine Augen dürfen frei bleiben, Mund und Nase müssen bedeckt sein.[7]

Eine typisch europäische Erklärung für den Gesichtsschleier des Mannes ist der Hinweis, dass er vor Sonne, Wind und Sand schützt. Für die Tuareg hat der korrekte Sitz des Schleiers hingegen eine weitreichendere Bedeutung. Der Schleier schützt vor den *Kel Essuf*, den in der Wildnis lebenden (Toten-) Geistern, die vor allem die Männer heimsuchen können. Dabei schützt er auf zweifache Weise: Zum einen bewahrt er den Träger vor dem Eindringen der Geister, von denen man annimmt, dass sie über die Stirn auf den Mann übergehen; zum anderen schützt er die anderen Tuareg, indem der Mund des Trägers bedeckt ist, da man glaubt, dass die Geister auch von einer Person selbst ausgehen können. Die Tuareg sagen: »*Ein Mann verhüllt seine Stirn durch tekerakit und seinen Mund durch ashek*«.

Tekerakit und *ashek* sind auch für Tuaregfrauen von Bedeutung, allerdings sind diese nicht so strengen Verhaltensregeln unterworfen wie Männer. Im Gegensatz zu ihnen müssen sie keinen Gesichtsschleier tragen. Mund und Stirn zu zeigen, gilt bei Frauen nicht als schamlos oder gefährlich. Die Tuareg sagen: »*Die Frauen tragen keinen Schleier, damit man ihre Schönheit sehen kann*«. Die Schönheit von Frauen wird in Liedern und Gedichten gepriesen. Die Vorstellungen darüber, was Schönheit ausmacht, unterscheiden sich dabei von unseren westlichen Vorstellungen: Zum Schönheitsideal einer Tuaregfrau gehören weibliche Rundungen. Berichte, dass Frauen in Europa beträchtliche Anstrengungen unternehmen, um schlank zu sein, werden von den in Agadez (Niger) lebenden Tuaregfrauen mit Unverständnis aufgenommen. Neben Schönheit zählt vor allem Anmut zu den geschätzten Eigenschaften einer Frau. Eine Frau kann noch so schön aussehen, wenn sie keine Annmut hat, wird sie nicht als schön empfunden.

FRAUEN ALS HERRINNEN DER ZELTE Schließlich zeigt sich die eigenständige Position der Frau auch im Bereich des Hauseigentums. Den Frauen gehören das Zelt und der dazu gehörige Hausrat, den sie zu ihrer Heirat bekommen. Auch im Falle einer Scheidung bleibt das Zelt ihr Eigentum. Ein Mann ist im-

---

[7] Der korrekte Sitz des Gesichtsschleiers ist auch gegenüber der Schwiegermutter, dem Schwiegervater und älteren Personen allgemein unabdingbar.

mer nur Gast im Zelt seiner Frau. Aus diesem Grund werden Frauen als »Herrinnen der Zelte« bezeichnet. Das Zelt wird bei der Hochzeit von der Mutter an die Tochter weitergegeben. Es ist zwar nicht das von der Mutter bewohnte Zelt, aber es wird als identisch mit ihrem Zelt betrachtet[8]. Das bedeutet, jede Frau führt die Linie ihrer Mutter weiter – das Zelt steht für den Fortbestand der mütterlichen Verwandtschaftsgruppe. Zwischen dem Zelt und der Frau besteht eine enge Verbindung: In der Tuareg-Sprache *tamashek* werden die gleichen Begriffe für »heiraten« und »ein Zelt knüpfen« (*ekres ehen*) benutzt. Will man von einer Frau wissen, ob sie verheiratet ist, fragt man sie, ob sie »*ein Zelt geknüpft*« habe. Von einem Mann, der eine Frau heiratet, heißt es: »*Er betritt das Zelt einer Frau*«.

Heute leben viele Tuareg in den Wüstenstädten. In den Dürren der 1970er und 1980er Jahre haben sie ihre Herden verloren und waren gezwungen, in die Nähe der Städte zu ziehen. In den letzten Jahren hat sich der Viehbestand wieder erholt. Viele Tuareg sind dennoch sesshaft geblieben. Wie wichtig das Zelt auch heute noch ist, zeigt sich in den Städten: Manche Tuareg haben ein Zelt im Innenhof ihres Hauses stehen, gewissermaßen als Erinnerung an die nomadische Lebensweise. »*Ein Nomade bleibt in seinem Herzen immer ein Nomade*«, sagen die Tuareg.

LITERATUR

Brünenberg, Kerstin
2003 Tuareg – Nomaden der Sahara. In: Brünenberg, Kerstin; Dömpke, Stephan; Kasten, Erich und Katja Overbeck: Unterwegs – Nomaden früher und heute. Gütersloh, S. 13–50.
2004 Ein Mann muss edel sein, eine Frau schön. Kleidung, Schönheit und Schmuck bei den Tuareg. In: Huse, Birgitta (Hrsg.): Von Kopf bis Fuß. Ein Handbuch rund um Körper, Kleidung und Schmuck für die interkulturelle Schulpraxis. Münster, S. 251–257.

Casajus, Dominique
1985 Why do the Tuareg veil their faces? In: Barnes. R. H.; de Coppet, Daniel und R. J. Parkins (eds.): Contexts and Levels. Anthropological Essays on Hierarchy. Oxford, S. 68–77.

Ritter, Hans
2002 Salz und Karawanen der Sahara. In: Hessisches Landesmuseum Darmstadt: Wüste. Darmstadt, S. 124–137.

Spittler, Gerd
1989 Handeln in einer Hungerkrise. Tuaregnomaden und die große Dürre 1984. Opladen.
1998 Hirtenarbeit. Die Welt der Kamelhirten von Timia. Köln.

---

8 Vgl. Casajus 1985.

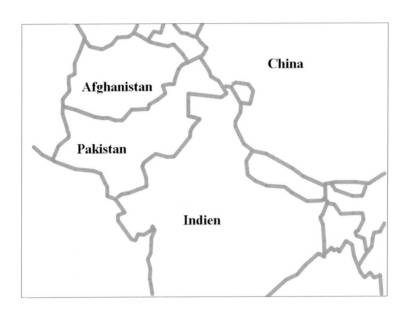

Abb. 1: Pakistan.

Fatimas Welt
Über das Leben einer Frau im Islam

Sandra de Vries

MUSLIMISCHE FRAUEN Alle muslimischen Frauen sind unterdrückt! Stimmt, sagen viele Menschen aus westlichen Ländern. Für sie sind das Kopftuch und die Geschlechtertrennung (Seklusion[1]) ein eindeutiges Zeichen für die Unfreiheit der muslimischen Frauen. Deshalb wollen wir uns etwas ausführlicher diesem Thema widmen und über die eigenen Grenzen hinaus nach Pakistan schauen. Natürlich ist es unmöglich, sich mit allen muslimischen Frauen zu beschäftigen und alle Situationen zu schildern. Schließlich gibt es Frauen, die auf dem Land, in der Stadt, in einer Großfamilie, mit ihren Schwiegereltern, ihrem Mann oder aber alleine leben. Überall mag die Situation ein klein wenig anders sein. Dennoch lässt sich einiges generell über muslimische Frauen sagen.

Die meisten von ihnen leben den Islam, seit sie auf der Welt sind, das heißt, die Regeln ihrer Religion sind ihnen seit der Geburt vertraut. Schon in ganz jungen Jahren möchten die Mädchen wie ihre Mütter aussehen, weshalb sie sich oft spielerisch die *dupatta*, das Kopftuch, umlegen. Natürlich ist es eher wie das Verstecksspielen bei uns, es macht Spaß, sich zu verschleiern und sich unsichtbar zu machen. Gleichzeitig sehen die kleinen Mädchen aber auch den Ernst, mit dem ihre größeren Schwestern und die anderen Frauen das Kopftuch tragen. Für sie bedeutet es den Schutz ihrer Ehre, denn nach dem Koran, dem heiligen Buch aller Muslime, soll eine Frau sich züchtig kleiden[2], um die Ehre ihrer Familie nicht zu gefährden. Eine Frau ohne Kopftuch gilt als unsittlich, da sie sich allen Leuten, vor allem aber den Männern zeigt und diesen dann Anlass zu einer unehrenhaften Handlung geben könnte. Als unehrenhaft gilt es im Islam, fremde Frauen anzusprechen oder aber sich mit ihnen alleine zu treffen.

---

1 Das *purda*-System regelt die Geschlechterbeziehungen, bei denen Männer und Frauen bestimmte gesellschaftliche Regeln befolgen, wie zum Beispiel die räumliche Trennung der Geschlechter (Seklusion).
2 Übrigens schreibt der Koran die Verschleierung der Frau nicht direkt vor, vielmehr wurde dies später durch muslimische Gelehrte so interpretiert. Argumentiert wird dabei meist mit der Sure 33, 59, in der steht, dass die Gattinnen und Töchter des Propheten sowie die Frauen der Gläubigen sich etwas von ihrem Überwurf herunterziehen sollen (vgl. Heine/Heine 1993: 44).

Frauen versorgen den Haushalt und die Familie, bringen Kinder zur Welt, was unter Muslimen gesellschaftlich als große Kostbarkeit angesehen wird. Etwas Schönes und Kostbares öffentlich zu zeigen oder zu preisen, gilt im Islam jedoch als eitel und überheblich, da man sich damit über Allah (Gott), den Schöpfer, erhebt. Und wer will das schon? Ein Schleier ist daher ein religiöser und gesellschaftlicher Schutz für alle Seiten, mit dem aber manchmal durchaus verspielt umgegangen wird. Schleier gibt es daher in vielen Formen und Variationen – z.B. den klassisch-strengen für die religiösen Pflichten, bei dem die Haare der Frau nicht zu sehen sein dürfen, oder aber die *burqa*, eine Art Mantelumhang, bei der die Frau komplett verhüllt ist. Dieser »Schleier« (Umhang) wird vorwiegend von strenggläubigen Muslimas (meist Shiitinnen[3]) getragen, wenn sie das Haus verlassen. Daneben gibt es noch verschiedene *dupatta* und *tschador* (Kopftücher), die wie ein großer Schal aussehen, und die – mehr oder weniger – locker um den Kopf gelegt werden. In den größeren Städten legen die Frauen sie meist nur noch symbolisch über die Schulter[4]. *Dupatta* können aus schlichtem Stoff, aber auch reichlich verziert sein oder sogar aus hauchdünnem Chiffon bestehen, um den modischen Ansprüchen der Frauen zu genügen. Große Modemacher haben sich schon diesem Stück Stoff gewidmet und wenn Ihr Euch einmal umschaut, so könnt ihr vielleicht einige dieser Formen im Straßenbild entdecken.

DAS SOZIALE LEBEN Bis zu ihrem sechsten Lebensjahr gehen die jungen Mädchen in Pakistan noch sehr verspielt mit der *dupatta* um. Natürlich achten sie mit zunehmenden Alter mehr auf den Sitz des Tuches, aber wenn es mal herunter rutscht, ist es auch nicht so schlimm. Obwohl die Mädchen schon sehr früh im Haushalt mithelfen, der Mutter in der Küche zuschauen, Wäsche waschen und auf die kleineren Geschwister aufpassen, gibt es viel Freizeit, in der die Mädchen draußen mit den anderen Kindern spielen. Erst allmählich, wenn sie älter werden und geschlechtsreif sind, werden sie angehalten, auf ihre Ehre zu achten und im Haus zu bleiben oder zumindest nicht alleine wegzugehen. Genau wie bei uns wird es als schlimm empfunden, wenn ein Mädchen zu früh Kinder bekommt, und da es wenig Verhütungsmittel gibt, kann so etwas schnell passieren. Ein Mädchen, dass vor der Ehe schwanger wird, hat schlechte Aus-

---

3   Der Islam unterscheidet verschiedene Rechtsschulen, bei denen die Sunniten und Shiiten die größten Anhängerschaften zählen. Während sich die Sunniten auf den Koran und die sunna oder hadith (Tradition bzw. Äußerungen des Propheten) als rechtliche und religiöse Grundlage beziehen, berufen sich die Shiiten nur auf den Koran.
4   Dies gilt vor allem für gebildete Frauen und solche, deren Familien über ein höheres Einkommen verfügen.

sichten, gut verheiratet zu werden. Deshalb sind die älteren Brüder und alle männlichen Verwandten aufgefordert, über das Verhalten der jungen Mädchen zu wachen. Jungen und Mädchen leben ab Beginn der Pubertät getrennt und treffen sich nur noch bei besonderen Anlässen und Festen.

Abb. 2: Bis zu ihrem sechsten Lebensjahr gehen die jungen Mädchen in Pakistan noch sehr verspielt mit der *dupatta* um.

Bis vor wenigen Jahren war es in Pakistan, wie in vielen anderen Ländern auch, üblich, die Mädchen im Alter zwischen 12 und 16 Jahren zu verheiraten. Da Familien selten sozial abgesichert waren, mussten die Frauen viele Kinder bekommen, um eine große und wirtschaftlich starke Familie zu gründen, die später einmal die Eltern und jüngeren Geschwister versorgen konnte. Deshalb war es nötig, die Mädchen früh zu verheiraten. Heutzutage hat sich die Lage etwas verändert, da immer mehr Mädchen in die Schule gehen und soziale Einrichtungen zur Versorgung der Familien entstehen. Dennoch gilt es nach wie vor als Segen, wenn eine Familie viele Kinder hat.

Für eine Familie sind Kinder beider Geschlechter wichtig, auch wenn vordergründig und äußerlich der Eindruck entsteht, dass männliche Kinder beliebter sind. Wenn ein Junge geboren wird, werden meist größere Feste gefeiert und die Verwandten freuen sich mehr. Erklären lässt sich das Verhalten dadurch, dass ein Mann immer bei seiner Familie bleibt, sie sozial stärkt und später auch versorgt, während ein Mädchen das elterliche Haus bei der Hochzeit verlässt. Sobald ein passender Ehemann gefunden ist, wird eine Hochzeit arrangiert. Nach der Hochzeit wechselt das Mädchen meist in den Haushalt ihres Ehemannes, der selbst oft noch mit seinen Eltern und evtl. auch Brüdern zusammenlebt. Obwohl das Mädchen ihr ganzes Leben lang zu ihrer Familie gehören wird, verliert diese eine Person im Haushalt und damit auch eine wichtige Arbeitskraft. Mädchen sind sehr wichtig, weil sie ihrer Mutter und Großmutter viel helfen können. Eine Familie ohne Mädchen ist deshalb immer in großer Not und muss vielleicht besonders früh auf Brautschau für ihren Sohn gehen, um wieder ein Mädchen – in dem Fall eine Schwiegertochter – im Haushalt zu haben.

DIE GESELLSCHAFTLICHEN ROLLEN Die Hochzeit bedeutet einen großen Einschnitt im Leben eines Mädchen. Von nun an muss sie sich in einem neuen Haushalt zurecht finden. Je nach Entfernung zu ihrem Elternhaus kann dies für ein Mädchen bzw. eine junge Frau, eine sehr schwierige Zeit sein. Ihre Bezugspersonen und Ansprechpartnerinnen sind von nun an die Frauen der Familie ihres Mannes, unter denen sie einen bestimmten Rang und Platz zugewiesen bekommt. Die älteste Frau, vielleicht die Großmutter ihres Mannes, trifft die häuslichen Entscheidungen. Sollte sie verhindert sein, so übernimmt die Ehefrau des ältesten Sohnes des Hauses ihre Position.

Abb. 3: Pakistanische Frau mit der *dupatta*, dem traditionellen Kopfschleier.

In der islamischen Gesellschaft ist das Leben in einen männlichen und in einen weiblichen Alltag unterteilt (Geschlechterseklusion). Jeder hat seinen Platz und damit verbundene Rechte und Pflichten. Die Frauen sind für den häuslichen und sozialen Bereich zuständig, die Männer für den öffentlichen, außerhäuslichen Bereich, der die Repräsentation ihrer Familie und ihre finanzielle Versorgung umfasst. Jeder entscheidet für seinen eigenen Bereich.

Ein Haushalt setzt sich, wie schon anfangs erwähnt, aus verschiedenen Generationen zusammen. Meist wohnen die Großeltern mit ihren Söhnen und deren Familien unter einem Dach. Das Alter einer Person spielt deshalb zusätzlich eine entscheidende Rolle. Solange die Großeltern leben und ihre Aufgaben nicht offiziell an die jüngere Generation abgetreten haben, sind sie die Oberhäupter einer Familie. Eine junge Frau muss daher tun, was ihr die Großmutter oder Mutter ihres Mannes aufträgt. Später aber, wenn z. B. ihre eigenen Söhne heiraten, wird sie selbst in eine dieser Positionen hineinwachsen und Anweisungen an ihre Schwiegertöchter erteilen können. Die Frauen regeln unter sich, wer welche Aufgaben innerhalb des Haushalts übernimmt, manches muss gemeinsam gemacht, anderes delegiert werden. Zusätzlich pflegen die Frauen die sozialen Beziehungen zu ihren Verwandten, indem sie Krankenbesuche machen, zur Geburt oder Hochzeit gratulieren oder sich aus anderen Anlässen besuchen. Frauen kennen sich deshalb sehr gut in ihrer weitverzweigten Verwandtschaft aus und erfahren so manches bei ihren Besuchen.

DER ALLTAG Sobald Frauen das Haus verlassen, gehen sie in Begleitung von anderen Frauen oder einem Mann, z. B. Sohn, um die Ehre ihrer Familie nicht zu gefährden. Es soll kein Anlass zu übler Nachrede gegeben werden. Obwohl die Frauen sich viel weniger als Männer in der Öffentlichkeit zeigen und bewegen können, haben sie oftmals ein ganz genaues Bild von ihrer Umwelt, da sie die Orte aus ihrer Kindheit kennen. Zusätzlich berichten ihnen die Kinder und Gäste alles, was außerhalb ihres Haushaltes passiert. So kommt es vor, dass manche Frauen mehr über bestimmte Dinge wissen als ihre Männer, die jeden Tag unterwegs sind.

Man kann sich vorstellen, dass ein solches Leben manchmal schwierig ist, da eine Frau viele Dinge organisieren und immer auf ihren guten Ruf aufpassen muss. Gleichzeitig ist man aber von einer starken Gemeinschaft umgeben, gehört einem Familienverband an, in dem jeder für den anderen da ist und die Verantwortung selten bei einem alleine liegt. Jeder hat viele Ansprechpartner.

Für eine muslimische Frau wird es deshalb sehr schwierig, wenn sie isoliert leben muss, z. B. wenn ihr Mann aus beruflichen Gründen an einen Ort zieht, wo beide keine Verwandten haben. Die Frau hat dann niemanden, mit dem sie sich die Arbeit teilen oder den sie besuchen und um Rat fragen kann. Wenn eine Frau plötzlich in einer Stadt leben muss, wo viele fremde Menschen auf engstem Raum zusammenleben und sie die Nachbarschaft nicht kennt, wird ihr Bewegungsradius immer enger. Hier muss sie noch viel mehr auf ihre Ehre achten, da alle Fremde sind. Die soziale Kontrolle nimmt zu, da sie sich den religiösen Regeln entsprechend korrekt verhalten möchte. Wenn eine Frau aber alleine ist, wird es für sie sehr viel schwieriger, irgendwohin zu gehen, und dadurch wird auch ihr Handlungsrahmen und ihre Lebensqualität sehr eingeschränkt. Die Zufriedenheit und der persönliche Freiraum einer Frau hängen daher sehr von ihrem sozialen Umfeld ab. Wer schon einmal umgezogen ist und am neuen Ort niemanden kannte, kann vielleicht nachempfinden, was es heißt, sich allein zu fühlen. Da muslimische Frauen auf Verwandte angewiesen sind und sich an die religiösen Regeln halten müssen bzw. wollen, ist es für sie natürlich noch schwerer. Dennoch: Nicht jede muslimische Frau ist unterdrückt, nur weil sie sich an die gesellschaftlichen und religiösen Regeln hält.

LITERATUR

Breuer, Rita
1998 Familienleben im Islam. Traditionen – Konflikte – Vorurteile. Freiburg.

Heine, Ina und Peter Heine
1993 Oh, ihr Musliminnen. Frauen in islamischen Gesellschaften. Freiburg.

Knieps, Claudia
1993 Geschichte der Verschleierung der Frau im Islam. Würzburg.

Thiel, Susanne
1997 Kulturschock Pakistan. Bielefeld.

Kapitel 3: Frauen in Männerrollen

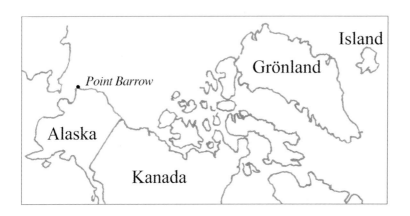

Abb. 1: Die Inuit
von Point Barrow leben
im Norden Alakas.

»Wenn ich gebraucht werde, bin ich im Boot«.
Frauen beim Walfang – Interview mit einer Inuit*

Heike Faller / Rosabelle Rexford

DIE INUIT – EINE KURZE EINFÜHRUNG Von der Beringstraße bis zur Ostküste Grönlands erstreckt sich der Lebensraum der Inuit. Damit bewohnen sie etwa die Hälfte der Arktis. Sie haben verschiedene Namen für sich selbst: *Inupiat* in Alaska, *Inuvialuit* im kanadischen MacKenzie-Delta-Gebiet, *Inuit* in der restlichen kanadischen Arktis und in Grönland. All diese Namen bedeuten ungefähr dasselbe – nämlich »Menschen« oder »wahre Menschen«.[1] Man schätzt ihre Bevölkerung auf etwa 50.000 Personen.

Die ArktisbewohnerInnen leben in der wohl härtesten Umwelt, die es auf dieser Erde gibt. Hier herrschen im Jahr etwa neun Monate Winter. Nicht zuletzt die Kleidung, die von den Frauen im Herbst und Spätherbst hergestellt wird, ermöglichte ihnen in früheren Zeiten das Überleben. Heute wird die traditionelle Fellkleidung eher selten getragen.

Die Bevölkerung von Point Barrow gehört zu den Nordalaska-Inuit. Sie leben an einem günstigen Punkt, der es ihnen ermöglicht, im kurzen Sommer, wenn das Eis aufbricht, die großen Grönlandwale zu jagen. Traditionell lebte die Bevölkerung im Winter in Häusern aus Grassoden und im Sommer in Zelten aus Fell. Auch sie werden *iglu* genannt, denn *iglu* bedeutet einfach nur »Haus«. Das Schneehaus, das uns sofort als winterliche Wohnstätte einfällt, war in Alaska völlig unbekannt.

In der traditionellen Gesellschaft der Inuit war es verpönt, unverheiratet zu bleiben. Die anfallenden Arbeiten waren so auf beide Geschlechter verteilt, dass jedes Geschlecht seine speziellen Aufgaben und Verantwortungsbereiche hatte. Ein Mann, der keine Frau hatte, die für ihn kochte und nähte, galt als Last für seine Verwandten. Ebenso hatte eine unverheiratete Frau niemanden, der ihr Essen und Felle brachte. Erst als Ehepaar ergänzten sich Mann und Frau optimal. Die Frauen verfügten über ihr persönliches Eigentum, das sie im Falle einer Trennung vom Partner mitnahmen.

---

* Aus dem Englischen übersetzt von Claudia Kalka.
1 Von ihren Nachbarn, den Algonkin, werden sie *askimew* genannt, was so viel bedeutet wie „Esser von rohem Fleisch". Die Europäer übernahmen diesen Begriff und machten daraus das Wort „Eskimo".

Im Haus selbst war ihre Autorität unbestritten, und die Männer sprachen alle wichtigen Dinge mit ihren Frauen ab. Ihre Meinung wurde auf den Versammlungen gehört. Nach den Wechseljahren wurden manche Frauen Schamaninnen und verfügten über beachtliche spirituelle Macht innerhalb der Gesellschaft.

Die Arbeitslast wurde zwischen Männern und Frauen aufgeteilt. Grundsätzlich kann man sagen, dass die Männer solche Arbeiten verrichteten, die vor allem Kraft und Beweglichkeit verlangten, insbesondere alles, was mit der Jagd zusammenhing. Die Frauen waren für alle Arbeiten im Haushalt, wie Kochen und Nähen, und für die Betreuung der Kinder zuständig. Beide Geschlechter ergänzten sich. Sie waren »zwei unabhängige Hälften, die zusammen ein Ganzes bildeten«.[2] Jedoch wurde diese Arbeitseinteilung niemals strikt eingehalten.

Das folgende Interview zeigt, dass Frauen auch an dem Walfang teilnehmen konnten, wenn sie gebraucht wurden oder wenn sie sich durch besondere Geschicklichkeit auszeichneten. Die Frühjahrsjagd war in Alaska die wichtigste von allen Jagden. Denn im Frühjahr öffnen sich die Rinnen im Eis, und die etwa 20 m langen und bis zu 60 Tonnen schweren Grönlandwale ziehen durch die Beringstraße zu ihren Sommergründen. Ihr Pfad führt sie manchmal in die Nähe der Küste, wo Halbinseln ins Wasser ragen. An solch einem Ort ist auch Point Barrow gegründet worden.

DIE WALFÄNGERIN Rosabelle Rexford, 63, Mutter von sechs erwachsenen Kindern und 15 Enkeln, lebt in Barrow, Alaska, wo sie auch aufgewachsen ist. Ihre ersten Lebensjahre verbrachte sie mit ihren vier Geschwistern und ihren Eltern auf der Jagd, in Zelten und Grassodenhäusern lebend. Als sie sechs war, ließ sich die Familie in Barrow nieder, damit die Kinder eine Schulausbildung erhalten konnten und Englisch lernten. Dort lebt sie bis heute und betreibt Jagd, Walfang und Eisfischen in ihrer Freizeit. Sie arbeitet als Koordinatorin in der Inuit-Organisation *Inuit Committee of the Artic Slope*.

---

2 Morrison / Germain 1996 : 30.

INTERVIEW: H. FALLER UND R. REXFORD

F: *Wie sahen die Häuser aus, in denen Sie als kleines Kind aufgewachsen sind?*
R: Alle dieser Häuser hatten nur einen Raum – groß genug für eine große Familie. Es war ein sehr guter Schutz, sehr warm. Meine Eltern wussten, wie sie uns warm halten konnten.
F: *Wovon lebten Ihre Eltern?*
R: Mein Vater war ein Jäger und Fallensteller, ein guter Jäger und Fallensteller. Man könnte sagen, er war selbstständig, er sorgte für unseren Lebensunterhalt. Und meine Mutter war eine gute »Näherin«. Sie verarbeitet jedes Tier, das mein Vater fing.
F: *Hatten Sie ein gutes Verhältnis zu Ihren Eltern?*
R: Es war gut. Sie liebten mich. Sie liebten uns alle. Ich mochte beide von ihnen. Ich folgte meinem Vater sehr häufig, als ich kleiner war. Ich habe viel über das Jagen von ihm gelernt. Ich habe beides gern gemacht: Draußen zu jagen und zur Schule gehen.
F: *War es für ein Mädchen üblich, mit zur Jagd zu gehen?*
R: Jede Frau kann das tun, wenn sie Interesse daran hat. Aber viele Frauen tun es nicht, weil es sie nicht interessiert. Der Grund, weshalb mir die Jagd so gefällt, ist, dass ich es liebe, draußen zu sein. Ich bin eine »outdoor lady«. Ich genieße es, an der frischen Luft zu sein.

Abb 2: Rosabelle Rexford bei der Jagd.

F: *Liebte Ihre Mutter das auch?*
R: Nein. Sie war eine Hausfrau. Ihr war es wichtig, sich um uns alle zu kümmern, uns sauber zu halten und alle Art von Kleidung für uns zu machen. Sie hielt uns sauber als wir klein waren, all die Zeit. Sie mochte die Jagd, aber nur, wenn mein Vater sie dazu aufforderte.
F: *Waren Frauen damals Teil einer Walfangcrew?*
R: Es gab eigentlich keine Frauen, die damals auf Walfang gingen. Selbst ich, ich folge ihnen nur, wenn sie mich brauchen. Ich dränge mich nicht auf.
F: *Waren Sie dieses Jahr mit beim Walfang?*
R: Dieses Frühjahr [im Mai 2000], fuhr ich hinunter zum Eis mit einem Schneemobil und ging zum Zeltlager meines Bruders und half beim Kochen. Wir hatten sehr schlechte Eisbedingungen in diesem Jahr, das offene Wasser war 50 bis 65 Kilometer vor Barrow entfernt, und als sich das Eis schließlich öffnete, waren die Wale nicht so gut. Aber sie fingen fünf Wale.
F: *Wie oft sind Sie mit Ihrem Bruder unterwegs?*
R: Jedes Jahr, wenn sie mich lassen. Im Frühling und im Herbst.
F: *Wie viele Walfangcrews gibt es?*
R: In Barrow haben wir über vierzig Walfangcrews. Alle aus Barrow.
F: *Wieviele Leute leben in Barrow?*
R: Etwa 4.500 bis 5.000 Menschen.
F: *Aus wie vielen Leuten besteht eine Walfangcrew?*
R: Das kommt darauf an, wie viele man braucht. Man muss etwa fünf Personen haben oder mehr.
F: *Sind da für gewöhnlich Frauen mit in dem Team?*
R: Frauen sind sehr selten. Manchmal gibt es überhaupt gar keine Frauen. Manchmal gibt es eine oder zwei Frauen in einer Crew. Ich war die einzige Frau in der Walfangcrew meines Bruders.
F: *Was genau ist Ihre Aufgabe?*
R: Zuerst einmal muss das Boot aus robuster Robbenhaut gemacht werden. Die Boote sind relativ lang, daher braucht man große Robben. Ich habe Photos von mir, wo ich für meine Crew die Bootshaut nähe.
F: *Wird das Nähen für gewöhnlich von den Frauen gemacht?*
R: Ja, wenn man von einem 4,0–6,0 m großen Bootsrahmen redet, braucht man etwa acht oder neun Häute. Und die Frauen nähen sie zusammen. Nachdem wir genäht haben, ist es die Aufgabe der Männer, die Haut auf das Boot zu spannen. Die Häute, von denen ich rede, sind alle fermentierte Robbenhäute[3].

---

3 Das Entfernen der Haare von der Außenseite des Felles wird durch die Fermentation beschleunigt. Die Iniut erreichen es durch ein zwei- bis dreitägiges Einweichen der Felle in einem Urinfass.

F: *Wann findet das Nähen statt?*
R: Im März.
F: *Wieviele Stunden braucht man dafür?*
R: Das kommt darauf an, wie schnell man ist. Etwa zehn Frauen können es in sechs oder mehr Stunden schaffen.
F: *Sie machen es zusammen?*
R: Ja.
F: *Wo?*
R: Wir haben ein ganz neues Museum, das *Inuit Heritage Center*. Dort gibt es einen großen traditionellen Raum, in dem wir diese Dinge tun können.
F: *Und die Besucher können zugucken?*
R: Die Leute können uns bei der Arbeit zuschauen. Sie bringen immer einige Grundschüler (*elementary school students*) zu uns, damit sie uns zuschauen können.
F: *Gibt es auch junge Frauen, die sich auf das Nähen verstehen?*
R: Die jüngste Frau war 23, eine andere war 26 Jahre alt. Die älteste, die dieses Jahr mit uns genäht hat, war 87 Jahre alt. Ich bin 59 und ich habe mit dieser Tätigkeit vor etwa 20 Jahren angefangen. Bei dieser Arbeit muss man wissen, was man tut, man muss bereits Erfahrung haben. Wir benutzen eine besondere Nadel dafür, es ist eine Hautnadel. Unsere Fäden sind etwa 1,5 m lang, jeder einzelne. Sie sind aus Karibusehnen gemacht. Wenn diese schwer zu bekommen sind, kaufen wir Faden aus dem Geschäft. Die Frau des Walfangkapitäns und ihr Mann kaufen alles, was wir brauchen. Und sie geben uns ebenso freie Mahlzeiten.
F: *Was bekommt ihr denn?*
R: Nun, sie kochen Karibusuppe und *muktuk*[4] und Hühnersuppe. Die Frau des Walfangkapitäns und noch eine andere Frau kochen, und sie können kochen, was sie wollen, aber kein italienisches Essen oder mexikanisches.
F: *Warum nicht?*
R: Zu scharf. Nun, es ist uns manchmal zu scharf. Ich esse es kaum, weil ich nicht damit aufgewachsen bin.
F: *Worüber reden die Frauen, wenn sie zusammen arbeiten?*
R: Oh. Wir reden kaum miteinander, weil wir so schnell wie möglich fertig werden wollen.
F: *Warum diese Eile?*
R: Wenn wir fertig sind, müssen die Männer ihre Arbeit so schnell wie möglich machen, die Häute an dem Boot befestigen. Wenn sie warten, ist die

---

4 *Muktuk*, die schwarze Haut des Grönlandwales, ist ein köstlicher und begehrter Leckerbissen.

Haut nicht mehr dafür geeignet. Danach müssen die Boote für etwa drei bis vier Wochen draußen an der Luft stehen.

F: *Gibt es eine Zeremonie, bevor das Boot benutzt werden kann?*
R: Nein. Bevor wir zum Walfang rausfahren, versammelt sich die Familie zu einem Gebet. Jedesmal, wenn man rausfährt ins tiefe Wasser, muss man beten. Es ist ein spezielles Gebet, um Führung und Schutz durch unseren Gott zu erbitten.
F: *Man redet also kaum während der Arbeit?*
R: Hier und da ein paar Geschichten, manchmal persönliche Angelegenheiten. Da sind viele Leute, die uns beobachten.
F: *Auch Touristen?*
R: Touristen sind auch willkommen, aber die fermentierten Häute stinken sehr.
F: *Das stört Sie nicht?*
R: Ich bin daran gewöhnt.
F: *Mögen Sie das?*
R: Ja, das tun wir. Wir essen immer die Flossen, wenn sie fermentiert sind. Aber nachdem wir sauber gemacht haben, ist der Geruch in eineinhalb Tagen weg.
F: *Mit was etwa ist der Geruch zu vergleichen?*
R: Es riecht wie alle fermentierten Dinge, das ist es, wie es riecht.
F: *Was tun Sie wenn Sie mit der Crew auf dem Eis sind?*
R: Die meiste Zeit koche ich. Ich halte das warme Essen bereit für die Männer, zu jeder Zeit.
F: *Wo genau ist das?*
R: Ich bin innerhalb und außerhalb des Zeltes. Wenn wir genügend Männer haben, bin ich nicht im Boot. Aber, wenn ich gebraucht werde, bin ich im Boot.
F: *Was machen Sie im Boot?*
R: Ich bin Ruderer. Ich sitze im Boot und rudere. Ich muss ein Paddel benutzen, das 1,20–1,50 m lang ist. Das Boot hat Bänke, auf denen man sitzen kann.
F: *Ist es ermüdend?*
R: Oh, manchmal. Wenn man einen Wal verfolgt, muss man sehr leise sein. Wir benutzen unsere Außenbordmotoren nicht, um dem Wal zu folgen. Wir müssen sehr ruhig sein. Und keine Luftblasen, niemals! Sonst werden die Wale zurück in das tiefe Wasser schwimmen.
F: *Macht es Spaß?*
R: Ja! Sehr viel.
F: *Warum?*

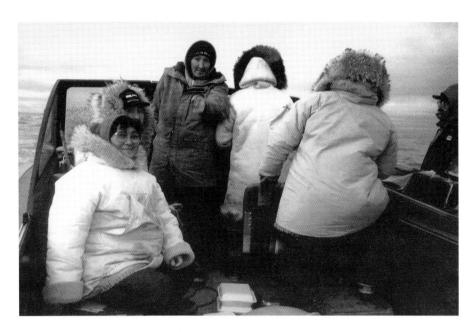

**Abb. 3: Rosabelle Rexford als Mitglied einer Fang-Crew.
Beim Walfang können auch Frauen mitarbeiten.**

R: Nun, wenn man bei einer Walfangcrew dabei ist, muss man wissen, was man tut.
F: *Hat es jemals eine Frau gegeben, die die Harpune geworfen hat?*
R: Ich weiß von keiner Frau, die Harpunier oder Schütze war. Aber einige Frauen steuern, so wie ich. Ich könnte es, wenn man es mir zeigte. Ich habe meinen Brüdern beim Vorbereiten der Harpune und des Walgewehres zugesehen. Ich habe sie so viele Male beobachtet. Ich würde es gerne tun, wenn man es mir sagte, aber ich mag nicht der Boss sein. Aber wenn es niemanden gäbe, der es täte, und wenn sie es an mich herantrügen, kann ich es. Wenn der Wal auftaucht, dann musss man zustoßen.
F: *Aber Sie waren in diesem Jahr nicht mit in dem Boot?*
R: Wir hatten genug Männer. Eigentlich sind es die Männer, die in einem Walfangboot mitfahren. Aber wenn eine Frau gebraucht wird und der Wal-Kapitän sie bittet teilzunehmen, ist sie eine von ihnen.
F: *Sind Männer besser geeignet?*
R: Ja, sie sind stärker und besser.
F: *Warum?*
R: Sie sind stärker und besser, und da gibt es kein warum.

F: *Verhalten sich die Männer deswegen sehr macho-mäßig?*
R: Was ist das?
F: *Mmhh, »macho«; es bedeutet in etwa: Gucken sie auf die Frauen herunter?*
R: Nein, es ist in Ordnung. Wir sind eine große Familie, wenn wir in der Walfangcrew sind. Weil wir 24 Stunden lang nach den Walen Ausschau halten. Da sind immer zwei bis drei Leute, die zur gleichen Zeit Ausschau halten, und die anderen schlafen.
F: *Wie viele Tage ist man auf dem Eis?*
R: Wir können etwa vom 20. April bis Ende Mai auf Walfang gehen. Das hängt von dem Eis ab. Wenn das Wasser nah ist, ist man in weniger als einer Stunde da. Wir schlafen im Zelt. Wir haben vier Matratzen oder Karibu-Felle. Es ist sehr warm im Zelt, weil wir einen Propangasofen haben, der die ganze Zeit an ist. Und wenn es sehr sehr warm ist, machen wir ihn nur noch zum Kochen an oder wenn jemand einen Tee oder Kaffee will.
F: *Gehen Sie in der Zeit nicht zurück ins Haus im Dorf?*
R: Nun, man kann hin und zurück gehen, wenn man telefonieren will oder sich waschen will. Man fragt den Kapitän, und ohne Frage gibt er seine Zustimmung. Man kann jeden Tag hin und zurück gehen oder jeden zweiten.
F: *Was ist mit der Arbeit?*
R: Man kann arbeitsfrei bekommen, jedes Jahr sechs Wochen Ferien.
F: *Wie lange waren Sie dieses Jahr auf dem Eis?*
R: Ich war nicht lange da. Etwa eine Woche, denn ich hatte andere Arbeit, und es gab genug Männer.

LITERATUR

Morrison, David und G.-H. Germain
1996   Eskimo. Geschichte, Kultur und Leben in der Arktis. München.

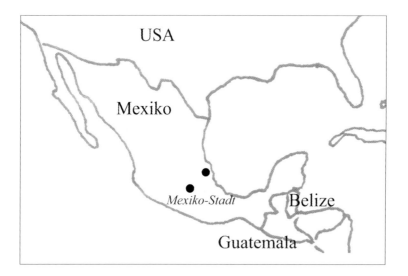

Abb. 1: Das Fliegerspiel wird im Gebiet der Totonaken nordöstlich von Mexiko-Stadt aufgeführt.

Tradition versus Kommerz
Die Teilnahme von Frauen am Fliegerspiel in Mexiko

Ursula Bertels

EINLEITUNG Mexiko ist aufgrund seiner vielfältigen Landschaften und seiner archäologischen Sensationen in den letzten Jahren das Ziel einer immer größer werdenden Zahl von TouristInnen geworden. 1992 kamen bereits rund 6,5 Millionen BesucherInnen nach Mexiko.[1]

Der Ausbau des Tourismus wird vom mexikanischen Staat aus verschiedenen Gründen intensiv gefördert. So sind die Einnahmen aus dem Tourismusbereich für die Handelsbilanz Mexikos von großer Bedeutung. Auch die Zahl der MexikanerInnen, deren Arbeitsplatz vom Tourismus abhängt, nimmt stetig zu.[2]

Die zunehmende Bedeutung des Tourismus für die mexikanische Wirtschaft beeinflusst auch kulturelle und soziale Aspekte in Mexiko. Einige dieser Auswirkungen des Tourismus werden im Folgenden am Beispiel des Fliegerspiels verdeutlicht.

DAS FLIEGERSPIEL – EINE VORSPANISCHE ZEREMONIE Bei dem Fliegerspiel handelt es sich um eine vorspanische Zeremonie, die – verbunden mit der Bitte um Regen – heute noch in einigen Gemeinden der mexikanischen Bundesstaaten Hidalgo, Puebla und vor allem Veracruz aufgeführt wird.

Zur Aufführung des Fliegerspiels[3] wird traditionell ein ca. 20–25 m hoher Holzpfahl aufgestellt. Bereits das Aussuchen und Schlagen des Pfahles ist mit Zeremonien verbunden. Auf die abgerundete Spitze des Pfahles wird eine Drehtrommel gesetzt, so dass eine Drehbewegung möglich wird. An der Drehtrommel ist mit Seilen ein hölzernes viereckiges Gestell befestigt. Am Pfahlstück zwischen Drehtrommel und herabhängendem Viereck werden vier Seile befestigt und so aufgewickelt, dass sie beim Abwickeln nicht durcheinander geraten können. Um den Pfahl selbst wird ein Seil gewunden, das ein Ersteigen des Pfahles ermöglicht.

---

1 Munzinger 1998. Vgl. auch Sommerhoff 1999: 338 f.
2 Ebd.
3 Beschrieben wird das Fliegerspiel, wie es bei den Totonaken in der Gegend um Papantla aufgeführt wird.

Während der Aufführung des Fliegerspiels tanzen die Teilnehmer (die *voladores*) zunächst um den Pfahl. Die Tanzbewegungen bestehen überwiegend aus Stampfen, Überkreuzen der Beine, Wippen auf einem Bein und leichten Drehbewegungen. Nach diesem Tanz erklettern die Teilnehmer den Pfahl. Während vier von ihnen sich auf das Viereck setzen, begibt sich einer (der *caporal*) auf die Plattform der Drehtrommel. Dort spielt er zunächst sitzend, dann stehend Flöte und Trommel.

Die anderen vier binden sich inzwischen je eines der vier Seile, die zwischen Drehtrommel und Viereck um den Pfahl gewickelt wurden, um die Hüfte. Auf einen bestimmten Ton des *caporal* hin stoßen sich die *voladores* mit ihren Füßen ab und bringen so die Drehtrommel in Bewegung und zwar entgegengesetzt zu der Richtung, in der die vier Seile aufgewickelt wurden, so dass diese nun abgewickelt werden. Fast im selben Augenblick lassen sich die *voladores* nach hinten fallen. So nähern sie sich mit dem Kopf nach unten hängend immer mehr dem Erdboden. In einer Höhe von etwa 2 m über dem Boden drehen sich die *voladores*, so dass sie mit den Füßen zuerst aufkommen können.

Nach dem Flug klettert der auf der Drehtrommel gebliebene *caporal* den Pfahl herunter, und mit einem abschließenden Tanz um den Pfahl wird die Aufführung des Fliegerspiels beendet.

Abb. 2: Die *voladores* beim Fliegerspiel. Der Pfahl ist 20–25 Meter hoch.

DAS FLIEGERSPIEL ALS TOURISTENATTRAKTION Aufgrund seiner akrobatischen Elemente ist das Fliegerspiel in den letzten Jahrzehnten immer mehr zu einer Touristenattraktion geworden. Inzwischen wird es sogar als sehenswerter Programmpunkt in den Reiseführern erwähnt. Weil viele TouristInnen oft lediglich das Spannende oder Exotische[4] suchen, hat ihr Interesse am Fliegerspiel zu vielen Veränderungen in den traditionellen Vorgaben des Spiels geführt.

Da vor allem der akrobatische Aspekt die Zuschauer anzieht, wird dieser bei Touristenaufführungen ausgeweitet, was ein erhöhtes Risiko für die Flieger bedeutet. So versucht man z.B. die Höhe der Pfähle zu steigern, wobei durch das Aufstellen von Metallpfählen Höhen von bis zu 40 m möglich sind.

Als besonders werbewirksam hat sich darüber hinaus die Teilnahme von Frauen und Kindern erwiesen. Die Teilnahme von Kindern – hierbei handelt es sich fast ausschließlich um Jungen – stellt dabei ein Risiko während der Aufführung des Fliegerspiels dar, da diese durch ihr geringes Gewicht das Gleichgewicht unter den Fliegern stören, welches Voraussetzung für einen gleichmäßigen Flug ist. Dieses Risiko wird bei reinen Kindergruppen vermieden.

DAS FLIEGERSPIEL – REINE MÄNNERSACHE? Stellt somit die Teilnahme von Kindern ein überwiegend physisch bedingtes Problem dar, steht die Teilnahme von Frauen im krassen Gegensatz zu den Traditionen des Fliegerspiels.

So durfte früher eine Frau nicht einmal beim Schlagen eines Pfahles anwesend sein. Der in einigen Quellen[5] genannte Aspekt, dass der Pfahl aus keiner von Frauen bewohnten Gegend stammen dürfte, ist zwar heute nicht mehr aktuell, spiegelt aber die Rolle der Frau innerhalb der alten Traditionen wider. Auch die in einer weiteren Quelle[6] überlieferte Aussage, dass ein schon geschlagener Pfahl zerbrochen sein soll, nachdem eine Frau über ihn gesprungen war, zeigt, dass von einem negativen Einfluss der Frau auf das Fliegerspiel ausgegangen wird.

Vor der traditionellen Aufführung des Fliegerspiels mussten die *voladores* zudem eine sexuelle Abstinenz einhalten. Nach Aussagen vieler *voladores* in den Gemeinden halten sie sich nach wie vor an diese Abstinenz. Dies deutet darauf hin, dass auch heute der Einfluss von Frauen als negativ angesehen wird.

---

4 Siehe dazu auch Gormsen 1987: 199.
5 Vgl. Breton Fontecilla 1943: 207; König 1982: 33.
6 Vgl. Gaona Vega 1991: 29.

In vielen Gemeinden bildet die Fliegergruppe auch außerhalb der Aufführung des Fliegerspiels eine zusammengehörige Einheit. So sind die Mitglieder der Gruppe verpflichtet, bei Krankheit oder Tod eines Mitfliegers bestimmte Zeremonien durchzuführen. Diese Einheit der Gruppe sehen viele *voladores* durch die Teilnahme von Frauen gestört. Deshalb weigern sich manche, Frauen in ihre Gruppen aufzunehmen.

Im Gegensatz dazu steht die Meinung der Fliegergruppen, die verstärkt an Aufführungen für den Tourismus teilnehmen. Da die Teilnahme am Fliegerspiel von diesen *voladores* als Verdienstmöglichkeit gesehen wird und dadurch viele der mit dem Fliegerspiel verbundenen alten Traditionen in den Hintergrund treten, steht man in diesen Gruppen einer Teilnahme von Frauen positiv gegenüber. Man ist davon überzeugt, dass eine Frau selbst wissen muss, ob sie die Kraft und den Mut zur Teilnahme am Fliegerspiel aufbringt. Diese Einstellung wird sicherlich auch dadurch geprägt, dass die Teilnahme von Frauen die Aufführung des Fliegerspiels für TouristInnen noch attraktiver macht und so Mehreinnahmen erwarten lässt. Vor diesem Hintergrund wurde inzwischen eine Fliegerin (*voladora*) sogar in die *Unión de Danzantes y Voladores*[7] in Papantla aufgenommen.

Sehen viele Fliegergruppen also bei Aufführungen für TouristInnen über die traditionellen Ablehnungsgründe für eine Teilnahme von Frauen hinweg, weigern sich einige Gruppen – auch wenn sie an Touristenaufführungen teilnehmen – jedoch aus anderen Gründen, Frauen in ihre Gruppe aufzunehmen. Besonders deutlich wird dies bei den Fliegergruppen der Otomí. Im Gegensatz zu der eingangs beschriebenen Form des Fliegerspiels bei den Totonaken besteht eine Fliegergruppe der Otomí aus sechs Teilnehmern, wobei einer der Teilnehmer durch Frauenkleider als *malinche*[8] verkleidet ist. Obwohl bei den Otomí Frauen die Fähigkeit zur Teilnahme am Fliegerspiel nicht abgesprochen wird, sind die *voladores* der Meinung, dass die Teilnahme von Frauen das Bild des Fliegerspiels stören würde. Gerade bei den Otomí ist diese Begründung allerdings nicht haltbar, da die Teilnahme einer Frau als *malinche* das Bild des Fliegerspiels in keiner Weise verändern würde, also gerade bei den Otomí eine gute Einstiegsmöglichkeit für Frauen in das Fliegerspiel gegeben wäre.

---

[7] Bei der *Union de Danzans y Voladores* (= Union der Tänzer und Flieger) handelt es sich um eine gewerkschaftliche Vereinigung, zu der sich die Fliegergruppen aus der Gegend um Papantla zusammengeschlossen haben, die an Aufführungen für TouristInnen teilnehmen.

[8] *Malinche* ist der volkstümliche Name der Indianerin, die Hernán Cortés bei seinem Eroberungsfeldzug als Dolmetscherin begleitet hat.

Ein häufiger Ablehnungsgrund der totonakischen *voladores* ist zum Beispiel, dass es ein schlechtes Licht auf eine Frau werfe, wenn sie so eng mit Männern zusammenarbeite. Hier wird deutlich, dass auch in der mexikanischen Gesellschaftsstruktur verankerte moralische Grundsätze einer Teilnahme von Frauen entgegenwirken. Aber auch durch physisch bedingte Gründe wird die ablehnende Haltung gegenüber den *voladoras* unterstützt. So ist eine Frau – nach Aussage vieler *voladores* – nicht stark genug, um sich anzuknoten, so dass einer der Mitflieger diese Verantwortung übernehmen müsste. Aus diesen letztgenannten Gründen lehnen viele *voladores* zwar eine gemischte Gruppe ab, haben gegen eine reine Frauengruppe jedoch nichts einzuwenden. Die Akzeptanz von *voladoras* ist also auf Seiten der *voladores* – wenn auch oft nur aus wirtschaftlichen Gründen – in den letzten Jahren gestiegen.

DIE GESELLSCHAFTLICHE AKZEPTANZ DER ›VOLADORAS‹ Die Frauen, die an Aufführungen des Fliegerspiels teilnehmen, müssen jedoch weiterhin mit negativen Reaktionen in ihren Heimatgemeinden rechnen. Zum Teil werden sie sogar stark kritisiert.

Dies liegt vor allem darin begründet, dass eine *voladora* die ihr zugedachte Geschlechterrolle verlässt. Die *voladoras* stammen zum größten Teil aus kleineren Gemeinden, in denen eine Frau in den meisten Fällen für den Haushalt und die Kinder verantwortlich ist und keiner Lohnarbeit nachgeht. Eine *voladora* dagegen ist selbstständig erwerbstätig. Das damit verbundene Aufgeben der Geschlechterrolle führt dazu, dass die *voladoras* nach eigenen Aussagen oft als »Mannweib« betitelt werden. Da eine *voladora* durch die Teilnahme an Aufführungen für TouristInnen zudem oft mehr verdient als ein Landarbeiter, wird eine *voladora* nach eigener Aussage in ihrer Heimatgemeinde als geldgierig eingestuft.

Hinzu kommt, dass eine Teilnahme an Aufführungen für TouristInnen bedeutet, dass die Fliegergruppe die Heimatgemeinde auch für längere Zeiträume verlässt. Sind neben einer *voladora* noch Familienangehörige – wie z.B. Vater oder Bruder – Mitglied der Fliegergruppe, führt dies nicht zu Problemen. Ist dies jedoch nicht der Fall, entzieht sich die betreffende *voladora* für die Dauer ihrer Abwesenheit der Kontrolle ihrer Familie. Obwohl sicherlich die soziale Kontrolle durch die anderen Mitglieder der Fliegergruppe, die in den meisten Fällen aus derselben Gemeinde stammen, gewährleistet ist, führt dies zu Konflikten innerhalb der Familie.

Bei den bisher befragten Frauen, die am Fliegerspiel teilnehmen, handelt es sich ausschließlich um junge unverheiratete Frauen. Es sind daher noch keine Aussagen darüber möglich, ob die Teilnahme am Fliegerspiel von dem Ehemann einer *voladora* geduldet wird oder ob dies zu Konflikten führt.

DIE SICHTWEISE DER ›VOLADORAS‹ Die *voladoras* selbst lassen sich durch kritische und abfällige Bemerkungen nicht von der Teilnahme am Fliegerspiel abbringen. Sie nehmen nach eigenen Aussagen aus Vergnügen daran teil. Viele betrachten die Teilnahme als eine Art Mutprobe. Da die *voladoras* die Aufführungen für TouristInnen nicht mehr als traditionelle Zeremonie ansehen, sind die herkömmlichen Vorgaben, die einer Teilnahme von Frauen entgegenstehen, für sie belanglos. Für viele ist die Teilnahme am Fliegerspiel eine Möglichkeit, zum Lebensunterhalt der Familie beizutragen. Darüber hinaus ermöglicht das durch die Teilnahme am Fliegerspiel verdiente Geld vielen *voladoras*, ihre Schulausbildung fortzusetzen bzw. ein Studium aufzunehmen.

FAZIT Es ist daher davon auszugehen, dass trotz noch vorhandener gesellschaftlicher Widerstände die Zahl der *voladoras* in den nächsten Jahren weiter ansteigen wird. Die Aufführungen des Fliegerspiels für TouristInnen sind somit ein Beispiel dafür, dass Tourismus neben wirtschaftlichen Konsequenzen auch Auswirkungen auf kulturelle und soziale Aspekte – wie z.B. die Geschlechterrollen – hat.

LITERATUR

Bertels, Ursula
1993   Das Fliegerspiel in Mexiko. Historische Entwicklung und gegenwärtige Erscheinungsformen. Münster / Hamburg.

Breton Fontecilla, Cecilia
1943   Fiesta de Corpus en Papantla. In: Anuario de la sociedad folklórica de México, Bd. 4, S. 199–219.

Gaona Vega, Zeferino
1991   Xgostanlhin xala pakxtu – Danza de voladores de la sierra. Papantla.

Gormsen, Erdmann
1987   Der Fremdenverkehr in Lateinamerika und seine Folgen für Regionalstruktur und kulturellen Wandel. In: Gormsen, Erdmann und Karl Lenz (Hrsg.): Lateinamerika im Brennpunkt. Berlin, S. 187–207.

König, Viola
1982   Mexiko – Volkskunst, Volksglaube, Volksfeste. Köln.

Munziger, Ludwig (Hrsg.)
1998   Internationales Handbuch. Länder aktuell – Mexiko. Ravensburg.

Sommerhoff, Gerhard und Christian Weber
1999   Mexiko. Darmstadt.

Kapitel 4: Frauenmacht

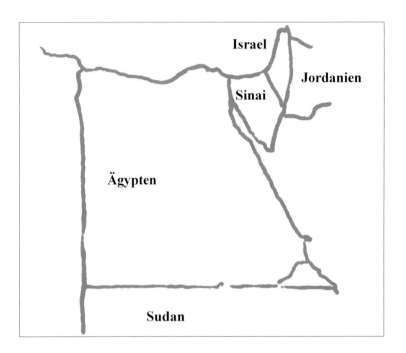

Abb. 1: Ägypten.

Ohnmacht oder Macht?
Frauen in Ägypten

Barbara Aboueldahab

EINLEITUNG Das Bild der orientalischen Frau ist in unserem Kulturkreis geprägt von Vorurteilen und Klischees. Da ist auf der einen Seite die romantisierte Vorstellung der bauchtanzenden und in einem Harem von Dienerinnen verwöhnten Frau. Dem gegenüber steht die allgemein dominierende Vorstellung einer verschleierten, von ihrem Ehemann und der Gesellschaft unterdrückten Frau ohne Rechte und eigene Identität.

Wie ist sie nun tatsächlich, die orientalische Frau? Dies soll anhand des Beispiels Ägypten verdeutlicht werden. Obwohl die Ägypterinnen – wie Frauen eines jeden anderen Landes auch – je nach Herkunft, Bildungsniveau, beruflicher Betätigung, Wohngegend und sozialem Umfeld unterschiedlich leben, zeigen soziologische Studien, dass 85%–90% aller Frauen über 14 Jahre sehr stark der herkömmlichen Sozialstruktur und traditionellen Lebensformen verhaftet sind. Sie bilden also keine homogene Gruppe, aber es lassen sich Gemeinsamkeiten feststellen, die ein klares Bild von Frauen in Ägypten vermitteln.

DIE FRAU IM ALTEN ÄGYPTEN Im Alten Ägypten kam der Frau eine nicht unbedeutende Rolle zu. So gab es in der altägyptischen Götterwelt hauptsächlich Götterpaare: Isis und Osiris, Schu und Tefnut und viele andere. Oft wird auch behauptet, die Frau hätte zur Zeit der Pharaonen eine privilegierte Stellung inne gehabt, man denke nur an die vier Königinnen, allen voran Hatschepsut und Teje. Vielleicht ist so auch zu erklären, dass Frauengestalten in ägyptischen Märchen oft dem Mann gleichgestellt oder sogar überlegen sind, im Gegensatz zu Märchen aus anderen islamischen Ländern.

Die Frauen des Alten Ägypten konnten Reichtum erwerben und waren theoretisch vor dem Gesetz den Männern gleichgestellt. Einige Quellen dokumentieren, dass die Männer ihre Ehefrauen in der Regel liebten und respektierten, bisweilen auch Angst vor ihnen hatten. Die Frauen bekamen in den unterschiedlichsten Berufen die Möglichkeit, sich zu entfalten, wenn auch die Männer meist die Führungspositionen bekleideten. Auch standen den Frauen nicht alle Berufe offen. So waren sie von der gebildeten Schreiberklasse ausgeschlossen.

Den Hauptanteil der altägyptischen Bevölkerung stellten die Bauern. Da diese in der Regel Analphabeten waren, existieren nur sehr wenige schriftliche Quellen über ihr Leben bzw. die Rolle der Frauen in dieser Zeit. Es ist jedoch anzunehmen, dass ihre Hauptaufgabe im häuslichen Bereich lag: Kinder gebären, den Haushalt führen, Kleidung produzieren und Nahrungsprodukte wie Mehl und Brot herstellen.

Für Frauen ebenso wie für Männer aller sozialen Schichten galt bereits, was auch heute noch in der ägyptischen Gesellschaft herausragende Bedeutung hat: der Zwang, den Normen zu entsprechen, eine vorgeschriebene Rolle zu erfüllen. Ein Frauenleben in Ägypten war und ist in erster Linie ein Leben in einem Land, dessen patriarchale Gesellschaft[1] von schwer veränderlichen traditionellen Normen und Werten geprägt ist, die sich teilweise durch die gesamte ägyptische Geschichte erhalten haben. Ein Frauenleben in Ägypten ist aber auch ein Leben in einem Land, in dem sich 93,1% der Bevölkerung zum Islam bekennen und in dem islamische Moralvorstellungen dominieren bzw. das, was von den meisten Ägyptern dafür gehalten wird.

Abb. 2: Ältere Frauen in ihrem schwarzen Überwurf, wie er in den ländlichen Gebieten üblich ist. Er wird in der Öffentlichkeit über der Kleidung getragen

DIE ROLLE DER FRAU IM ISLAM Im Gegensatz zu Deutschland mit seiner Tradition der Aufklärung und ihrer Forderung der Trennung von Kirche und Staat gibt es in Ägypten diese Trennung nicht. Der Islam ist Staatsreligion, und

---

1 Patriarchal oder patriachalisch = von Männern, insbesondere Vätern, dominiert; im Unterschied zu matriarchal oder matriarchalisch.

die Grundlagen des islamischen Rechts sind auch die Hauptquellen der Gesetzgebung, besonders der Personenstandsgesetze. Die islamische Gesetzgebung regelt folglich auch die rechtliche Stellung der Frau, wobei anzumerken ist, dass der Islam eine Religion ist, die alle Lebensbereiche des Einzelnen und der Gesellschaft stark prägt.

In seinem Wesen ist der Islam – entgegen landläufigen Vorstellungen – weder frauenfeindlicher als z. B. das Christentum noch prinzipiell gegen die Emanzipation der Frau gerichtet. Das islamische Wertesystem ist allerdings von traditionellen Strukturen geprägt, in die der Islam sich seit seiner Entstehung einfügte, und wodurch er ein bereits bestehendes hierarchisches Geschlechterverhältnis festigte.

So geht der Islam davon aus, dass Männer und Frauen verschieden sind und Frauen von Natur aus emotionaler reagieren. Daher gilt z. B. vor Gericht die Zeugenaussage einer Frau nur halb so viel wie die eines Mannes.

Der Islam verbesserte auf der anderen Seite den status quo der Frau, indem sie z. B. das Brautgeld[2] zu ihrer eigenen freien Verfügung erhält und einen festen Erbteil zugesprochen bekommt. Dieser beträgt zwar nur die Hälfte des Erbteils des Mannes, allerdings steht ihr dieser Anteil auch uneingeschränkt zur Verfügung. Der Mann hingegen ist gezwungen, für den Lebensunterhalt seiner Frau, seiner Kinder und bedürftiger Familienmitglieder aufzukommen, wohingegen eine Frau keinerlei Verpflichtung hat, irgendjemanden finanziell zu unterstützen. So kann also der halbe Erbanteil einer Frau letztendlich mehr wert sein als der ganze des Mannes.

Nach dem Koran ist die Frau ökonomisch von ihrem Mann unabhängig. Sie allein bestimmt über ihr Eigentum, darf es erwerben, verkaufen oder verschenken. Und niemand – auch nicht ihr Ehemann – darf es ihr wegnehmen.

Weiter spricht sich der Islam deutlich für eine Ausbildung von Mädchen und Frauen aus, und auch ihre Berufstätigkeit widerspricht nicht islamischen Vorschriften. Des Weiteren darf keine Frau gezwungen werden, einen Mann zu heiraten, mit dem sie nicht einverstanden ist.

Die Ganzkörperverschleierung ist keine islamische Vorschrift. Es wird lediglich verlangt, dass Frauen sich »anständig« kleiden. Für Männer gibt es im übrigen auch Kleidungsvorschriften. Ebensowenig wie die Verschleierung ist die Beschneidung von Mädchen, die auch heute noch in Ägypten praktiziert wird, eine islamische Sitte, obwohl selbst viele Ägypter dies glauben.

---

2 Brautgeld = Gaben an Geld oder Waren (z. B. Schmuck, Vieh, kostbare Stoffe), die bei einer Hochzeit seitens des Bräutigams oder seiner Verwandtschaft für die Braut oder ihre Verwandtschaft gegeben werden.

Es ist also eindeutig zu unterscheiden zwischen islamischen Vorschriften und länderspezifischen Traditionen bzw. dem Verhalten einzelner Musliminnen und Muslime. So kann auch die Ansicht, die besonderen Probleme arabischer Frauen seien auf die Eigenheiten und religiösen Werte des Islam zurückzuführen, relativiert werden. Die eigentlich hemmenden und der Gleichberechtigung der Frauen entgegenwirkenden Faktoren liegen oft im Bereich der sozialen und kulturellen Traditionen.

EMANZIPATIONSBESTREBUNGEN Bereits in den letzten Jahrzehnten des 19. Jahrhunderts traten in Ägypten zunächst muslimische Männer für die Gleichberechtigung von Frauen ein. Später organisierten sich dann auch Frauen in ihrem Kampf gegen Ungleichbehandlung. Die wichtigsten Forderungen waren das Recht auf gleiche Bildung, die Verbesserung der sozialen Situation der Frauen insgesamt, die Anhebung des Heiratsalters, die Abschaffung der Polygynie[3] und das Wahlrecht für Frauen.

Das Engagement der Frauen äußerte sich auf vielfältige Weise. Die erfolgreichste und weit über Ägypten hinaus bekannte Frauenrechtlerin war Hoda Sharawi. Die 1879 geborene Aristokratin kämpfte sowohl gegen die britische Besatzung als auch gegen Geschlechtertrennung und die traditionell einengende Rolle der Frau. 1919 legte sie ihren Gesichtsschleier in aller Öffentlichkeit aus Protest ab und führte einen erfolgreichen Straßenmarsch gegen die Briten an. Sie erreichte die Heraufsetzung des Heiratsalters für Mädchen auf 16 Jahre und war Gründerin der Feministinnenunion Ägyptens, die für die Frauen u. a. das Wahlrecht erstritt (das auch in Deutschland erst 1918 eingeführt wurde). Im Jahre 1928 schrieben sich erstmals Studentinnen an der Kairoer Universität ein.

Hoda Sharawis Aktivitäten bildeten eine wichtige geistige Grundlage der bürgerlichen Entwicklung Ägyptens und wurden darüber hinaus richtungsweisend für die Frauenrechtsbewegung des gesamten Vorderen Orients.

Die Emanzipationsbestrebungen erfassten allerdings nur die Schicht der gebildeten Frauen, waren also auf das Bürgertum beschränkt, während die Mehrheit der Ägypterinnen in Passivität verharrte. Diese Tendenz ist bis in die heutige Zeit im Wesentlichen unverändert geblieben: Das politische Interesse und Engagement der Mehrheit der Ägypterinnen ist sehr gering. Die Alltagsbewältigung unter wirtschaftlich schwierigen Bedingungen erscheint ihnen

---

[3] Polygynie = Eheform, bei welcher der Mann mit mehreren Frauen gleichzeitig verheiratet sein kann. Im Gegensatz zu *Polyandrie* = Eheform, bei welcher die Frau mit mehreren Männern gleichzeitig verheiratet sein kann. *Polygamie* = allgem. Eheform, bei der einer der Ehepartner mit mehreren anderen Personen gleichzeitig verheirat sein kann.

wichtiger, und nach wie vor ist es das Privileg einer Minderheit von Frauen, sich in Organisationen wie der *Allianz für Arabische Frauen* zu organisieren.

So ist auch die Berufstätigkeit ägyptischer Frauen häufig weniger ein Indikator ihrer Emanzipation als eine wirtschaftliche Notwendigkeit. Allerdings hat sich die Sozialstruktur Ägyptens nicht zuletzt durch die steigende Berufstätigkeit der Frauen verändert. Schulbesuch und Berufstätigkeit ermöglichen es ihnen, sich den patriarchalen Strukturen etwas zu entziehen und integrieren die Frauen auch in die Gesellschaft außerhalb ihres häuslichen Bereichs. Es entstehen Kommunikationsmöglichkeiten, die ihr Rollenverständnis und ihr Verhalten in der Öffentlichkeit nachhaltig beeinflussen.

ÄGYPTISCHE FRAUEN IN DER ÖFFENTLICHKEIT Für Außenstehende ist zunächst nicht erkennbar, welche Rolle den Frauen in der Öffentlichkeit zukommt. Frauen frequentieren die Straßen ebenso wie Männer. Ägypterinnen geben sich in der Öffentlichkeit sehr selbstbewusst. Der gegengeschlechtliche Umgang ist allerdings von Zurückhaltung geprägt. Männer wie Frauen vermeiden es, sich in die Augen zu schauen oder sich zu berühren. Ein Händedruck ist niemals kräftig. Auch der unter Männern sowie unter Frauen gleichermaßen übliche Begrüßungskuss auf die Wangen ist zwischen nicht miteinander verwandten Männern und Frauen undenkbar.

Auffallend ist, dass in den letzten Jahren islamische Kleidung, vor allem das Kopftuch, das Straßenbild zunehmend wieder beherrscht. Eine Ganzkörper-Verschleierung ist hingegen unüblich. Es waren vor allem junge Frauen der unteren Mittelschicht, die seit den 1970er Jahren erneut zur islamischen Kleidung griffen, zunächst als Ausdruck ihrer eigenen kulturellen Identität und als selbstbewusste Alternative zur verwestlichten Gesellschaft in Ägypten. Viele junge Frauen entscheiden sich heute oft gegen den Willen ihrer Eltern für das Kopftuch. Dies hat mitunter auch andere als religiöse Gründe: Seitdem selbst französische Modemacher islamische Kleidung entdeckt haben, gilt ein Kopftuch als schick und kann auch ein Mittel sein, aufzufallen und sich aus der Masse hervorzutun. Daher sollte die Kleidung nicht als Gradmesser der Emanzipation einer Frau angesehen werden.

Gesetzlich können ägyptische Frauen alle Studienfächer studieren, alle Funktionen in der Gesellschaft einnehmen und in allen Berufen tätig werden. Eine Ausnahme bildet das Amt des Richters bzw. Staatsanwalts. Schon 1990 betrug der Anteil der Frauen an der Gesamtzahl der Universitätsstudenten ebenso wie in Deutschland 36%–45%. Frauen sind in allen Berufen und Positionen zu finden, auch auf höchster Ebene z.B. als Stabsoffizierin oder Ministerin. Allerdings beträgt der Anteil von Frauen in administrativen und Managementpositionen wie auch in Deutschland lediglich 11%–25%.

Abb. 3: Junge Frauen in Giza, 2004. Mit ihrer unterschiedlichen Kopfbedeckung repräsentieren sie ihre Altersklasse und ihren sozialen Status.

Die meisten ägyptischen Männer lehnen es – wie viele europäische Männer – allerdings ab, die häuslichen Lasten mit ihren arbeitenden Ehefrauen zu teilen. So empfinden viele Frauen die Doppelbelatung durch Haushalt und Beruf nicht als Emanzipation, die ihnen größere Freiheit oder Gleichheit mit ihrem Ehemann beschert, sondern eher als Last. Trotz steigender Berufstätigkeit liegt das Hauptbetätigungsfeld so nach wie vor innerhalb des Hauses und der Familie, wo auch die eigentlichen Machtpositionen der Frauen zu finden sind.

DIE STELLUNG DER FRAU INNERHALB DER FAMILIE Die Frau versorgt Haus und Kinder und wird als Leiterin aller Haushaltsaktivitäten anerkannt. Innerhalb des Hauses führt eindeutig die Frau Regie und diktiert zum Teil aus ihrer häuslichen Umgebung heraus das gesellschaftliche Auftreten des Mannes.

Treten Unstimmigkeiten mit ihrem Ehemann auf, verfügt eine Ägypterin über verschiedene Druckmittel, um ihm das Leben schwer zu machen bzw. sich schließlich durchzusetzen. Dies kann schon die Zubereitung unbeliebter Speisen sein und geht über das Verweigern jeglicher Kommunikation, sprachlich und vor allem sexuell, bis hin zu körperlicher Gewalt und zum Verlassen des Hauses und Rückkehr in ihr Elternhaus. Ist es zu letzterem gekommen, ist es die Aufgabe des Ehemannes, sich in das Haus seiner Schwiegereltern zu begeben und unter Schuldanerkenntnis und Gelobung von Besserung darum zu bitten, dass seine Frau zu ihm zurückkehrt. Hierzu wird der Ehemann von seiner Familie geradezu genötigt. Von allein wird keine Ehefrau zu ihrem Mann zurückkehren. Dies wäre ein Zeichen höchster Erniedrigung.

Ist keine Einigung zu erzielen, kommt es zur Scheidung, die in Ägypten auch von der Frau beantragt werden kann. Die einseitige Verstoßung der Ehefrau durch den Mann wird in Ägypten nicht mehr praktiziert, ebenso wie die Polygynie mit 0,3% – 0,5% so gut wie nicht mehr existent ist. Allerdings haben es Männer wesentlich leichter, sich scheiden zu lassen. Scheidungsklagen von Frauen werden häufig abgewiesen. Es gibt jedoch bestimmte Scheidungsgründe, bei denen auch Frauen in der Regel mit ihrem Antrag Erfolg haben. Einige hiervon sind Grausamkeit des Ehemannes, unbegründete Abwesenheit des Mannes von mehr als einem Jahr, Vernachlässigung der Unterhaltspflichten und vor allem Kinderlosigkeit.

Eine Ehe ohne Kinder ist für ägyptische Frauen und Männer gleichermaßen undenkbar. Die Tendenz geht jedoch weg von der traditionellen Großfamilie hin zu einer Kleinfamilie mit zwei bis drei Kindern, besonders bei Akademikern.

Die meisten Frauen geben trotz aller Probleme an, mit ihrer Rolle als Frau durchaus zufrieden zu sein. Geschlechtsspezifische Unterschiede hinsichtlich der Rechte und Pflichten werden eher als gegeben hingenommen. So werden auch kaum Versuche unternommen, Veränderungen herbeizuführen. Frau-Sein in Ägypten bedeutet also die Fixierung auf eine bestimmte Rolle, innerhalb derer sich ein großer Spielraum bietet, aus der auszubrechen jedoch nicht oder nur schwer möglich erscheint und darüber hinaus für die meisten Frauen nicht erstrebenswert ist, sind sie doch innerhalb ihres Lebensbereiches äußerst stark, haben eine zentrale Position inne und sind hoch geachtet.

DIE ZUKUNFTSPERSPEKTIVE DER FRAUEN IN ÄGYPTEN Die Situation der heutigen Ägypterinnen ist widersprüchlich. Es kann jedoch festgestellt werden, dass die absolute Autorität des Vaters und Ehemannes rückläufig ist. Die Beziehung zwischen den Geschlechtern basiert zunehmend auf Partnerschaft.

Die Frauen werden ihren eigenen Weg der Emanzipation gehen, wie sie es seit Jahrhunderten tun und dabei ihre Machtpositionen dort, wo sie sie besitzen, einsetzen und erweitern. Wir sollten jedoch diesen Weg nicht mit Emanzipationsbestrebungen in Europa vergleichen oder diese gar als Maßstab setzen. Der ägyptische Weg der Frauen ist eingebettet in Traditionen und gesellschaftliche Normen sowie in ein islamisches Wertesystem, das wiederum von patriarchalen Familen- und Rechtstrukturen geprägt ist.

LITERATUR

Akashe-Böhme, Farideh
1997   Die islamische Frau ist anders. Gütersloh.

Badrans, Margot
1986   Harem Years: The Memoires of an Egyptian Feminist. London.

Irabi, Abdulkader
1989   Arabische Soziologie. Darmstadt.

Richter-Dridi, Irmhild
1981   Frauenbefreiung in einem islamischen Land – ein Widerspruch? Frankfurt a. M.

Robins, Gay
1996   Frauenleben im Alten Ägypten. München.

Vauti, Angelika u. Margot Sukzbacher (Hrsg.)
1999   Frauen in islamischen Welten. Frankfurt a. M.

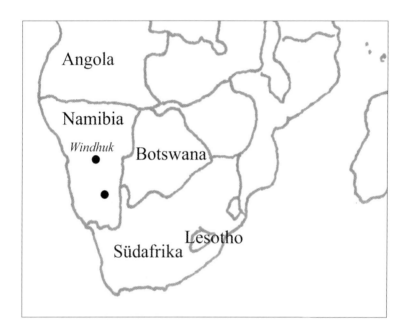

Abb. 1: Das Hauptsiedlungsgebiet der Nama liegt im Süden Namibias.

»Die Frau ist der Schlüssel des Hauses«
Zur Macht verheirateter Frauen bei den Nama in Namibia

Sabine Klocke-Daffa

DIE WIRTSCHAFTLICHE SITUATION Die Nama sind eine von elf ethnischen Gruppen, die im heutigen Namibia, dem früheren Südwestafrika, leben. Noch zu Beginn unseres Jahrhunderts zogen sie mit ihren Viehherden als Nomaden in der südnamibischen Savanne von Weideplatz zu Weideplatz. Heute sind die Nama sesshaft und arbeiten in verschiedenen Berufen, aber die Mehrzahl von ihnen besitzt noch immer etwas Vieh, denn die Herden bedeuten ökonomische Sicherheit. Das Vieh gehört Männern ebenso wie Frauen, und im Falle einer Erbschaft erben beide Geschlechter. Schon kleine Kinder erhalten einige weibliche Ziegen oder Schafe als Geschenk, die dann in der Herde der Eltern mitlaufen, Junge bekommen und auf diese Weise den Besitz ihrer kleinen Eigentümer langsam aber stetig mehren. Eltern wissen stets ganz genau, wie viele Tiere jedes ihrer Kinder besitzt.

Die Heirat kann im Hinblick auf die ökonomische Absicherung für beide Ehepartner einen großen Schritt nach vorn bedeuten, denn bei der Hochzeit werden die Tiere den Brautleuten übergeben: Die Braut erhält ihre Tiere, der Bräutigam seine. Beide zusammen bilden so den Grundstock einer eigenen kleinen Herde, die dann vom Ehemann bewirtschaftet wird. Lebt das Brautpaar in einer Stadt, können die Tiere bei Eltern, Schwiegereltern oder anderen Verwandten auf einer Farm in den ländlichen Gebieten gelassen werden. Es besteht aber jederzeit die Möglichkeit, auf das Vieh zurückzugreifen oder die Herde aufzustocken. Um eine eigene Farm zu betreiben, benötigt man ein paar Dutzend Stück Kleinvieh und einen oder mehrere Viehhüter zur Beaufsichtigung der Herde.

Während auch unverheiratete oder geschiedene Frauen eine eigene Farm betreiben können, leben allein stehende Männer meist bei Eltern oder Verwandten. Das hat mit der besonderen sozialen Bedeutung der Nama-Frauen zu tun, denn sie sind für Männer der »Schlüssel« zu einem eigenen Haushalt und damit zu einer eigenen, unabhängigen Existenz.

DIE FRAU ALS ›SCHLÜSSEL DES HAUSES‹ In der Realität ist es nur selten so, dass Frauen große Herden halten. Die meisten besitzen nur wenige eigene Tiere, manche wissen nicht einmal, wie viele sie überhaupt haben. Da viele Nama-Frauen in städtischen Siedlungen leben, wo nie die Möglichkeit eines Farmbetriebes besteht, machen sie von ihrem Recht, auf ihre Tiere zurückzugreifen, nicht in jedem Falle Gebrauch. Faktisch besteht jedoch immer die Möglichkeit dazu, außerdem sind diese Tiere stets zu berücksichtigen, wenn die Herde der Eltern nach deren Tod vererbt wird. Dadurch unterscheiden sich die Nama von vielen anderen Viehhaltergesellschaften, in denen Frauen kein Vieh erben können. Manche Frauen beschließen erst in fortgeschrittenem Alter, die Stadt zu verlassen und eine eigene Farm aufzubauen. Es gibt große Herdenbesitzerinnen mit einigen Hundert Stück Vieh, die ihre Farmen allein oder zusammen mit ihren Ehemännern bewirtschaften oder von anderen bewirtschaften lassen. Da aber die meisten in eher ärmlichen Verhältnissen leben, trifft das nur auf wenige zu.

Die besondere Stellung von Frauen in der Nama-Gesellschaft resultiert jedoch nicht allein und nicht einmal in erster Linie aus ihrer ökonomischen Position, sondern vor allem aus ihrer sozialen: als »Lebensspenderinnen« und als Versorgerinnen. Sie sind es, die – durch ihre Kinder – das Leben weitergeben und damit die Kontinuität der Gesellschaft garantieren, und sie sind es, die (hauptsächlich) für die Versorgung aller ihrer Mitglieder sorgen. Die Ehe ist dafür die sozial anerkannte, wenn auch nicht zwingende Voraussetzung.

Die Ehe ist jedoch das Wunschziel aller jungen Leute, denn sie gilt als Voraussetzung für das Erwachsenwerden. Wer nicht verheiratet ist, bleibt immer »Kind« und damit zumindest theoretisch (wenn auch nicht immer real) zum Haus der Eltern gehörig. Die Heirat bedeutet damit einen wichtigen Schritt auf dem Weg zur »ganzen Person«, d.h. zu einem vollwertigen Erwachsenen. Für Männer ist sie auch die notwendige Voraussetzung zur Selbständigkeit, denn nur als verheiratete Männer können sie einen eigenen Haushalt führen und eine eigene Herde besitzen. Traditionell wurde mit der Eheschließung ein neues Haus errichtet, das die Frau in die Ehe einbrachte und das ihr zeitlebens gehörte. Sie war damit im wörtlichen Sinne der »Schlüssel des Hauses«, in das der Mann erst einziehen konnte, wenn er verheiratet war. Die Frau war und ist aber auch der Schlüssel zu allem, was er im Leben je an sozialen, politischen und rituellen Positionen erreichen kann, denn nur verheiratete Männer haben Zugang zu leitenden traditionellen Ämtern.

Die meisten Nama befürworten daher im Prinzip die Ehe und sehen in dem in westlichen Gesellschaften so verbreiteten Single-Dasein keinen besonderen Vorzug, auch wenn immerhin 20% aller Frauen und mehr als ein Drittel aller Männer unverheiratet bleiben. Single zu sein ist nicht mit einem sozialen Stigma behaftet. Wer keinen Partner findet, bleibt eben allein und muss deshalb auch nicht auf Kinder verzichten. Dementsprechend werden mindestens 30% aller Kinder in Namibia unehelich geboren.[1]

Unter den heutigen gewandelten Wirtschafts- und Lebensbedingungen in Namibia führen sowohl Frauen wie Männer oftmals vor der Ehe zumindest für eine Zeitlang eigene Haushalte (mit oder ohne eigene Kinder). Im Bewusstsein der Bevölkerung gehören sie jedoch immer noch offiziell zum Haus ihrer Eltern, bei denen auch die Verantwortung für ihre erwachsenen Kinder verbleibt. Das ändert sich erst mit der Eheschließung.

DIE HOCHZEIT Nach Ansicht der Nama ist eine Hochzeit wie ein wertvolles Geschenk: Die Braut wird von ihrer Familie den Angehörigen des Bräutigams als Tochter gegeben wie umgekehrt der Bräutigam der Familie der Braut als Sohn übergeben wird. Beide bleiben zugleich Mitglieder ihrer eigenen Familie. Die Gabe einer Tochter ist jedoch eigentlich das größere Geschenk, denn nur so ist es dem Mann möglich, die Lebenslinie seiner Familie fortzusetzen.[2] Eine so wertvolle Gabe bekommt man nicht ohne einige Anstrengungen. Die Initiative sollte zunächst einmal immer vom Mann ausgehen, denn Nama-Frauen sind der Meinung, dass sie es nicht nötig haben, hinter einem Mann herzulaufen. Hat ein Paar beschlossen zu heiraten, werden beide Familien verständigt, denn sie sind es, die jeweils einen Sohn und eine Tochter dazubekommen. Die Familie der Braut, die »Leute des Schlüssels«, wie die Nama sagen, wird den Bräutigam zuerst einmal einer gründlichen Prüfung unterziehen und ihm eine Reihe zu lösender Aufgaben stellen, um herauszufinden, ob er die Frau auch wirklich haben will, denn schließlich gibt man ein so kostbares Geschenk nicht leichtfertig fort. Erst wenn sie sich von seiner Ernsthaftigkeit überzeugt haben, werden sie ihre Zustimmung zur Hochzeit geben. Zu diesem »Prüfungs-

---

1 Vgl. Klocke-Daffa 1997: 96 ff. Die Bevölkerungszählung in Namibia zu Beginn der 1990er Jahre ergab, dass von den Frauen in der Altersgruppe 20–24 Jahre insgesamt 63% mindestens ein Kind hatten, aber nur 5,6% verheiratet waren. Die Angaben beziehen sich allerdings auf die Gesamtbevölkerung ohne Unterscheidung nach ethnischen Gruppen, siehe Iken 1999: 89. Die letzte Bevölkerungszählung (2001) ergab, dass unverheiratete Frauen in Namibia durchschnittlich 3,3 Kinder zur Welt bringen, verheiratete Frauen durchschnittlich 5,2. Für die Namagebiete im Süden liegen die Durchschnittszahlen etwas niedriger bei 3 Kindern pro Frau (kein Angaben nach Ehestatus vorhanden), vgl. National Planning Commission (2001): Population and Housing Census. National Report. Windhoek, S. 65. Hier werden rund 10% aller Kinder von jugendlichen Müttern geboren, vgl. National Planning Commission (2001): Population and Housing Census. Karas Region. Windhoek, S. 46.
2 Uneheliche Kinder tragen den Nachnamen der Mutter und gehören zum Haus ihres Großvaters mütterlicherseits. Nur ehelich geborene Kinder werden nach dem Vater benannt. Heiratet die Mutter später einen anderen Mann als den Vater ihres unehelich geborenen Kindes bzw. ihrer Kinder, bleiben diese Kinder oft bei den Großeltern.

komitee« gehören stets einige der Ältesten der Familie der Braut, darunter vor allem Verheiratete, von denen angenommen wird, dass sie über genügend Lebenserfahrung verfügen, um in einer so wichtigen Angelegenheit entscheiden zu können. Verweigern sie ihre Zustimmung, können die jungen Leute nach namibischem Recht trotzdem heiraten, aber die Ehe gilt als »ungesegnet«.

In der Regel wird eine Hochzeit erst stattfinden, wenn alle Seiten zufriedengestellt sind. Es dauert wenigstens sechs Monate, bis die umfangreichen Vorbereitungen dazu abgeschlossen sind, und auch dabei geben die Braut und ihre Angehörigen den Ton an. Der Bräutigam hat den größten Teil der Kosten zu tragen: das Brautkleid und den neuen Anzug für sich selbst, die Kleidung für Blumenkinder und Trauzeugen, Transport und Unterkunft für alle Gäste und auch einen großen Teil des Hochzeitsmahls. Diese Kosten kann er nur mit Hilfe von vielen Verwandten, Freunden, Nachbarn und Arbeitskollegen bewältigen, und auch dann fallen zahlreiche Rechnungen an, die er oftmals noch Jahre nach seiner Eheschließung abzuzahlen hat.

Abb. 2: Traditionelles Rundhaus, das von der Frau in die Ehe eingebracht wird und zeitlebens in ihrem Besitz bleibt.

Die Neuvermählten erhalten von der Familie der Braut ein Haus, das traditionell ein mit Strohmatten bedeckter Rundbau war, der sich relativ schnell auf- und abbauen ließ. Das Haus wird auch heute noch immer zuerst auf dem Grundstück der Brauteltern errichtet, um auf diese Weise zu demonstrieren, dass die Braut stets zur Familie ihrer Eltern gehörig bleibt.

Erst wenn der Bräutigam und seine Angehörigen die Brautmutter als Herrin des Hauses noch einmal offiziell um »Herausgabe« ihrer Tochter gebeten haben, wird das Haus der Neuvermählten abgebaut und dort neu errichtet, wo das junge Ehepaar fortan wohnt. Da heute viele junge Leute nicht mehr in den traditionellen Rundhäusern auf einer Farm, sondern in modernen Häusern in der Stadt leben, werden die herkömmlichen Rundbauten nur noch symbolisch errichtet und dann wieder abgebaut. Immer aber muss deutlich sein, wem der frischvermählte Ehemann sein »Haus« zu verdanken hat: seiner Ehefrau.

ENTSCHEIDUNGSBEFUGNISSE Mit der Eheschließung beginnt für die Eheleute ein neuer Abschnitt in ihrem Leben, der mit zusätzlichen Aufgaben, Pflichten und Rechten verbunden ist. Über den Haushalt entscheidet allein die Frau, in allen Fragen, die darüber hinausgehen, hat sich ihr Mann mit ihr abzusprechen. Dazu gehört vor allem die Verwendung des Haushaltseinkommens. Unabhängig davon, ob die Frau berufstätig ist und über ein eigenes Einkommen verfügt oder nicht, verwaltet sie die zur Versorgung der Haushaltsgemeinschaft erforderlichen Mittel. Zum Haushalt gehören in der Regel nicht nur die Eheleute und ihre Kinder, sondern auch Verwandte, die vorübergehend aufgenommen werden, manchmal auch Pflegekinder, die dauerhaft bleiben, und Gäste, die auf unbestimmte Zeit einziehen. Die Nama geben zudem einen relativ großen Teil ihres Einkommens als Geschenke für bedürftige Familienangehörige, Nachbarn und Freunde aus. Fast ständig kommt jemand zum Haus, der etwas erbitten oder leihen will, was er gerade nicht hat oder sich nicht leisten kann: Lebensmittel oder Kleidung, Bargeld oder Haushaltsgegenstände.

Dieses System des Gebens und Nehmens ist nicht allein aus der Not geboren, sondern kulturell begründet. Es führt Menschen zusammen, bestärkt bestehende soziale Kontakte und initiiert neue, denn für die Nama ist »Leben« nur in sozialen Beziehungen vorstellbar.[3] Sie akzeptieren die damit einhergehenden zahllosen Verpflichtungen freiwillig, aber nicht immer geht das ohne Konflikte ab. Angesichts der sehr niedrigen Bareinkommen müssen die Mittel sorgfältig

---

3 Vgl. dazu ausführlich Klocke-Daffa 2001.

eingeteilt werden.[4] Den Frauen kommt dabei eine dominante Rolle zu, denn sie bestimmen, wann und wie die zur Verfügung stehenden Mittel für Haushaltsmitglieder, Besucher und entfernter wohnende Verwandte verwendet werden und wieviel davon an die täglich an der Haustür erscheinenden Bittsteller abgegeben werden kann. Sie sind auch für alle Fragen der Kindererziehung zuständig, und bei ihnen liegt die Entscheidung, wenn es darum geht, ob Pflegekinder aufgenommen werden oder Alte, Behinderte und Kranke im Hause gepflegt werden sollen.

Größere Ausgabenposten, die für Außenstehende benötigt werden, sollten grundsätzlich zwischen den Ehepartnern besprochen werden, über kleinere Zuwendungen entscheidet die Hausfrau sofort. Kinder im Hause sind gehalten, nichts ohne Zustimmung der Hausfrau herauszugeben. Nur beim Verleihen von kleineren Geldbeträgen kann der Mann selbst entscheiden.

Ehemänner schicken jeden, der an die Tür kommt und etwas zu essen haben möchte, zu ihrer Frau mit der Bemerkung, über die Verteilung der Lebensmittel hätten nicht sie zu entscheiden. Bittsteller wenden sich daher am besten immer gleich an die Frau im Haus, wenn sie um Lebensmittel bitten wollen, denn die Frau »befiehlt über den Küchenschrank«. Männer haben die Entscheidungen ihrer Ehefrauen in Bezug auf die Verwendung der Haushaltsmittel nicht in Frage zu stellen, auch wenn sie anderer Meinung sind. Es gilt als Beleidigung ihrer Kompetenz, anderen Personen gegenüber Kritik zu äußern. Ein Nama-Mann erklärte das so:

»Da kommt also jemand und fragt nach Zucker, und ich sehe, wie sie [seine Frau, d.V.] das letzte bisschen weggibt, so dass wir dann selbst nichts mehr haben. Dann kriege ich doch hässliche Augen, aber was kann ich machen? Die Geschichte mit der Küche ist ihre. Niemand kann einfach so bei mir um Essen fragen, wenn er weiß, da ist eine Frau im Haus. Ich kann auch nicht einfach so, während die Frau im Haus ist, Zucker herausgeben. Das kann ich nicht tun, selbst wenn ein Familienangehöriger fragen kommt. Aber sie fragen auch nicht bei mir um Essen, denn da ist meine Frau. Das hängt meistens von ihr ab, denn sie muss wissen, wie sie uns bei der Stange hält und von dem bisschen noch für jemand anderen abgibt«.

Nichts fürchten Männer mehr, als eine Ehefrau zu bekommen, die nicht wirtschaften kann und schon am Anfang des Monats sämtliche Nahrungsmittel aufgebraucht oder für andere weggeben hat. Das würde für sie selbst und alle anderen Haushaltsmitglieder permanentes Unterversorgtsein bedeuten, denn

---

[4] Trotz der sehr niedrigen Einkommen werden Verwandte regelmäßig mit Geschenken bedacht. In Notzeiten werden oft ganze Familien monate- oder jahrelang mitversorgt; siehe dazu etwa Kuper 1995; Klocke-Daffa 2000: 39–45.

die meisten Nama-Männer sind weder mit den Grundbegriffen des Kochens noch des Haushaltens oder der Kinderverpflegung vertraut. Sie haben als »Brotverdiener« das Geld oder die Mittel für den Bedarf des Haushaltes herbeizuschaffen, doch obliegen alle anderen Aufgaben den Frauen im Hause, wie eine verheiratete Frau erklärte:

>»Sie [die Männer] wissen eigentlich nicht, was sie tun müssen. Es ist immer die Frau, die alles sagt – du musst dies machen und das machen, und dann machst du so und so. Die Frau hat das ganze Sagen«.

Auch bei Geldzuwendungen an Außenstehende sollte der Mann sich erst mit seiner Frau abstimmen, um sich nicht nachträglich den Vorwurf gefallen lassen zu müssen, nicht genügend für den Haushalt gesorgt zu haben. Nama-Männer behaupten zwar in den meisten Fällen, diejenigen zu sein, die mit Geld umgehen können und in finanziellen Dingen das Sagen haben müssen. Tatsächlich dürfte aber der größte Teil aller finanziellen Transaktionen nicht ohne Wissen und Zustimmung ihrer Ehefrauen erfolgen. Ohnehin ist viel Organisationstalent erforderlich, um bei niedrigen Einkommen und zahlreichen sozialen Verpflichtungen über den Monat zu kommen. Ehemänner, die großzügig verteilen und damit die Haushaltspläne ihrer Ehefrauen durchkreuzen, sind bei Nama-Frauen nicht gerne gesehen.

>»Die Frau muss zuerst gefragt werden. Er [der Frager, d. V.] muss erst zum Haus kommen und da warten. Sie ist halt der Schlüssel des Hauses. Er muss erst die Frau fragen. Aber dann muss sie ihm [dem Ehemann] wieder vorab davon erzählen. Wenn er hat, dann muss er geben. Die Frau ist der Schlüssel des Hauses. Männer beschließen das, aber er muss erst, bevor er das beschließt, mit seiner Frau sprechen. Dann müssen sie einander verstehen. Dann muss der Mann seinen Beschluss fassen, aber nicht ohne die Zustimmung der Frau. Die Frau muss zustimmen«.

Die Zurückhaltung von Nama-Frauen in der Öffentlichkeit sollte nicht über ihre starke soziale Stellung hinwegtäuschen. In der Regel sind es zwar die Männer, die in öffentlichen Versammlungen das Wort führen, die die Mitglieder im Rat des *Chiefs*, d.h. des traditionellen politischen Oberhauptes, stellen und fast alle leitenden Positionen besetzt halten. Frauen sind jedoch über ihr gut funktionierendes Sozialnetz über alle Probleme und anstehenden Entscheidungen stets informiert und nutzen ihre dominante Stellung im Haus, um Einfluss auf ihre Männer zu nehmen. In öffentlichen Sitzungen sind es vor allem ältere, verheiratete Frauen, die auch offen Stellung beziehen.

Kapitel 4: Frauenmacht

Abb. 3: Nama-Frauen bei einer Hochzeitsfeier. Verheiratete Frauen sollten bei jeder Hochzeit dabei sein. Das bringt dem jungen Paar Glück.

DIE MACHT VERHEIRATETER FRAUEN Wenn »Leben« nur in sozialen Beziehungen akzeptabel erscheint und diese sozialen Kontakte vor allem von Frauen gepflegt werden, dann wird deutlich, warum Nama-Frauen eine so herausgehobene Stellung einnehmen: Sie sind nicht nur für die biologische, sondern auch für die soziale Reproduktion zuständig. Sie sind diejenigen, die »Leben« geben und erhalten. Der gesellschaftlich anerkannte Rahmen für diese Aufgabe ist die Ehe. Das erklärt, warum gerade verheiratete Frauen besonderen Respekt erwarten können. *»Mit einer verheirateten Frau kann man nicht so reden wie man will«.* Das bekommen vor allem Männer zu hören, die es wagen, einer verheirateten Frau nicht mit dem nötigen Respekt entgegenzutreten. Verheiratet zu sein, nach Möglichkeit Kinder zu haben (oder Kinder angenommen zu haben), einen großen Haushalt zu führen und damit viele Personen versorgen zu müssen: Das sind die Attribute einer erfolgreichen, angesehenen und als »glücklich« geltenden Frau. Sie hat damit alles erreicht, wofür es sich ihrer Ansicht nach zu leben lohnt: Ansehen als Versorgerin, Herrin eines Haushaltes, Entscheidungsbefugte und Beteiligte bei allen wichtigen sozialen Anlässen. Frauen verfügen damit über beträchtlichen gesellschaftlichen Einfluss, üben »Macht« aus, die sich nicht politisch sondern sozial manifestiert. Ehe, Haushalt und Kinder, in westlichen Gesellschaften oft als Hindernisse für die Unabhängigkeit von Frauen erfahren, sind für Nama-Frauen alles andere als problematisch. Sie sind geradezu die Voraussetzung für ein selbst bestimmtes Leben und soziale Anerkennung.

LITERATUR

Iken, Adelheid
1999 Mothers without Husbands, Children without Fathers. The Causes, Patterns and Consequences of Women-Headed Households in Southern Namibia. Frankfurt a. M.

Klocke-Daffa, Sabine
1997 Uneheliche Kinder bei den Nama in Namibia. In: Bertels, Ursula; Eylert, Sabine und Christiana Lütkes (Hrsg.): Mutterbruder und Kreuzcousine. Einblicke in das Familienleben fremder Kulturen. Münster, S. 97–103.
2000 »Dafür arbeitest du doch, dass du deiner Familie etwas geben kannst« – Arbeit und soziale Verpflichtungen bei den Nama in Namibia. In: Eylert, Sabine; Bertels, Ursula und Ursula Tewes (Hrsg.): Von Arbeit und Menschen. Überraschende Einblicke in das Arbeitsleben fremder Kulturen. Münster, S. 39–45.
2001 »Wenn du hast, musst du geben«. Soziale Sicherheit im Ritus und im Alltag bei den Nama in Namibia. Münster.

Kuper, Anke
1995 Auskommen ohne Einkommen. Leben in der Bergbausiedlung Uis in Namibia. Frankfurt a. M.

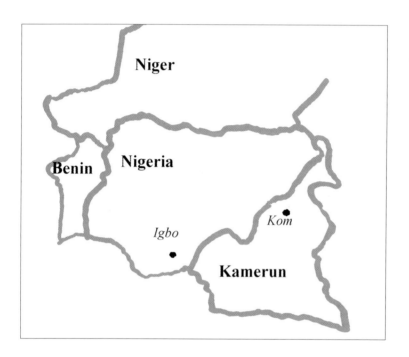

Abb. 1: Nigeria und Kamerun.

Frauenproteste gegen europäische Kolonialherrschaft
Fallbeispiele aus Afrika

Rita Schäfer

KULTURELLE HINTERGRÜNDE DER FRAUENPROTESTE Das herkömmliche Bild von der europäischen Kolonialherrschaft stellt ausschließlich die britischen, französischen oder deutschen Soldaten und Beamten als Akteure der Eroberung dar. AfrikanerInnen erscheinen dabei als passive Opfer; ihr Widerstand wird wegen der eurozentrischen[1] Wahrnehmungen ausgeblendet. Dies betrifft insbesondere die Rolle von Afrikanerinnen, die sich aktiv gegen koloniale Übergriffe und Beschränkungen gewehrt haben. Erst neuere sozialhistorische und ethnologische Forschungen bringen die Hintergründe der Frauenproteste ans Tageslicht. Dabei verdeutlichen sie, wie sehr der gemeinsame Widerstand von Frauen Ausdruck ihrer gesellschaftlichen Stellung war und an vorkoloniale Protestformen anknüpfte. So richtete sich die gemeinsame Kritik von Frauen in der vorkolonialen Zeit gegen einzelne Männer, die ihre Macht missbrauchten und gesellschaftlich verankerte Frauenrechte, z. B. die Landnutzungsrechte von Ehefrauen, missachteten. Während der Kolonialzeit wurden die Proteste auf korrupte lokale Herrscher und auf Kolonialbeamte ausgeweitet, die mit Gesetzen und Vorschriften die wirtschaftliche Eigenständigkeit von Frauen in der Landwirtschaft und im Handel beschränkten. Da diese Verbote die gesellschaftlich anerkannten Rollen von Frauen als Produzentinnen, Händlerinnen und Versorgerinnen ihrer Familien in Frage stellten, griffen sie auf bewährte Protestformen zurück. Äußerst innovativ, passten sie ihren Widerstand an die neuen Herausforderungen an und versuchten ihren politischen Einfluss zu bewahren.[2] An Fallbeispielen aus Nigeria und Kamerun, beides Länder in Westafrika, werden im Folgenden Charakteristika dieser Frauenproteste erläutert.

TRADITIONELLER FRAUENWIDERSTAND DER IGBO-FRAUEN IN NIGERIA
Die Igbo leben in Süd-Ost-Nigeria. In der vorkolonialen Zeit prägten die Landwirtschaft sowie der Handel und Fischfang im Niger-Delta ihre Wirtschaft. Palmöl und tropische Knollenfrüchte wie Yams und Cocoyams (zwei unter-

---

1 *eurozentrisch* = auf Europa bezogen.
2 Schäfer 1995: 59 f.

schiedliche Arten von Knollenfrüchten) sicherten die Ernährung. Im Anbau spielten die Kenntnisse und Arbeitsleistungen von Frauen eine wichtige Rolle. Sie waren als Produzentinnen und Händlerinnen anerkannt; erfolgreiche Bäuerinnen und Händlerinnen genossen ein hohes Ansehen. Dazu trugen unterschiedliche Frauenorganisationen bei: *Inyemedi* hieß der Zusammenschluss aller Ehefrauen eines Dorfes. Da die Frauen mit der Eheschließung ihr Herkunftsdorf verließen, um in das Dorf ihres Ehemannes zu ziehen, war es das Ziel dieser Organisation, die Interessen der Ehefrauen zu bewahren. Diese betrafen vor allem den Zugang zu Land und die Möglichkeit zum Handel.

Gleichzeitig gehörte jede Frau dem Zusammenschluss der Töchter an, *umuada* genannt. Auch diese Organisation war in jedem Dorf vertreten. Sie vereinte alle Frauen, die in einem Dorf geboren wurden; auch nach ihrer Eheschließung blieben die Frauen Mitglieder und kehrten zu Trauerfeiern, Festen und Zusammenkünften der *umuada* in ihr Herkunftsdorf zurück. Hierdurch bewahrten sie untereinander Kontakte; darüber hinaus wirkten sie als Schlichterinnen bei Landstreitigkeiten ihrer Brüder. Sie galten als neutrale Personen, da sie kein Land erben konnten, aber ihnen dennoch ein großes Interesse am Wohl ihrer Herkunftsfamilie zuerkannt wurde.

Umuada- und *inyemedi-*Frauen kamen zusammen, um Anbau- und Vermarktungsfragen zu klären und über die Einhaltung der Regeln im Geschlechterverhältnis zu beraten. Diese Treffen wurden als *mikiri* bezeichnet, die dort getroffenen Vereinbarungen waren auch für alle Männer verpflichtend. So konnte z.B. dieser Frauenrat beschließen, dass ein Mann bestraft werden sollte, wenn er seine Frau misshandelte oder schlecht versorgte. Dann zogen alle Frauen eines Dorfes zum Gehöft des jeweiligen Mannes, klagten ihn in Spottliedern an und forderten sein Schuldbekenntnis. Dieser als *ogu umunwanyi* bezeichnete Protest kann als »auf einem Mann sitzen« übersetzt werden, denn die Frauen stellten gleichzeitig die Männlichkeit des jeweiligen Mannes in Frage, indem sie sich mit Pflanzenfasern bekleideten und ihn dadurch gegenüber allen anderen Männern in eine peinliche Situation brachten. Die Pflanzenfasern hatten jedoch auch symbolische Bedeutung: Sie erinnerten an die Arbeitsleistungen der Frauen in der Landwirtschaft, ohne die das familiäre Überleben unmöglich war. Gleichzeitig symbolisierten sie die Beziehung zu den Ahninnen, die für das Wohlergehen sorgten. Asche von den Herdstellen, mit der sich die Frauen bemalten, war ein Zeichen ihrer Trauer über die männliche Respektlosigkeit. Wenn ein Mann seine Schuld eingestand und zur Zahlung einer Ziege an seine Ehefrau bereit war, war das Problem gelöst. Wenn nicht, konnten die *mikiri-*Frauen beim Rat der Männer weitere Bestrafungen einfordern.

Die Bevorzugung der Männer als Erben und die Unterordnung der jungen Ehefrauen in der Familie des Ehemannes bedeutete also für die Igbo-Frauen keineswegs eine umfassende Unterwerfung. Vielmehr erlaubten ihnen die Trennung zwischen Frauen- und Männerbereichen sowie die gesellschaftlich verankerten Frauenzusammenschlüsse, ihre Interessen und eigenen sozialen Kontakte zu bewahren. Auch konnten sie das Fehlverhalten der Männer auf sehr eigenwillige Art und Weise kritisieren.[3]

WIDERSTAND DER IGBO-FRAUEN GEGEN DIE KOLONIALHERRSCHAFT
Die Briten, die ab 1886 den Süden Nigerias beherrschen, waren dort vor allem an der Produktion von Palmöl für den Export interessiert. Dieses vergleichsweise billig eingeführte Öl konnte in Europa für unterschiedliche Industriezweige genutzt werden. Um möglichst hohe Gewinne zu garantieren, wurde den lokalen Produzenten nur ein geringer Preis für ihre Ware gezahlt. Die Herstellung von Palmöl war jedoch ein aufwendiges Verfahren, das vor allem den Arbeitseinsatz der Frauen forderte. Mit dem geringen Verdienst aus dem Palmölhandel versuchten die Igbo, die Steuerforderungen der britischen Kolonialverwaltung zu befriedigen. Diese bezogen sich zunächst nur auf Männer, nicht auf Frauen oder ganze Familien. Als ab 1900 die Steuerlast drastisch erhöht wurde, kam es zu lokalen Protesten von Igbo-Männern. Da sie sich jedoch nur auf wenige Dörfer beschränkten, konnten sie von der Kolonialmacht schnell niedergeschlagen werden. Erst im November 1929 formierte sich ein regional übergreifender Widerstand, der allerdings nicht von Männern, sondern ausschließlich von Frauen getragen wurde. Auslöser war eine Volkszählung in der Owerri-Provinz, die der dortige, von der Kolonialverwaltung eingesetzte *chief* in vorauseilendem Gehorsam veranlasst hatte. Mit dieser Zählung sollte der gesamte Besitz der Familien offengelegt werden, um auf diesem Wege auch die Frauen besteuern zu können.[4]

Für die Frauen bedeutete die Steuerlast einen direkten Angriff auf ihre wirtschaftliche Eigenständigkeit und ihre familiären Versorgungsleistungen in bislang nicht gekanntem Maße. Daher war für sie der Besuch eines britischen Abgesandten auf einem Gehöft in Oloko in der Owerri-Provinz der Anlass, Frauenproteste in großem Umfang zu formieren. Durch ihre *mikiri*-Treffen sowie ihre *inyemedi*- und *umuada*-Zusammenschlüsse verbreiteten sie in Windeseile die Nachricht von der Frauenbesteuerung in der gesamten Owerri-Provinz. Mit Pflanzenfasern bekleidet und mit Asche bemalt zogen mehrere hundert

---

3   Ebd.: 60 f.
4   Ifeka-Moller 1975: 127 ff.

Frauen vor das Verwaltungsgebäude der Briten in Aba. Da die Frauen Ölpalmschößlinge und Stößel zur Zerkleinerung der Palmkerne in ihren Händen trugen, fühlten sich die Briten bedroht. Sie interpretierten diese Ausrüstung als Waffen, obwohl die Frauen damit lediglich ihre Legitimation durch die Ahninnen zum Ausdruck brachten. In Aba griffen die Briten zu den Waffen und

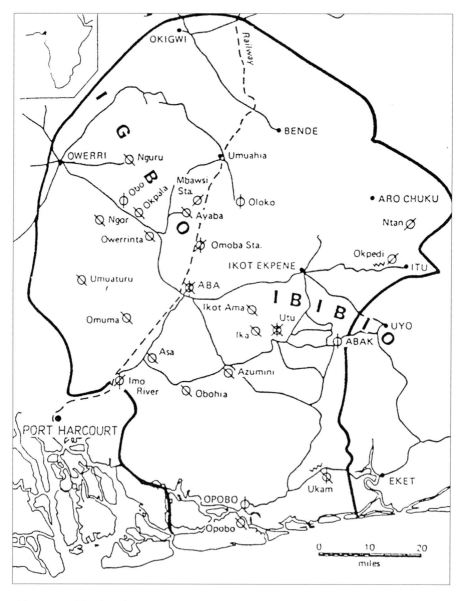

Abb. 2: Das Gebiet der Igbo-Frauenproteste 1929.

töteten 52 Frauen, mehr als 50 Frauen wurden schwer verletzt. Auf britischer Seite gab es keine Verletzten oder Tote. Ende November und Anfang Dezember dehnte sich der Protest von Aba auf die gesamte Provinz aus, einem Siedlungsgebiet von zwei Millionen Menschen. Dieses historische Ereignis ist in der Geschichte der Igbo als *ogu umunwanyi*, als traditionell legitimierter und von den Männern akzeptierter Frauenprotest, überliefert.

In britischen Kolonialakten wird von den Aufständen in Aba gesprochen, aber dabei werden Männer als feige Agitatoren hinter den Frauen vermutet. Diese Einschätzung sollte auch den Waffeneinsatz rechtfertigen. Die kulturellen Hintergründe des Frauenwiderstands hat die Kolonialregierung aufgrund ihres verzerrten Bildes von AfrikanerInnen nicht wahrgenommen.

Zwar wurden Anfang der 1930er Jahre zur Aufklärung der Hintergründe des Protestes zwei Forscherinnen eingestellt; doch auch sie waren zu sehr in den Frauenbildern ihrer Zeit und im kolonialen Denken verhaftet, so dass sie keine nennenswerten Informationen erhielten. Um erneute Proteste zu verhindern, wurden ab 1933 im Rahmen einer Verwaltungsreform die neueingesetzten *chiefs* offiziell entmachtet und ihre Ämter abgeschafft. Dennoch beschränkte sich der Kontakt der Kolonialverwaltung weiterhin nur auf Männer als Vertreter des Igbo-Volkes, damit wurden die Einflusssphären der Frauen drastisch beschränkt. Im Zuge der Unabhängigkeit im Jahr 1960 unterstützten Igbo-Händlerinnen die Einführung eines Mehrparteiensystems, um ihre Interessen zu verwirklichen. Auch während des Biafra-Krieges 1966–1970, den die nigerianische Regierung gegen die Igbo führte, waren zahlreiche Frauenzusammenschlüsse beteiligt. Ihr Protest wurde ebenso wenig von der Öffentlichkeit wahrgenommen wie der Frauenwiderstand gegen die umweltzerstörenden Ölbohrungen im Niger-Delta während der letzten Jahre.

TRADITIONELLE FRAUENZUSAMMENSCHLÜSSE DER KOM IN KAMERUN

Die Kom leben auf einer Hochebene in Nord-West-Kamerun. In diesem als Kameruner Grasland bezeichneten Gebiet bildeten die Landwirtschaft und Viehhaltung bereits in der vorkolonialen Zeit ihre Existenzgrundlage. Während die Männer für die Viehhaltung zuständig waren, lag der Anbau von Hirse und Gemüse in den Händen der Frauen. Durch Überschussproduktion konnten verheiratete Frauen sich den Zugang zum *afaf*-Frauenzusammenschluss erkaufen, einer Vereinigung auf Dorfebene, die sich die Umverteilung von Besitz zum Ziel gesetzt hatte. Die landwirtschaftlichen Leistungen und die Großzügigkeit jeder einzelnen Frau wurde mit hohem Ansehen belohnt. Darüber hinaus führten die *afaf*-Mitglieder Anbauzeremonien durch und waren für Bestattungen zuständig. Für die zeitliche Festlegung von Aussaat und Ernte sowie für die Herstellung von Medizin arbeiteten die *afaf*-Frauen mit dem politisch

Kapitel 4: Frauenmacht

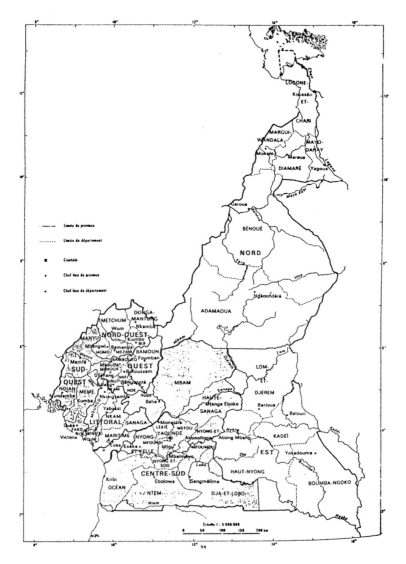

Abb. 3: Kamerun und seine Verwaltungsprovinzen.

bedeutenden *kwifon*-Bund der Männer zusammen. Dessen vorrangige Aufgabe war es, den lokalen Herrscher zu beraten und für den Erhalt der gesellschaftlichen Ordnung zu sorgen. Neben der *afaf*-Vereinigung waren Kom-Frauen aus ranghohen Familien im *fumbuen*-Zusammenschluss organisiert. Dieser wurde von der Hauptfrau eines Dorfvorstehers geleitet und war für die Streitschlichtung in den ländlichen Siedlungen zuständig. Darüber hinaus konnten die Mutter und die Schwestern eines lokalen Herrschers an dessen politischen Entscheidungen mitwirken. Neben diesen politischen Einflussmöglichkeiten zeichnete sich die gesellschaftliche Stellung der Kom-Frauen vor allem durch das matrilineare[5] Erbrecht aus, d.h. Mütter konnten ihren Töchtern Land vererben.[6]

Abb. 4: Das nord-westliche Kameruner Grasland.

---

5 *matrilinear* = in mütterliche Linie.
6 Van Allen 1976: 61ff.

Die Komplementarität männlicher und weiblicher Bereiche in der Gesellschaft geht auf eine mündliche Überlieferung zurück, die Historiker als historisches Ereignis belegen konnten: Zwischen 1740 und 1750 siedelten die Kom noch nicht in ihrem heutigen Wohngebiet, sondern am oberen Mbam-Fluss, ebenfalls in Nord-West-Kamerun. Dort waren sie der Herrschaft der Mejang unterstellt und mussten ihnen umfangreiche Abgaben entrichten. Eines Tages, als die Kom-Männer auf einer großen Jagd waren, überfielen die Mejang die Kom-Dörfer. Die Frauen ergaben sich jedoch keineswegs freiwillig, sondern verkleideten sich als Männer und leisteten erbitterten Widerstand. Im so genannten *anlu*-Aufstand schlugen sie die Mejang in die Flucht und konnten das gesamte Volk aus der Unterdrückung befreien. Anschließend zogen sie in ihr heutiges Siedlungsgebiet und machten ihrerseits die Mejang tributpflichtig. Das Erbrecht über die Mutterlinie und die indirekte politische Mitsprache von Frauen erinnerte in der Folgezeit an die Leistungen der Frauen.[7]

Zudem begründete der *anlu*-Aufstand der Kom-Frauen eine Protestform, die sie immer dann anwandten, wenn einzelne Männer Frauenrechte missachteten und ihren Ehefrauen oder Müttern keinen Respekt zollten. Hierzu zählten persönliche Beleidigungen, Schläge oder Vergehen gegen die zweijährige sexuelle Abstinenz nach einer Geburt. Letztere diente zur Geburtenkontrolle und sollte das Leben der jungen Mutter sowie des Neugeborenen schützen. Wenn ein Mann sein Fehlverhalten eingestand und eine Sühne in Form einer Ziege oder eines Schafes ableistete, galt die Sache als beigelegt. Falls er aber keine Reue zeigte, riefen die Frauen einer Siedlung zum *anlu*-Ritus auf. Sie verkleideten sich als Männer und legten das Alltagsleben lahm, d. h. sie zogen zum Hof des Übeltäters, verunreinigten dessen Gehöft mit ungenießbaren, wildwachsenden Pflanzen und weigerten sich, ihre häuslichen Pflichten zu erfüllen. In Liedern und Tänzen verhöhnten sie den Beschuldigten. Der Ausnahmezustand wurde ausgerufen, so lange, bis der beschuldigte Mann nachgab und Besserung versprach. Dies konnte Tage oder auch Wochen dauern. An einer raschen Problembewältigung waren auch die anderen männlichen Dorfbewohner interessiert, denn sie waren auf die Versorgungsleistungen ihrer Frauen angewiesen.[8]

DER ANLU-AUFSTAND Am 4. Juli 1958 drohte der politische Leiter der Kom, der allerdings der britischen Kolonialverwaltung zuarbeitete, allen Frauen mit Geldbußen, die seine neuerlassenen Anbauvorschriften nicht einhielten. Hiermit wollte er den an Produktionsmaximierung interessierten Briten, die seit

---

7 Westermann 1992: 61 ff.
8 Schäfer 1995: 212.

1922 das Land beherrschten, einen Dienst erweisen. Zudem forderte er die Frauen auf, Demonstrationsfelder den neuen Vorgaben entsprechend anzulegen und die Kinder zur Begrüßung des britischen Premiers Enderly im Kom-Gebiet zu schicken. Auf diese vielfältigen Reglementierungen reagierten die Frauen jedoch alles andere als gehorsam. Vielmehr formierten sie sehr schnell einen regionalen Frauenprotest, der auf den *anlu*-Ritus zurückging, jedoch mehrere tausend Frauen aus zahlreichen Siedlungen vereinte. Sie verkündeten öffentlich ihren Protest und boykottierten den Besuch des britischen Premiers am 11. Juli 1958, so dass dieser nur von einigen wenigen männlichen Gefolgsleuten empfangen wurde. Am 14. Juli marschierten 5.000–6.000 Frauen zum Verwaltungssitz der Briten in Njinikom. Zahlreiche Frauen wurden verhaftet, wodurch aber die Intensität des Kampfes in den Folgemonaten nur noch verstärkt wurde.[9]

Ende November forderten mehrere Tausend Frauen mit einem großangelegten Marsch von den höchstrangigen Kolonialoffizieren in der Verwaltungszentrale Bamenda die Freilassung der Inhaftierten. Erst die Versicherung der Polizei, nicht mehr gegen die Frauen einzuschreiten, beendete den Protest. Die Anbaureglementierungen wurden bis auf Weiteres zurückgenommen. Dennoch verbesserte sich die Lage der Frauen in der Folgezeit kaum. Zwar wurden im Zuge der Unabhängigkeit 1960 etliche neue Parteien gegründet, aber politische Führungsämter blieben Frauen verschlossen. Obwohl die Kom-Frauen 1975 den *anlu*-Protest von 1958 offiziell beendeten, betonten sie im Rahmen der Zeremonien, *anlu* könne jederzeit wieder mobilisiert werden. Auch wenn es bis heute nicht erneut zu einem großangelegten Frauenprotest gekommen ist, so haben die *afaf*-Frauengruppen nach wie vor großen Einfluss auf die ländliche Entwicklung. Zudem kämpfen viele Frauen nun vor Gericht für ihre Land- und Erbrechte, denn die unabhängige Regierung hat ein rein patrilinares[10] Erbrecht gesetzlich verankert.[11]

ZUSAMMENFASSUNG Die Kom- und die Igbo-Gesellschaft veranschaulichen exemplarisch die Spielarten traditioneller Frauenmacht. Sie verdeutlichen, wie in Gesellschaften, die angeblich männlich dominiert sind, vom Bild des Alleinherrschers abgerückt werden muss, um auf tieferliegende Geschlechterbalancen aufmerksam zu werden. Gesellschaftlich etablierte Frauenzusammenschlüsse und punktuelle gemeinsame Proteste schufen Möglichkeiten der Interessenver-

---

9 Westermann 1992:113.
10 *patrilinear* = in väterlicher Linie.
11 Van den Berg 1993:71ff.

tretung. Auf diese konnten Frauen während der Kolonialzeit aufbauen, um ihren Widerstand gegen Anbauvorschriften oder Steuerforderungen kundzutun. Es waren also ganz konkrete Anliegen, die die Frauen vereinten und mit denen sie gegen die Kolonialmächte zogen. Ihre Stärke bestand darin, dass sich mehrere Tausend Frauen vereinten und im Namen aller anderen Stellung bezogen. Da es sich um tradititionelle Proteste in einem neuen gesellschaftlichen Kontext handelte, duldeten die Männer den Widerstand der Frauen. Sie konnten die Protestierenden jedoch keineswegs unter ihre Kontrolle bringen, wie die britische Kolonialverwaltung unterstellte. Die klare Trennung in männliche und weibliche Sphären auch im Protest verhinderte eine solche Unterwerfung unter die Autorität der Männer.

LITERATUR

Forde, C. D. und P. M. Kaberry
1967 West African kingdoms in the 19th century. London.

Ifeka-Moller, Caroline.
1975 Female militancy and colonial revolt: The women's war of 1929, Eastern Nigeria. In: Ardener, Shirley (ed.): Perceiving women. London, S. 127–157.

Schäfer, Rita
1995 Frauenorganisationen und Entwicklungszusammenarbeit. Traditionelle und moderne afrikanische Frauenzusammenschlüsse im interethnischen Vergleich. Pfaffenweiler.

Shanklin, Eustance
1990 Anlu remembered. The Kom women's rebellion of 1958–1961. In: Dialectical Anthropology, vol. 15, no. 2–3, S. 159–182.

Van Allen, Judith
1976 »Aba riots« or Igbo »women's war«? Ideology, stratification, and the invisibility of women. In: Hafkin, Nancy and Edna Bay (eds.): Women in Africa. Studies in social and economic change. Stanford, S. 59–85.

Van den Berg, Adri
1993 Women in Bamenda. Leiden (African Studies Centre, Research Report, no. 50).

Westermann, Verena
1992 Women's disturbances – Der Anlu-Aufstand bei den Kom (Kamerun), 1958–1960. Münster/Hamburg.

Rita Schäfer

UNTERRICHTSBEZUG

Im *Geschichtsunterricht* wird die europäische Expansion meist nur aus der Perspektive der Kolonialmächte dargestellt. Nur wenige Schulbuchbeiträge widmen sich dem anti-kolonialen Widerstand von Afrikanern. Umso wichtiger ist es, die Rolle von AfrikanerInnen als Akteure zu erkennen. Dazu kann die Auseinandersetzung mit den Frauenprotesten beitragen. Sie verdeutlichen, wie durch neue sozialhistorische und ethnologische Forschungen gängige Einschätzungen revidiert werden müssen. Gleichzeitig ermöglichen sie Rückbezüge auf die kulturellen Zusammenhänge und tragen zu einem tieferen Verständnis der komplexen Geschlechterbeziehungen im vorkolonialen und kolonialen Kontext bei. Die Selbstbilder von Frauen als Produzentinnen und Händlerinnen sind ebenfalls Schlüssel zur Annäherung an die Hintergründe ihrer anti-kolonialen Proteste. Insgesamt bietet dieses Thema neue Zugänge zur Auseinandersetzung mit dem Thema »Kolonialzeit« und »Europäische Eroberungen«.

Für den *Geografieunterricht* können diese Beispiele herangezogen werden, um auf internationale Handelsbeziehungen und deren historische Hintergründe einzugehen. Dabei kann am Palmölhandel und der exportorientierten Landwirtschaft in Afrika verdeutlicht werden, welche Konsequenzen die Kolonialpolitik auf die Entwicklung der Länder hatte und mit welchem Erbe die unabhängigen Staaten in der Neugestaltung ihrer Wirtschaftspolitik belastet waren. Darüber hinaus bieten die hier skizzierten zeitlichen Längsschnitte Ansatzmöglichkeiten, um die tragende Rolle von Frauen in der ländlichen Entwicklung Afrikas zu erarbeiten.

Im *Ethik-, Gemeinschafts- oder Sozialkundeunterricht* kann das Thema »Antikolonialer Widerstand von Frauen« zu einer Revision von Fehlvorstellungen und Zerrbildern über »die unterdrückte Afrikanerin« beitragen. Frauen werden hier als Akteurinnen präsentiert. Ihre Interessen, ihre Organisationsformen und ihre Beteiligung an gesellschaftspolitischen Prozessen wird im Detail erläutert. Außerdem wird deutlich, dass Afrikanerinnen und Afrikaner durchaus unterschiedliche Antworten auf koloniale Eroberungen entwickelten. Ihre engagierte Einflussnahme auf historische und aktuelle Herausforderungen sollte auch im Zeitalter des globalen Lernens stärker von uns wahrgenommen werden.

Leitfragen für die Aufarbeitung des Textes im Unterricht:
- Was ist das Besondere an den Frauenprotesten? Was fasziniert uns daran? Was schreckt uns ab?
- Welche Gründe veranlassen Frauen in der vorkolonialen und kolonialen Zeit, gemeinsam Widerstand zu leisten?
- Wie werden die Proteste durch die kolonialen Herausforderungen verändert?
- Wie reagieren die Männer?
- Wie reagieren die Kolonialherren?
- Welche neuen Ansätze zum Verständnis der Proteste bringen die Sozialgeschichte und die Ethnologie?
- Sollten im Unterricht öfter derartige Beispiele vorgestellt werden, die von Frauen in anderen Ländern berichten und einen Blick auf ihre Geschichte oder ihre Eigeninitiativen werfen?
- Ist es sinnvoll für die Entwicklungspolitik und Entwicklungszusammenarbeit, sich mit der Geschichte und den traditionellen kulturellen Hintergründen von Frauen zu beschäftigen?
- Was sagen die Proteste der Frauen über das Geschlechterverhältnis aus?
- Gibt es oder gab es bei uns auch Frauenproteste? Was waren die Anlässe? Wie gingen die Frauen vor? Wie reagierten die Männer? Wie reagierte die Regierung?

»Die Männer sind der Kopf und die Frauen der Hals«

Frauen im ländlichen Europa. Wanderung durch die ethnografische Literatur

Claudia Kalka

EINLEITUNG *»Die Männer sind der Kopf und die Frauen der Hals«*, so heißt es in einem Sprichwort, das in großen Teilen Europas bekannt ist. *»Und«*, so geht es weiter, *»der Kopf tut nur das, was der Hals will«*. Auf der dalmatinischen Insel Krk hieß es Ende der 30er Jahre des 20. Jahrhunderts: *»Die Frau ist im wahrsten Sinne des Wortes die Intelligentere. Aus diesem Grund leitet sie das Haus und alles, was in ihm ist. Der Ehemann ist dazu da zu arbeiten, wie ein Diener«*. Und von slawonischen Frauen sagte man zu der gleichen Zeit: *»Die Frauen sind in der Regel mehr sachlicher, daher gibt es ziemlich viel geistige Überlegenheit unter ihnen. Daher herrschen sie in Haus und Landwirtschaft, sie leiten den Mann«*.[1] Eine solche Einschätzung des Geschlechterverhältnisses in Europa mag uns zunächst verwundern. Oft genug ist bei einer Betrachtung der Geschlechterrollen in Europa zu hören und zu lesen, dass Frauen unterdrückt und Opfer der Männerherrschaft (Patriarchat) seien. Oft genug haben wir im Urlaub im Süden nur Männer im Cafe und auf anderen öffentlichen Plätzen gesehen und keine Frauen.

DER ERSTE BLICK TRÜGT Bei näherer Betrachtung sind die Beziehungen zwischen Frauen und Männern in Europa sehr facettenreich und bei weitem nicht ausschließlich durch so genannte patriarchische Verhältnisse charakterisiert. Doch genau da, im Genauer-Betrachten, liegt der Knackpunkt: Auch und gerade in Europa, das wir vermeintlich kennen, bedarf es mindestens eines zweiten Blickes, um das Verhältnis zwischen den Geschlechtern zu entziffern.

Dabei machen es einem die zu erforschenden Menschen, aber auch die Begriffe und ihre für uns damit verbundenen Bedeutungen nicht leicht. Hierzu einige Beispiele: Flaviana Zanolla sammelte im italienischen Friaul die Autobiografien von Frauen, die zwischen 1895 und 1900 geboren waren. Ihr fiel auf, dass die Angaben, die die verschiedenen Frauen in den ersten Interviews von sich selbst machten, einander verblüffend ähnelten, ja geradezu wie ein Steroetyp wirkten. Sie nannte dieses den Prototyp einer Frau, die arbeitet und

---

1 Erlich 1966: 276.

leidet. Je besser sich aber Interviewerin und Interviewte kennen lernten, je mehr sie sich gegenseitig vertrauten, umso mehr traten die individuellen Züge hervor und mit ihnen Frauenpersönlichkeiten, die in vielen Dingen so gar nicht dem Prototyp entsprachen. In der Praxis heißt das, dass man mit den Aussagen, die man als JournalistIn oder TouristIn erhält, vorsichtig sein muss. In einem einzigen Gespräch bei einem kurzen Besuch erhält man zwangsläufig nur ein stereotypes Selbstbild der befragten Person.

»[Fragt] man in Kalithea, [Lesbos, Griechenland] nach der Stellung von Mann und Frau…, bekommt man als Antwort: ›*O andros ine o protos*‹ (der Mann ist der erste)«.[2] Lässt man es bei dieser Antwort bewenden, kann man nie die ebenbürtige Stellung entdecken, die Frauen und Männer in dieser Dorfgemeinschaft innehaben.[3] Auch müssen wir uns hüten, das Verhältnis von Mann und Frau hier im Sinne unseres Gebrauches des Wortes »Hierarchie« zu verstehen. »*Der Mann ist der erste*«, heißt nämlich nicht, dass der Mann mehr wert ist als die Frau, sondern beide lediglich andere Fähigkeiten mitbringen.[4] Ulrike Krasberg weiter: »Nicht weil der Mann an sich stark und mächtig ist, wird ihm der erste Platz eingeräumt, sondern umgekehrt: Weil er auf den ersten Platz gestellt wird, soll er auch stark und mächtig sein: Stärke und Macht sind Attribute seines sozialen Status, den auszufüllen eine Lebensaufgabe ist«.[5] Um also die wirkliche Position der Frauen innerhalb einer Gesellschaft erfassen zu können, muss sozusagen zwischen äußerer Form und Inhalt getrennt werden, muss die äußere Erscheinung, der äußere Anschein von der Wirklichkeit der Machtverhältnisse unterschieden werden.

Nehmen wir zum Beispiel das Schweizer Kanton Appenzell, das noch bis vor kurzem als »rückständige Männerbastion« galt. Zwar durften die Frauen bis Anfang der 1990er Jahre hier, was den Kanton betraf, weder abstimmen noch wählen, doch steht außer Zweifel, dass die Frauen immer großen Einfluss auf die Entscheidungen ihrer Männer hatten. »*Sie [die Frauen] lassen den Männern nach außen die Macht, aber in Tat und Wirklichkeit gehört sie den Frauen*«.[6] In Teilen Nordportugals geht die Frau hinter dem Ochsenpflug, der Mann führt die Tiere. Dass die Frau die bei weitem schwerere Arbeit verrichtet, ist kein Zeichen dafür, dass sie unterdrückt ist. Denn in ihren Augen führt sie die verantwortungsvollere Arbeit aus, die man einem Mann nicht überlassen kann.[7]

---

2   Krasberg 1996: 50.
3   ebd.: 17.
4   ebd: 53.
5   ebd.: 50.
6   Aussage einer Appenzellerin, in: Calonego 1994.
7   B. Perreira 1998, persönliche Mitteilung.

Oder noch krasser: Wenn der Mann drei Schritte vor der Frau geht, so ist das noch kein Zeichen ihrer Unterdrückung, sondern lediglich von Etikette.[8]

HAUSFRAU IST NICHT GLEICH HAUSFRAU Ebenso muss man, wenn man der Position der Frauen gerecht werden will, die Begriffe, die wir im Zusammenhang mit den Geschlechtern zu gebrauchen gewohnt sind, ständig hinterfragen. Welche Bedeutungsinhalte und Konnotationen verbinden wir mit einem bestimmten Begriff, möglicherweise auch mit einer bestimmten Tatsache, und was verstehen die Angehörigen einer anderen Kultur darunter? Wenn wir mit den Begriffen »Familie«, »Hausfrau« und »Hausarbeit« eine Sphäre bezeichnen, die außerhalb der bezahlten und damit öffentlich anerkannten Arbeitsleistungen steht, wobei letztere wiederum unser Selbstbewusstsein bestimmt, gilt das nicht ohne Weiteres auch für andere europäische Kulturen. In unserer Vorstellung ist der Haushalt als private Sphäre abgewertet und der männlichen Domäne des öffentlichen Bereiches unterstellt. Die Lebensverhältnisse im vormals sozialistischen Ostmitteleuropa (auch des städtischen) zeigen aber, dass diese private Sphäre für beide Geschlechter der einzige Ort für die Entwicklung individueller Initiative und Autonomie und von großer Bedeutung war.[9]

Ein anderer Begriff, der oft im Zusammenhang mit Frauen gebraucht wird, und den es zu überdenken gilt, ist z.B. der »Klatsch«. Für Oroel in Nordostspanien konnte gezeigt werden, dass das »Klatschen« ein Mittel ist, um die Entscheidungen der Männer im Sinne der Frauen zu beeinflussen und zu manipulieren.[10] Auf Kreta ist Klatsch zunächst einmal das schnellste Mittel, um Informationen weiterzugeben. Darüber hinaus hat er die wichtige Funktion, das Fehlverhalten einzelner zu korrigieren.[11]

ARBEITSTEILUNG UND VERFÜGUNGSMACHT Was die Tätigkeiten der Geschlechter anbetrifft, so hat jede Kultur ihre eigenen Definitionen dessen, was für sie Arbeit und Aufgabe der Männer und der Frauen sind. Diese Einteilung beschränkt sich nicht nur auf die wirtschaftlichen Leistungen, sondern zieht sich durch alle Bereiche der jeweiligen Kultur und ist keineswegs starr. Es ist jedoch von der jeweiligen Kultur abhängig, ob und wo sie solche Durchbrüche gestattet. Im Bereich der Wirtschaft werden gerne zwei geschlechterspezifische

---

8 Vgl. Andrásfalvy 1982: 151.
9 Einhorn 1993: 6, 7.
10 Harding 1975: 298–305.
11 Schweizer 1984: 49, 50; vgl. auch Krasberg 1996: 178 für Kalithea, Lesbos.

Domänen voneinander unterschieden: die häusliche und die außerhäusliche. Erstere wird den Frauen zugeschrieben, letztere den Männern. So waren auf den Aran Inseln (Irland) Landwirtschaft und Fischerei Aufgabe der Männer, während die Sphäre der Frau Haus und Hof umfasste.[12] Führten Frauen außerhäusliche Arbeiten durch, so gingen die Forscher automatisch davon aus, dass sie den Männer »halfen«. Eine detaillierte Aufstellung aus Slawonien aber zeigt, dass der größte Teil der in der Landwirtschaft anfallenden Arbeit von beiden Geschlechtern zusammen oder von den Frauen alleine getan wurde. Nur die landwirtschaftlichen Arbeiten, die mit dem Großvieh verrichtet wurden (außer Melken), waren reine Männerarbeit. Dazu kamen bei den Frauen noch die häuslichen Arbeiten.[13]

Auch in Minot (Burgund, Frankreich), Tras-o-Montes (Portugal), Hessen (Deutschland) und Südburgenland (Österreich) spielte sich der wichtigste Teil der alltäglichen Arbeit der Frauen, wie bei den Männern, außerhalb des Hauses ab, und vor allem arbeiteten sie mit den Männern zusammen.[14]

Auffallend ist, dass an vielen Orten die Frauen die Wirtschaft allein bewältigen können, oft aufgrund der Tatsache, dass ihre Männer in anderen Ländern arbeiten und dort besser verdienen als zu Hause. Es sei eine Tatsache, dass, wenn der Mann ginge, die Frau die Farm aufrecht erhalten könne, heißt es im County Clare in Irland.[15] Ähnliches galt bis in die 1960er Jahre auch für das Südburgenland und Hessen.[16] Auf der Insel Krk gab es in den 1930er/40er Jahren kaum ein Haus, in dem die Männer nicht temporär abwesend waren. Und selbst aus den Großfamilien des Balkans, die gerne als Inbegriff einer patriarchalen Ordnung zitiert werden, erfahren wir, dass in Bulgarien z.B. die »Hausmutter« ohne Weiteres die Großfamilie allein leiten kann[17], was eigentlich als die Aufgabe des ältesten oder fähigsten Mannes schlechthin gilt. Umgekehrt aber kann ein Mann ohne »Hausmutter« das Haus nicht führen.

Was also die reine Arbeitsverteilung der Geschlechter anbetrifft, so lässt sich ohne weiteres sagen, dass die Zuschreibung der häuslichen Arbeit an die Frauen größtenteils idealtypisch ist. Doch wer entscheidet über den Gebrauch der Haushaltsresourcen, wer hat in welchem Punkt die Verfügungsmacht? *»Ein guter Mann, wer verdient und das Geld der Frau aushändigt«*, heißt es an der

---

12 O'Sullivan 1977: 143; Ingold 1976: 155 für die Sami.
13 Rihtman-Auguštin 1982: 35.
14 Verdier 1982: 344; O'Neill 1995: 101; Werner 1987: 271–276; Engel 1982: 45; Hüwelmeier 1997: 327.
15 Arensberg/Kimball 1968: 67.
16 Engel 1982: 47; Hüwelmeier 1997: 330.
17 Konsulowa 1915: 38.

nordportugiesischen Küste und in Amouliani (Griechenland).[18] Die angebauten, gefischten oder gezüchteten Produkte sind in erster Linie für den Eigenbedarf der gesamten Familie bestimmt. Das Getreide, das der Mann unter Umständen anbaut und erntet, wird der Frau nicht vorenthalten, ebensowenig wie sie ihm »ihre« Butter vorenthalten wird. Allerdings verwahren die Frauen die Schlüssel zu den Vorratskammern[19], und die Männer sind den Frauen in dieser Beziehung auf manche Weise ausgeliefert. TouristInnen, die wenig reflektieren, können die Tatsache, dass beim Essen die Männer, wie auf Kreta, das Fleisch aufschneiden und den Alkohol einschenken (beides Produkte ihrer Arbeitsleistung), als Ausdruck und Beweis patriarchalischer Familienverhältnisse deuten. Sie vergessen dabei, dass das Essen von den Frauen ja bereits zugemessen wurde.[20]

Die Frauen verfügen und verfügten in der Regel, ohne Rechenschaft darüber abzugeben, über die Überschüsse der Produkte, die sie – im Rahmen der geschlechtlichen Arbeitsteilung – alleine anbauen, großziehen und fertigen: Gemüse, Geflügel (inklusive Eier), Milch, Milchprodukte und textile Erzeugnisse oder Keramik. *»Frauen erzählten den Männern nicht, wieviel Geld sie verdienten mit Algen oder anderen Tätigkeiten, es war die Angelegenheit der Frau. Es hat nichts mit ihm zu tun gehabt«* erfuhr Sally Cole von einer Frau aus Nordportugal.[21] Im County Clare in Westirland hatte der Mann die Aufsicht über den Verkauf des Viehs und verfügte über den Erlös. Dabei war er verpflichtet, im Interesse seiner Frau und seiner Kinder zu handeln. Über das Geld aber, das aus dem Verkauf von Eiern und Butter stammte, verfügte die Frau, wie sie allein es für richtig hielt. Auch sie erfüllte damit in erster Linie die Bedürfnisse der Familie.[22] Ähnlich war es im Südburgenland und in Transsylvanien, in Nordportugal, auf Krk und Kreta und in Bulgarien.

DIE ROLLE DER FRAUEN IN DER ENTSCHEIDUNGSFINDUNG Wenn nun die ökonomische Verantwortung der Frauen derartig hoch ist und wenn sie über ihre Produkte verfügen können, welche Rolle und Autorität wird ihnen dann in den anderen Bereichen – der Entscheidungsfindung, der Politik und der Religion – beigemessen? Hier betreten wir ein Gebiet, in dem die Aussagen in der Literatur immer spärlicher werden, da dies zunehmend als männliche

---

18 Cole 1991: 36; Salamone / Stanton 1986: 194.
19 Serbokroatien: Schneeweis 1935: 235; Slawonien: Kozic 1982: 19; Norwegen: Berggreen 1995: 126; Süd-Somogy: Knézy 1982: 136.
20 Schweizer 1984: 51.
21 Cole 1991: 36.
22 Arensberg / Kimball 1968: 46, 47.

Domäne klassifiziert wurde und man die Frauen darin anscheinend schon von vornherein kaum wahrnam. Es kann davon ausgegangen werden, dass in Europa generell der Mann – als Ehemann, ältester Mann oder Fähigster von zusammenwohnenden Brüdern – als formales oder nominelles Oberhaupt der Familie galt und z.T. noch gilt. Er ist der Hausvater oder Herr des Hauses. Seine Frau ist komplementär dazu die Hausmutter bzw. Herrin des Hauses.

Oberhaupt zu sein heißt zunächst nur, dass der Mann der nach außen hin sichtbare Repräsentant des Hauses ist. Der Mann ist also derjenige, der, um nur ein Beispiel zu nennen, an den Dorfversammlungen teilnimmt und dort abstimmt. Ob er sich dabei allein nach seiner persönlichen Meinung richtet oder nach der der Hausbewohner, ist damit noch nicht gesagt.

Auch wenn die Frauen auf den ersten Blick nicht sichtbar sind, wenn Entscheidungen gefällt werden, so heißt dies nicht, dass sie daran nicht beteiligt sind, wie Beispiele aus Kreta, Appenzell, Oroel, Süditalien und den Aran-Inseln zeigen.[23] Kritik zu üben ist ebenfalls eine Aufgabe der Frauen. Mit Hilfe des so genannten Klatsches haben die Frauen die Möglichkeit, dem Einzelnen sein Fehlverhalten vor Auge zu führen und ihm die Chance geben, es zu korrigieren. Wird bei dem Fehlverhalten ein gewisses Maß überschritten, haben Frauen das Recht, öffentlich Kritik zu üben und ein Fehlverhalten der Männer zu korrigieren. So stellen die Frauen ohne weiteres den Mann etwa in aller Öffentlichkeit zur Rede, so beschämend das auch für ihn sein mag.[24] Auch in Montenegro nehmen die Frauen traditionell eine Rolle ein, die wir als »Richterin des Ehrenkodex« umschreiben würden.[25] Als Mütter, Schwiegermütter und Großmütter geben die Frauen von jeher die kulturellen Werte weiter, sei es nun an die Kleinkinder oder an die erwachsenen Töchter und Schwiegertöchter, die sie bei der Erziehung der Enkel unterstützen. Dabei können die Frauen »Wahrerin der Familientraditionen sein« (Nordalbanien)[26] oder können bewusst neue Weichen stellen (Kroatien)[27]. Dass auch Klagelieder ein Instrument des Protestes sein können und die Klagefrauen damit aktiv Bräuche manipulieren und Urheberinnen von Veränderungen sein können, ist erst in neuster Zeit zum Beispiel für Griechenland erkannt worden.[28]

---

[23] Schweizer 1984: 47; Calonego 1994; Harding 1975: 305; Cornelisen 1980: 183, 186, 187; Andrásfalvy 1982: 153; O'Sullivan 1977: 143.
[24] Kreta: Schweizer 1984: 57.
[25] V. Damjanovic 1998, persönliche Mitteilung.
[26] Santner-Schriebl 1995: 97.
[27] B. Schedlich, 1998, persönliche Mitteilung.
[28] Caraveli 1986: 180–185.

DIE ROLLE DER FRAUEN IM RELIGIÖSEN BEREICH Das Beklagen eines Toten ist in Europa so gut wie ausschließlich Aufgabe der Frauen, insbesondere der älteren. Es ist in erster Linie ein religiöses Moment, das außerhalb der offiziellen Kirche steht. Die Klagenden sind religiöse Spezialistinnen. Sie versetzen sich in einen veränderten Bewusstseinszustand und kommunizieren mit der Seele des Toten bzw. der Toten[29] oder führen sie, wie in Karelien, in ihr neues Zuhause im Jenseits und bringen Nachricht von ihr zu den Lebenden.[30]

Ebenso wie in den anderen Bereichen der Kultur hat man die religiösen Aufgaben und Pflichen der Frauen bei allen in Europa vorkommenden Glaubensrichtungen nicht wahrgenomen oder, wie zum Beispiel bei den Klagefrauen, als bloße »Sitten und Bräuche« unterbewertet. Stattdessen konzentrierte man sich auf die Tätigkeiten der handelnden (männlichen) religiösen Würdenträger bei den Hauptfesten. Vereinzelt erfährt man, wie aus Bulgarien, dass die Hausherrin an der Seite ihres Mannes an der Verrichtung mancher religiöser Pflichten, vor allem an denjenigen für die Verstorbenen in der Großfamilie, beteiligt war.[31] Ähnliches gilt auch für Montenegro.[32] Im Allgemeinen wurden die Frauen in der Literatur auf die Rolle als bloße Zuschauerinnen reduziert: Sie füllten die Kirchenbänke, übernahmen aber auf den ersten Blick keinen aktiven Part. Dass dem in der Realität bei weitem nicht so ist, zeigt sich z. B. daran, dass die Frauen in Kalithea (Lesbos, Griechenland) zwei orthodoxe Popen, mit denen sie nicht klarkamen, derart »drangsalierten, daß [diese] um ihre Versetzung baten«.[33]

Erst in neuster Zeit erkennen und würdigen EthnologInnen die für die Familien eminent wichtigen, alltäglichen und unspektakulären religiösen Pflichen der Frauen. So obliegt es den Frauen auf Lesbos, für die Ikonen der Namenspatrone der Familienmitglieder zu sorgen, die sich in dem Raum des Hauses befinden, in dem sich die Familie am häufigsten aufhält. Den Namenspatronen wird eine große Schutzfunktion zugesprochen. Die Verantwortung der Frauen ist dabei zweifach: Zum einen haben sie die Sorge dafür, dass der Heiligen zu ihren festen Zeiten im Jahreslauf gedacht wird; zum anderen kümmern sie sich darum, dass die Namensheiligen das Haus und seine Bewohner beschützen.[34]

---

29 Griechenland: Caraveli 1986: 171, 172, 185, 188; Karelien: Tolbert 1990: 45, 46, 47; Serbien: Kerewsky-Halpern 1989: 119.
30 Tolbert 1990: 47.
31 Konsulowa 1915: 37.
32 V. Damjanovic 1998, persönliche Mitteilung.
33 Krasberg 1996: 171.
34 ebd.: 172–175.

Wenn wir uns von dem relativ starren Begriff der religiösen Aktivität trennen und stattdessen die Rolle der Frauen und Männer bei den Riten betrachten, so ist es eine der wichtigsten Aufgabe der Frauen in Europa, die Übergänge im menschlichen Lebenslauf zu gestalten: Geburt, Heirat, Tod und Totengedenken. Gelegentlich haben sie auch ihre eigenen Riten, wenn sie zum Beispiel in einem Fest die Hebamme ehren, die sie auf die Welt brachte (Transylvanien). In Serbien z.B. herrscht ein erstaunliches Gleichgewicht in der Verteilung der rituellen Rollen von Frauen und Männern. Die festgelegten Aktivitäten des täglichen, jahreszeitlichen und jährlichen Lebens, die zum Wohle der Gemeinschaft beitragen, werden von den Männern ausgeübt. Für die nichtregulierten, nichtgeordneten Vorkommnisse, die den Einzelnen betreffen, sind die Frauen zuständig: als Vermittlerinnen zwischen Menschen und Bewohnern und Mächten der Vergangenheit, der Zukunft oder des Unbekannten.[35]

DIE ROLLE DER FRAUEN IM MEDIZINISCHEN BEREICH Frauen in Europa sind (fast) durchweg für die Gesundheit der Familienmitglieder verantwortlich. Sie sind diejenigen, die bei den eigenen Kindern oder Enkeln die erste Diagnose stellen. Und sie entscheiden, welcher Behandlungsweg eingeschlagen wird, ob Hausmittel eingesetzt werden oder der Gang zum schulmedizinischen oder traditionellen medizinischen Spezialisten angebracht ist, und sie pflegen die Kranken. Auch verfügen sie in einigen Gebieten über Kenntisse traditionell anerkannter Formen der Verhütung.[36]

Neben den Frauen/Müttern, die Hausmittel verabreichen, gibt es die Hebammen und Heilerinnen. Die *bajalica* in Serbien zum Beispiel ist eine Frau nach den Wechseljahren, die Krankheiten (Magendarmkoliken, Impotenz, Schmerzen aller Art, Gelbsucht) durch *bajati* (Beschwörungen) heilt. Die entsprechenden Sprüche lernt sie möglicherweise als Mädchen oder erhält sie als Hochzeitsgeschenk. Sie kann sie aber erst nach Jahrzehnten anwenden, wenn sie den privilegierten Status der »alten Frau« erreicht hat und, wie Kerewsky-Halpern schreibt, als »rituell rein« gilt.[37] Diese Reinheit hat aber nichts damit zu tun, dass die Frau mit dem Ausbleiben der Menstruation nun wie ein Mann ist. Im Gegenteil, alte Frauen, die die Fähigkeit des Besprechens haben, werden als Inbegriff des Mutterseins geachtet.[38]

---

35 Kerewsky-Halpern 1989: 118, 119.
36 Erlich 1966: 40; Andrásfalvy 1982: 155, 156.
37 Kerewsky-Halpern 1989: 117, 119, 120.
38 ebd.: 119.

EXOTISCHES EUROPA Das Ehe- bzw. Zusammenleben und die Mutter-/ Vaterschaft waren im ländlichen Europa die normalen Lebenswege von Mann und Frau. Gelegentlich gab es vor der eigentlichen Hochzeit auch so genannte Versuchsheiraten oder Bettgemeinschaften, in denen die Partner erst ihre Fruchtbarkeit unter Beweis stellen mussten, bevor sie heiraten konnten – zum Beispiel im nördlichen Irland vor der Großen Hungersnot, in Wales, auf den Hebriden, in Norwegen und den Niederlanden.[39] Auch das exotisch anmutende Männerkindbett ist für Europa belegt. Während die Frau kurz nach der Geburt wieder aufstand, blieb der Vater für eine gewisse Zeit im Bett liegen (Baskenland, die Balearen, Teile der Pyrenäen, Sardinien, die Britischen Inseln und Mittelalbanien).[40]

Den Frauen Albaniens und Montenegros bot und bietet sich außer der Ehe aber noch eine andere Lebensform. Sie konnten oder mussten unter bestimmten Bedingungen sozial zu Männern werden. Wenn sie für sich die Ehe ablehnten oder es in der Familie keinen (lebenden) Sohn gab, wurden die Mädchen bzw. jungen Frauen zu Männern erklärt. Sie trugen Männerkleidung, führten Männerarbeiten aus und waren blutrachepflichtig.[41] Dass aber das Leben und die Macht und Autorität so genannter normaler Frauen bei weitem nicht weniger spannend war, wird meist übersehen. Oft bedarf es eines zweiten Blickes, um festzustellen, dass zum Beispiel im vermeintlich »unemanzipierten« Verhalten georgischer Studentinnen, die darauf bestehen, sich in die Küche zurückzuziehen und die Gäste zu bedienen, Freiräume liegen, die die Frauen nicht gewillt sind aufzugeben.[42] Cornelisen schreibt nach fast 20-jährigem Aufenthalt in Süditalien: »Meiner Erfahrung nach war die patriarchlische Dominanz niemals eine absolute und ist oftmals überhaupt nicht vorhanden«, und: »Ich glaube heute, daß die Sozialstruktur in süditalienischen Dörfern ... matriarchalisch ist. Es handelt sich um ein *De-facto*-System[43], das jeder spürt, das seine Funktionstüchtigkeit täglich erweist, das jedoch nicht legal verankert ist und auch nicht offiziell legalisiert zu werden braucht. Es existiert einfach.«[44]

---

39 Evans 1957: 283.
40 Buschan o.J.: 295, 593.
41 Haberlandt 1917: 130, 131; Schneeweis 1935: 236.
42 Kotthoff 1991: 250, 251.
43 Ein tatsächlich bestehendes System.
44 Cornelisen 1982: 182,183.

LITERATUR

Andrásfalvy, Bertalan
1982 Die Stellung der Frau in verschiedenen ethnischen Gruppen der Baranja. In: Ethnographia Pannonica. Die Stellung der Frau in der Bauernkultur Pannoniens, S. 151–156 (Etnološka tribina. Sonderausgabe).

Arensberg, Conrad M. und Solon T. Kimball
1968 Family & Community in Ireland. Cambridge.

Berggreen, Brit
1995 Societies of Married Women. Forms for Identity Building and Female Discourse. In: Ethnologia Europaea, 25, S. 119–129.

Buschan, Georg
o. J. Die Völker Europas. Illustrierte Völkerkunde. Berlin.

Calonego, Bernadette
1994 Alle Macht den Frauen. Die Männer in dem Schweizer Kanton, der sich erbittert gegen die Gleichberechtigung gewehrt hat, sind in der Familie traditionell die Schwächeren. In: Süddeutsche Zeitung vom 23./24.7.1994, S. 3.

Caraveli, Anna
1986 The Bitter Wounding: The Lament as Social Protest in Rural Greece. In: Dubisch, Jill (ed.): Gender & Power in Rural Greece. Princeton, S. 169–194.

Cole, Sally
1991 Women of the Praia. Work and Lives in a Portuguese Coastal Community. Princeton.

Cornelisen, Ann
1980 Frauen im Schatten. Leben in einem süditalienischen Dorf. Frankfurt.

Einhorn, Barbara
1993 Cinderella Goes to Market. Citizenship, Gender and Women's Movements in East Central Europe. London.

Engel, Sylvia
1982 Änderungen der Familienorganisation innerhalb eines Kleinbauerndorfes. In: Ethnographie Pannonica. Die Frau in der Bauernkultur Pannoniens, S. 43–48 (Etnološka tribina. Sonderausgabe).

Erlich, Vera St.
1966 Family in Transition. A Study of 300 Yugoslav Villages. Princeton.

Evans, E. Estyn
1957 Irish Folk Ways. London.

Haberlandt, Arthur
1917 Kulturwissenschaftliche Beiträge zur Volkskunde von Montenegro, Albanien und Serbien. Ergebnisse einer Forschungsreise in den von den k. u. k. Truppen besetzten Gebieten. Ergänzungsband XII zu Jahrgang XXIII der Zeitschrift für österreichische Volkskunde. Wien.

Harding, Susan
1975 Women and Words in a Spanish Village. In: Reiter, R. (ed.): Toward an anthropology of women. New York, S. 283–308.

Hüwelmeier, Gertrud
1997 Frauen und Männer als Haushaltsvorstände. Geschlechterverhältnisse in ländlichen Unterschichten Deutschlands. In: Völger, Gisela (Hrsg.): Sie und Er. Frauenmacht und Männerherrschaft im Kulturvergleich. Köln, S. 325–330.

Ingold, Tim
1976 The Skolt Lapps Today. Cambridge.

Kerewsky-Halpern, Barbara
1989 Healing with Mother Metaphors: Serbian Conjurers' Word Magic. In: Shepherd Mc Clain, Carol (ed.): Women as Healers. Cross Cultural Perspectives. New Brunswick, S. 115–133.

Kligman, Gail
1985 The Rites of Women: Oral Poetry, Ideology, and the Socialization of Peasant Women in Contemporary Romania. In: Wolchik, Sharon L. und Alfred G. Meyer (eds.): Women, State and Party in Eastern Europe. Durham, S. 323–343.
1988 The Wedding of the Dead. Ritual, Poetics, and Popular Culture in Transylvania. Berkely.

Knézy, Judit
1982 Die ungarischen und kroatischen Frauen als Träger der Traditionen in Süd-Somogy. In: Ethnographia Pannonica. Die Frau in der Bauernkultur Pannoniens, S. 135–140 (Etnološka tribina. Sonderausgabe).

Konsulowa, Nedelja Detschka
1915 Die Großfamilie in Bulgarien. Diss. Univ. Erlangen.

Kotthoff, Helga
1991 Der Tamada gibt am Tisch den Ton an. Tafelsitten, Trinksprüche und Geschlechterrollen im kaukasischen Georgien. In: Günther, Susanne und Helga Kotthoff (Hrsg.): Von fremden Stimmen. Weibliches und männliches Sprechen im Kulturvergleich. Frankfurt a. M., S. 229–260.

Kozic, Maja
1982 Das Eheleben der slawonischen Grenzerin im Lichte der zeitgenössischen Berichte. In: Ethnographia Pannonica. Die Frau in der Bauernkultur Pannoniens, S. 15–22 (Etnološka tribina. Sonderausgabe).

Krasberg, Ulrike
1996 Kalithea. Männer und Frauen in einem griechischen Dorf. Frankfurt a. M.

O'Neill, Brian Juan
1995 Diverging Biographies: Two Portuguese Peasant Women. In: Ethnologia Europaea, 25, S. 97–118.

O'Sullivan, Paul (ed.)
1977 Field and Shore. Daily Life and Traditions. Aran Islands 1900. Dublin.

Rihtman-Auguštin, Dunja
1982 Über die »Subkultur« der Frauen in der slawonischen Großfamilie. In: Ethnographia Pannonica. Die Frau in der Bauernkultur Pannoniens, S. 34–41 (Etnološka tribina. Sonderausgabe).

Salamone, S. D. und J. B. Stanton
1986 Introducing the *Nikokyra*: Ideality and Reality in Social Process. In: Dubisch, Jill (ed.): Gender & Power in Rural Greece. Princeton, S. 97–120.

Santner-Schriebl, Silvia
1995 Brüchige Traditonen. In: Helmut Eberhart und Karl Kaser (Hrsg.): Albanien. Stammesleben zwischen Tradition und Moderne. Wien, S. 83–99.

Schneeweis, Edmund
1935 Grundriss des Volksglaubens und Volksbrauchs der Serbokroaten. Druzba SV Mohorja v Celjn.

Schweizer, Susanne
1984 Noch ist Feuer im Herd… . Frauenarbeit in der kretischen Dorfgesellschaft. Berlin.

Tolbert, Elisabeth
1990 Magico-Religious Power and Gender in the Karelian Lament. In: Herndon, Marcia und Susanne Ziegler (guest eds.): Music, Gender, and Culture. Wilhelmshaven, S. 41–56 (Intercultural Music Studies 1).

Verdier, Yvonne
1982 Drei Frauen: Das Leben auf dem Dorf. Stuttgart.

Werner, Kerstin
1987 Arbeit und Erwerbstätigkeit der Frauen auf dem Land im ersten Drittel des 20. Jahrhunderts am Beispiel eines hessischen Dorfes. In: Dalhoff, Jutta; Frey, Uschi und Ingrid Schöll (Hrsg.): Frauenmacht in der Geschichte. Beiträge des Historikerinnentreffens 1985 zur Frauengeschichtsforschung. Düsseldorf, S. 265–281 (Geschichtsdidaktik. Studien Materialien Band 41).

Zanolla, Flaviana
1994 Mothers-in-law, Daughters-in-law, and Sisters-in-law at the Beginning of the Twentieth Century in P. of Friuli. In: Muir, Edward und Guido Ruggiero (eds.): Sex and Gender in Historical Perspective. (Selections from *Quaderni Storici*). Baltimore, S. 177–199.

Abb. 1: Griechenland.

Die Nikokyrá

Haus-Frauen im griechischen Dorf

Ulrike Krasberg

DER LEBENSRAUM DER MÄNNER Wenn man im Urlaub in ein griechisches Dorf abseits der Touristenströme kommt und sich auf dem Hauptplatz, unter der Platane, in einem der Kaffeehäuser niederlässt, sieht man rundherum nur Männer sitzen. Wo sind die Frauen? Müssen Frauen arbeiten, während Männer ihre Freizeit genießen können? Wenn man allerdings das Glück hat, des Abends eine Hochzeitsfeier oder ein Dorffest auf dem zentralen Platz zu erleben, dann sieht man auch die Frauen.

Auf dem Land arbeiten die Männer als Bauern oder Viehzüchter. Ihr Arbeitsplatz liegt in den Bergen außerhalb der Dörfer. Morgens, nachmittags und oft bis in die Nacht hinein versorgen sie ihre Herden oder pflanzen und bewässern die Gemüsefelder. Sind die Viehherde oder die Gemüsefelder klein, sind sie nebenbei noch als Frisör, Postbeamter, Krämer, Taxifahrer oder Kaffeehauswirt beschäftigt. Die Zeit, die ihnen dann noch bleibt – zum Beispiel während der heißen Mittagszeit im Sommer – sitzen sie im Kaffeehaus.

Im Dorf ist das Kaffeehaus als Aufenthaltsort der Männer relativ jungen Datums und kam erst ins Dorf, als mehr Geld verdient wurde, und die Familien nicht hauptsächlich mit dem auskommen mussten, was sie an Nahrungsmitteln, Textilien, Holz usw. selbst erwirtschafteten. Damals war Geld ein Schatz, den man nicht für eine Tasse Kaffee ausgab. Ab den 1970er Jahren aber hatten die Dorfbewohner zunehmend mehr Geld zur Verfügung, weil viele im Ausland gearbeitet hatten und nun – zurückgekehrt – von dort eine Rente bekamen. Ab den 1980er Jahren wurde dann auch ein Rentensystem für griechische Bauern eingeführt. Früher gab es Kaffeehäuser nur in den Städten.

Im Dorf bewirtete manchmal der Dorfkrämer in einer Ecke seines Ladens an einem kleinen Tischchen die Männer, die einen Kaffee oder einen Ouzo trinken wollten. Aber normalerweise unterhielten sich die Männer in kleinen Grüppchen auf der Straße. Damals wie heute sind die Männer nicht zu Hause anzutreffen, es sei denn zum Essen oder zum Schlafen. Das Haus ist die Domäne der Frau.

Abb. 2:
Männer auf dem Dorfplatz.

DAS HAUS ALS MITGIFT Frauen sind also nicht auf den Straßen anzutreffen, sondern in den Häusern und Wohnhöfen. Das Haus hat für die Frauen eine besondere Bedeutung. Auf den süd- und ostägäischen Inseln gab es »schon immer« den Brauch, den Töchtern bei der Heirat ein Haus mit in die Ehe zu geben. Auf Karpathos zum Beispiel erbte die älteste Tochter den Hof der Eltern. Ihre Schwestern konnten im Haus wohnen bleiben und in der Landwirtschaft mithelfen. Die Brüder verdingten sich als Seeleute oder wanderten nach Athen aus oder auch in die USA. Dieser Erbschaftsbrauch hat sich über die Jahrhunderte hinweg erhalten, wenn auch leicht modifiziert. Heute hat jedes Mädchen ein Recht auf ein Haus, und sogar in Athen bekommen die jungen Frauen zur Hochzeit eine Eigentumswohnung vom Vater geschenkt.

Ende der 1970er Jahre, als die Frauenbewegung auch die griechischen Großstädte erreichte, gab es Kampagnen gegen diese Hausmitgift. Es wurde gesagt, dass die Frauen durch die Hausmitgift Opfer von Mitgiftjägern würden und dass sie in den Verhandlungen über die Mitgift, die zwischen dem Bräutigam bzw. seinem Vater und dem Vater der Braut geführt wurden, wie eine Ware verschachert würden. Darüber hinaus hätten arme Mädchen ohne Haus keine Chance, einen Ehemann zu finden. Außerdem würde die Geburt einer Tochter durch diese Hausmitgift als Katastrophe empfunden, so dass Mädchen von klein auf unerwünscht und wenig geliebt wären.

Diese Kampagnen aber konnten nicht verhindern, dass die Hausmitgift in Griechenland immer weiter an Boden gewann. Die jungen Mädchen und auch ihre Mütter wussten nur zu gut, dass ein eigenes Haus die Stellung der Frau in der Familie stärkte und im Falle einer Scheidung die wirtschaftliche Situation der Frauen sicherte, denn der geschiedene Ehemann musste das Haus der Frau verlassen. Ein schönes Haus machte ein junges Mädchen unter den Männern begehrter, und sie konnte erwarten, dass auch der Vater des Bräutigams seinem

Sohn einen guten Start in die Ehe finanzierte. Er spendierte vielleicht ein Auto, die Einrichtung eines Handwerksbetriebs oder eines Kaffeehauses.

Diese Mitgift steht aber auch für ein Charakteristikum der griechischen Familie. Griechenland hat eine der geringsten Scheidungsraten in Europa. Der Zusammenhalt zwischen den einzelnen Familienmitgliedern ist sehr groß. Und dazu trägt auch die Hausmitgift der Töchter bei. Die griechische Familie ist patrizentrisch organisiert. Das heißt, der Vater ist das Oberhaupt der Familie und hat die Familie nach außen hin zu vertreten, sein Name wird von seiner Frau im Genitiv übernommen (Papadopoulou: die Frau des Papadopoulos) und die Söhne tragen den Namen weiter in die nächste Generation. Durch die Hausmitgift aber entsteht – sozusagen inoffiziell – eine besondere Verbindung zur mütterlichen Linie. Für die meisten alten Häuser im Dorf lässt sich heute noch aufzeigen (soweit sich die BewohnerInnen erinnern), dass sie schon in der vierten oder fünften Generation von der Mutter auf die Tochter übergegangen sind. In jeder Generation wurde das Haus unter der Regie des dazugekommenen Familienvaters und mit den Ersparnissen der Familie renoviert, umgebaut und auf den Stand der aktuellen Wohnbedürfnisse gebracht, so dass jeder Vater es dann wieder als seine Mitgift an die Tochter präsentieren konnte.

In griechischen Dörfern trifft man immer wieder auf alte, leere und baufällige Häuser, die unwissenden BesucherInnen den Eindruck vermitteln, das Dorf wäre im Aussterben begriffen. Aber diese Häuser warten nur darauf, als Mitgifthäuser wieder instandgesetzt zu werden: für die Tochter, Enkelin und manchmal auch Nichte. Die Geburt einer Tochter bedeutet für die Familie in der Tat den Beginn einer großen wirtschaftlichen Anstrengung. Die Familienmitglieder und besonders die Männer müssen mit ihrer Arbeit binnen zwei Jahrzehnten etwa soviel Geld erwirtschaften, dass sie entweder ein neues Haus bauen oder zumindest ihr eigenes umbauen lassen können. Diese zweite Lösung bedeutet zusätzlich, dass die Eltern und die noch unverheirateten Geschwister in ein anderes Haus ziehen müssen. Auch hier entstehen unter Umständen Kosten für Renovierung und Umbau. Viele Väter oder Familien, die ab den 1960er Jahren des letzten Jahrhunderts als ArbeitsmigrantInnen nach West-Europa gingen, taten dies, um Geld für die Hausmitgift ihrer Töchter zu erarbeiten.

DIE BEZIEHUNGEN DER FAMILIENMITGLIEDER UNTEREINANDER

Jede Familie fängt sozusagen im gemachten Nest an, und ihre ökonomischen Bemühungen gelten dann ausschließlich den Kindern und insbesondere den Töchtern. Der wirtschaftliche Erfolg einer Familie wird durch die Töchter repräsentiert und nicht von den eigentlichen Urhebern, den Eltern. Die Früchte der Arbeit von Mann und Frau als Ehepartner materialisieren sich nicht nur in einem Haus, sondern bekommen auch eine ethische Dimension. Das Ansehen und der soziale Status der Tochter sind gleichbedeutend mit Ansehen und Status des Vaters und umgekehrt. Väter, die sich im Zusammenhang mit der Hochzeit der Tochter nicht großzügig zeigen, geraten durchaus unter sozialen Druck, denn Hochzeitsverhandlungen sind immer auch halb öffentlich.

Im Rahmen dieser Hausmitgift bekommt die Beziehung zwischen Vater und Tochter eine starke emotionale Betonung. Zwar tritt der Sohn in die Fußstapfen seines Vaters in der Weiterführung der Familien in der patrilinear strukturierten Gesellschaft und arbeitet oft auch mit ihm zusammen, das emotionale Verhältnis von Vater und Sohn aber ist kulturell als ein distanziertes angelegt. So vermeiden Vater und Sohn auch heute noch, im gleichen Kaffeehaus zu sitzen, und nach wie vor sollte der Sohn vor seinem Vater nicht rauchen und trinken. In der Beziehung zur Tochter dagegen besteht die Möglichkeit eines nahen, herzlichen Umgangs miteinander, denn die Tochter verkörpert ja das materielle Lebensziel des Vaters.

Vor dem Zweiten Weltkrieg, als die Familien noch kinderreicher waren, mussten auch die Söhne mit ihrer Arbeit in der bäuerlichen Familie dazu beitragen, dass die Schwestern ihre Hausmitgift bekommen konnten, und erst wenn alle Schwestern ihr Haus bekommen hatten und verheiratet waren, durften auch die Brüder eine Familie gründen – und zogen dann in das Mitgifthaus ihrer Frau. Sie wurden mit der Hochzeit zwar rechtliche Besitzer des Hauses (zusammen mit ihrer Frau), da das Haus aber praktisch und ideell als die ureigenste Domäne der Frauen angesehen wurden, muss man sagen, dass die Männer eher wie ein Gast im eigenen Haus leb(t)en. Außer ihrem Platz am Kopf des Esstisches und der Hälfte des ehelichen Bettes steht ihnen auch heute kein Raum im Haus zur Verfügung. Das Wohnzimmer ist traditionell die »gute Stube«, die nur zu besonderen Feiertagen benutzt wird, und die Wohnküche ist Arbeits- und Aufenthaltsraum der Frauen.

So ist es nicht verwunderlich, wenn die Männer im Dorf sagen, sie hätten zwar alle hart für die Häuser des Dorfes arbeiten müssen, aber gehören würde ihnen kein einziges, Eigentümerinnen wären Schwestern und Ehefrauen. Diese »Abhängigkeit« der Männer von den Frauen wird auch daran deutlich, dass die wenigen unverheirateten Männer im Dorf allgemein bedauert werden. Bei den unverheirateten oder geschiedenen Frauen dagegen wird kein Anlass des Bedauerns gesehen. Sie haben ihre Häuser und führen ein selbständiges Leben.

DIE HAUSFRAUEN UND IHR HAUSHALT Auf dem Lande kommt dem Haushalt und damit der ihn führenden Hausfrau traditionell eine große Bedeutung zu. Auch heute noch wird ein großer Teil der Lebensmittel selbst hergestellt:

Käse, Yoghurt, Nudeln, Gebäck und Süßigkeiten, und natürlich wird der Obst- und Gemüsebedarf der Familie aus dem eigenen Garten erwirtschaftet, Ölivenöl für das ganze Jahr wird hergestellt, Eier und Fleisch kommen ebenfalls aus eigener Produktion. Die Grundbedürfnisse des Lebens – Wohnen und Ernährung (in früheren Zeiten auch noch Kleidung) – werden hauptsächlich von den Frauen sichergestellt.

Abb. 3: Hausfrauen beim Anfertigen griechischer Nudeln.

Jede Frau arbeitet in ihrem Haus, für ihre Familie, aber, soweit es geht, zusammen mit den Nachbarinnen. Zum Beispiel werden reihum für jeden Haushalt von allen Nachbarinnen gemeinsam Nudeln gedreht als Vorrat für ein Jahr. Diese Nachbarschaftsgruppen sind Solidargemeinschaften, die das ganze Dorf umspannen. Jede Frau ist darin eingebunden und verbringt im Laufe ihres Lebens mehr Zeit mit ihren Nachbarinnen als mit ihrem Ehemann. Wenn die Männer im Kaffeehaus sitzen, so findet man die Frauen im Sommer gemeinsam in den Höfen der Häuser sitzend, im Winter in den Wohnküchen.

In den Nachbarschaftsgruppen erfahren die Frauen Anerkennung für ihre Arbeit. Sie wissen, wer am schnellsten die kleinen Nudeln dreht, am geschicktesten die Marzipanrosetten für Hochzeiten oder die Totenspeise *Koliwa* zubereiten kann. Sie wissen von einander, welche Schicksalsschläge einzelne Frauen meistern mussten, mit welchen zusätzlichen Arbeiten die Frauen das Familieneinkommen steigern.

Erst mit der Heirat beginnt das eigentliche Arbeitsleben der Frauen, das meist an der Arbeit ihres Mannes orientiert ist, ihr aber auch die Möglichkeit lässt, einer eigenen Verdienstmöglichkeit nachzugehen, was heute immer mehr an Bedeutung gewinnt. Traditionellerweise verrichten Frauen aber nicht gerne Lohnarbeit. Sie eröffnen lieber selbständig ein Geschäft, welcher Art auch immer, denn für einen Fremden zu arbeiten, gilt nicht nur wenig schicklich, sondern die Frauen haben auch das Gefühl, damit einer fremden Familie zu einem guten Einkommen zu verhelfen. So arbeiten die Frauen heute im Dorf nicht nur im Geschäft ihres Mannes mit, wenn er Bäcker, Metzger oder Krämer ist oder ein Kaffeehaus betreibt, sondern eröffnen auch selbst einen Laden mit Haushaltsutensilien, ein Handarbeitsgeschäft oder einen Frisörsalon. Es ist nicht ungewöhnlich, dass sie erst aus ihrer Küche geholt werden muss, wenn jemand etwas kaufen will. Falls sich die Gelegenheit bietet, eröffnen Frauen gerne in den Sommermonaten in Touristenorten am Meer eine Pension, und manche verdienen mit ihrer Arbeit mehr Geld als die Ehemänner in ihren Berufen.

Das Startkapital für diese Unternehmen wird oft im Ausland verdient. Andererseits hat die Familie aber auch dadurch, dass sie im »gemachten Nest« eines vollständig möblierten und eingerichteten Hauses ihren Anfang nimmt, eine gute Basis, um wirtschaftliche Unternehmungen zu beginnen. Und dass eine Frau dabei tatkräftig mitarbeitet, ist nicht ungewöhnlich. Allerdings sehen die Frauen ihre Arbeit und den Verdienst daraus nur im Zusammenhang mit dem Familieneinkommen. Berufstätigkeit wird nicht unter dem Aspekt der Selbstverwirklichung gesehen. Frauen wie Männer arbeiten für die Familie und besonders für die Kinder. Auch wenn die Frauen mit ihren wirtschaftlichen Unternehmungen erfolgreich sind, und die Arbeit ihnen Spaß macht, so hören sie ohne weiteres damit auch wieder auf, wenn die finanziellen Ziele erreicht sind.

DER HAUSHALT UND DIE HEILIGEN Die Familienzentriertheit griechischer Hausfrauen bezieht sich aber nicht nur auf den wirtschaftlichen Aspekt der Familie. Die Frauen sind auch für das Seelenheil der Familienmitglieder verantwortlich und für den »guten Geist« in der Familie. Sie sorgen dafür, dass Haus und Familie unter dem Schutz der christlichen Heiligen stehen. Jedes Haus hat eine kleine Altarecke, in der die Mutter Gottes durch eine Ikone vertreten ist und daneben die der heiligen Namenspatrone der Familienmitglieder. Die Hausfrauen und Mütter sorgen dafür, dass die Kinder sonntags gut angezogen in die Kirche gehen und bei Krankheit und anderem Ungemach die entsprechenden Heiligen um Beistand gebeten werden. Sie räuchern morgens und abends mit Weihrauch das Haus. Wenn sie älter sind und die Kinder aus dem Haus, übernehmen sie Aufgaben in der Kirchengemeinde und helfen bei Hochzeiten und Beerdigungen, so dass die vorgeschriebenen orthodox-christlichen Bräuche richtig durchgeführt werden.

Die Frauen sind auch diejenigen, die die Toten fünf Jahre lang betrauen. Sie pflegen die Gräber auf den Friedhöfen und sorgen dafür, dass den Seelen der verstorbenen Familienmitglieder im vorgeschriebenen Rhythmus mit der unter

Abb. 4: Die Spezialistin für *kóliwa* (Totenspeise) mit ihrem Werk.

die Kirchgänger verteilten Totenspeise gedacht wird. Die Frauen sagen, so wie sie die Menschen ins Leben bringen, so geleiten sie die Seelen der Toten auch wieder hinaus.

Haus-Frau sein im griechischen Dorf ist eine umfassende Lebensaufgabe. Es ist eine Aufgabe, die bei der Geburt des Mädchens gewissermaßen schon bereit steht. Wie sie diese Aufgabe ausfüllt, bleibt ihr überlassen, auf jeden Fall aber bekommt sie Anerkennung, wenn sie ihre umfassenden Arbeiten für die Familie gut macht. Die Familie ist der Rahmen, innerhalb dessen sie arbeitet. Sie erzieht die Kinder, führt den Haushalt, gestaltet das Haus mit kunstvollen Handarbeiten und Blumenschmuck, sie verdient Geld mit einem Laden oder Geschäft oder widmet sich religiösen Aufgaben. All ihre Tätigkeiten machen Sinn im Rahmen der Familie.

Wenn man ein griechisches Dorf aus den Augen der Frauen betrachtet, so ist das Dorf eigentlich weiblich. Alle Häuser gehören den Frauen. Aber irgendwo müssen die Männer sich auch treffen können, wenn sie nach der Arbeit in den Bergen, wo jeder alleine mit seiner Herde oder seinen Gemüsefeldern ist, ins Dorf zurückkommen. Dafür haben sie die Plätze und Kaffeehäuser des Dorfes.

LITERATUR

Krasberg, Ulrike
1989 Tradition und Moderne in Griechenland. Von städtischen Lebensidealen und den Bedingungen des Lebens auf dem Land, von Arbeitsmigranten und dörflicher Heimat. In: Anthropos, S. 433–446.
1996 Kalithea. Männer und Frauen in einem griechischen Dorf. Frankfurt a. M.

Lauth-Bacas, Jutta
1998 Frauentourismus und kultureller Wandel auf der Insel Lesbos (Griechenland). In: Schröter, Susanne (Hrsg.): Körper und Identitäten. Ethnologische Ansätze zur Konstruktion von Geschlecht. Münster, S. 131–147.

Reizakis, Marina
2002 Das weibliche Selbstbildnis auf Chios. Münster.

Kapitel 5: Das Gleichgewicht der Geschlechter

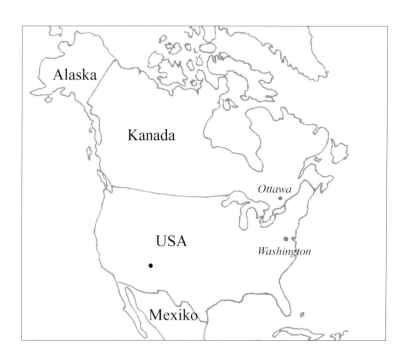

Abb. 1: Gebiet der Hopi-Reservation in den USA.

Die Gesellschaft der Hopi
Eine Welt der Frauen?

Gisela Stappert

EINFÜHRUNG Das Bild von den Indianern Nordamerikas im Allgemeinen, und von den indianischen Frauen im Besonderen, wird seit dem frühen 16. Jahrhundert von zahlreichen falschen Darstellungen und Klischees geprägt, die sich bis zum heutigen Tag hartnäckig in den Köpfen der Menschen der westlichen Welt halten.

Schon in den Berichten und Tagebüchern der europäischen Reisenden, Missionare, Regierungsbeamten und Händler der Kolonialära findet sich eine Vielzahl von stereotypen Vorstellungen über die indianischen Ureinwohner. Einige davon wurden, zum Teil fantasievoll erweitert, in die (Trivial-)Literatur und die visuellen Medien des Films und Fernsehens übernommen. Der romantisch verklärte oder aber mitleidige, in jüngerer Zeit auch ökologisch bzw. esoterisch besetzte, jedenfalls den realen gesellschaftlichen Verhältnissen wenig entsprechende Blick, mit dem die Indianer, zumindest im Westen, bis heute betrachtet werden, verdeckt die Vielfalt und Dynamik der indianischen Kulturen des vergangenen und gegenwärtigen Nordamerikas.

Das Bild der indianischen Frau beschränkt sich dabei im Wesentlichen auf zwei stereotype Figuren: Während die »Indianerprinzessin«, meist in Person einer Häuptlingstochter, weibliche Schönheit, Anmut und Tugendhaftigkeit versinnbildlicht und idealisiert, steht die *Squaw*[1] als rechtlose Arbeitssklavin und Liebesdienerin des Mannes für die vermeintlich generelle Diskriminierung und Erniedrigung der indianischen Frau. Die *Squaw* bildet somit das negative Pendant zur edlen »Indianerprinzessin«. Solche Darstellungen, ob in der Literatur oder im Film, ignorieren stammesspezifische[2] Unterschiede ebenso wie historische Entwicklungen, also zwei wesentliche Kriterien für die Definition von Geschlechterrollen und Geschlechtsidentitäten.

---

1 Das Wort *Squaw* stammt aus der Sprache der Narraganset-Indianer, einer Algonkin-Gruppe im Waldland des östlichen Nordamerikas, und bedeutet ursprünglich »Frau«. Erst im Laufe des 19. Jahrhunderts erhielt es eine negative Wertung im Sinne von »Hure« und stellt somit heute für jede indianische Frau eine Beleidigung dar.
2 Der Begriff *Stamm* gilt in der deutschen Ethnologie als negativ bewertet und wird daher abgelehnt. Im englischsprachigen Raum wird der Begriff jedoch weiterhin verwendet. Da die Hopi sich auch selbst als Stamm bezeichnen, wird der Begriff hier beibehalten.

Auch der in den 1960er Jahren in der westlichen Welt entstandenen Frauenbewegung, die offene und versteckte stereotype Frauenbilder in Literatur und Medien kritisch untersucht hat, gelang es nicht immer, den ethnozentrischen[3] Blick auf Frauen in nicht-westlichen, indigenen Kulturen zu vermeiden. Zu gern sahen man *und* frau die Frau als das vom Mann unterdrückte Wesen, und übersahen dabei häufig die Vielfalt und Komplexität sowie den sich mancherorts vollziehenden Wandel der gesellschaftlichen Strukturen. Die Vorstellung von einem gleichberechtigten Geschlechterverhältnis schien gar utopisch zu sein.

Meine Darstellung der Rolle der Geschlechter bei den Hopi versucht in mehrfacher Hinsicht, Gegenbilder zu landläufigen Vorstellungen über Geschlechterordnungen und Geschlechterbeziehungen aufzuzeigen. So bildet das Geschlechterverhältnis der Hopi zum einen tatsächlich einen Gegensatz zu patriarchalischen[4], darunter auch vielen westlichen Gesellschaften. Zum anderen widerlegt es die Annahme von der vermeintlich weltweit unterdrückten Stellung der Frau. Und schließlich wird sich zeigen, dass der reale Alltag der Hopi-Frauen weder der in Literatur und Film vermittelten Lebenswelt der »Indianerprinzessin« noch jener der *Squaw* entspricht.

Das ausgewogene, ja, egalitäre Geschlechterverhältnis der Hopi soll im Folgenden anhand einer Gegenüberstellung der wichtigsten Aufgaben und Funktionen von Männern und Frauen in zentralen gesellschaftlichen Institutionen verdeutlicht werden. Hierbei handelt es sich um den Klan[5], den Haushalt, den Dorf- bzw. Stammesrat sowie um die Kultgemeinschaften[6]. Auch angesichts einschneidender gesellschaftlicher Veränderungen[7], mit denen die Hopi seit Beginn der Reservationszeit im Jahre 1882 konfrontiert wurden, hat sich ihr traditionelles Werte- und Normsystem bis heute weitgehend erhalten.

Grundlage für das egalitäre Geschlechterverhältnis der Hopi bildet ihre matrifokale Gesellschaftsordnung, wonach Frauen, vor allem Mütter, entsprechend der etymologischen Bedeutung des Begriffs *matrifokal* (abgeleitet von *mater* = Mutter und *focus* = Zentrum, Schwerpunkt), im sozialen und ökonomischen Gefüge des in mütterlicher Linie strukturierten Verwandtschaftssystems, eine zentrale Rolle spielen. Matrifokale Gesellschaften zeichnen sich – im Gegensatz

---

3 *ethnozentrisch* = nach Maßstäben der eigenen (in diesem Falle europäischen) Kultur.
4 *patriarchalisch* = von Männern, insbesondere Vätern, dominiert.
5 *Klan* = Verband aus mehreren Familien mit einem gemeinsamen Vorfahren.
6 Der Begriff *Kultgemeinschaft* hat nichts mit sektiererischen Gruppierungen zu tun, sondern bezieht sich hier auf Gruppen, die bestimmte rituelle Anlässe gemeinsam begehen.
7 Zu den tiefgreifendsten Einschnitten in die traditionellen indianischen Kulturen Nordamerikas zählten der Einstieg in die Geldwirtschaft, die Lohnarbeit, die Einführung der englischen Sprache als Schul- und Verwaltungssprache, die Bevorzugung der Kleinfamilie mit eigenständigem, neutralem Wohnsitz sowie der Missbrauch von Alkohol und Drogen.

zu *patrifokalen* Gesellschaften (*pater* = Vater) – oftmals nicht durch einen ausgeprägten Dominanz- und Machtanspruch des einen Geschlechts aus, sondern durch eine auf Kooperation und gegenseitige Unterstützung bedachte Beziehung zwischen Männern und Frauen.

Zusammenarbeit und gegenseitige Hilfeleistung bilden seit Jahrhunderten die Stützpfeiler des Wertesystems der Hopi. Das Überleben des Einzelnen wäre ohne die selbstverständliche bzw. obligatorische Unterstützung, vor allem seitens der Klanverwandten, oftmals nicht möglich gewesen. Dieses auf Wechselseitigkeit und Kooperation basierende soziale Beziehungsnetz der Hopi wurde auch auf das Geschlechterverhältnis übertragen, wobei bis heute viel Wert darauf gelegt wird, dass das eine oder andere Gefälle im Macht- und Kompetenzbereich von Männern und Frauen durch eine entsprechende Verteilung von Macht und Kontrolle, von Einfluss und Prestige in den wichtigsten gesellschaftlichen Institutionen ausgeglichen wird.

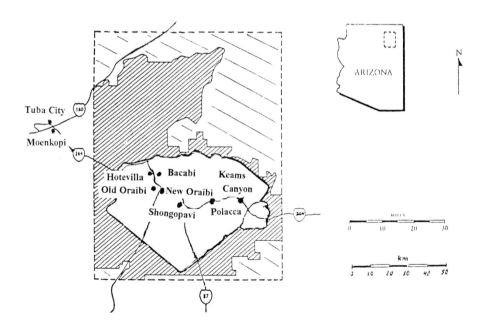

Abb. 2: Die Hopi-Reservation im nordöstlichen Arizona. Der gestrichelte Teil zeigt das Areal der benachbarten Navajo.

Abb. 3: Ansicht des Dorfes Shipaulovi, Zweite Mesa, 1990.

Die Hopi gehören zu den Pueblo-Indianern im Südwesten Nordamerikas. Die heute rund 10.000 Menschen umfassende Bevölkerung verteilt sich auf 12 Dörfer, die sich auf bzw. unterhalb der drei Tafelberge (*mesas*) des 1.800 bis 2.000 Meter hoch gelegenen Colorado-Plateaus im Nordosten des heutigen US-Bundesstaates Arizona befinden. Trotz ihres wüstenähnlichen, regenarmen Lebensraumes sind die Hopi bis heute Bodenbauer geblieben, die Mais, Kürbisse, Bohnen und Sonnenblumen anbauen. Seit sie in Kontakt zu EuropäerInnen stehen (ab dem 16. Jahrhundert), haben sie ihre Anbaupalette um Wassermelone, Kohl, Zwiebel, Chili und Rübe sowie um verschiedene Obstsorten wie Kirsche, Pfirsich, Apfel, Birne und Aprikose erweitert. Die Jagd und das Sammeln von Wildpflanzen sorgten für zusätzliche Nahrungsmittel. Im 20. Jahrhundert wurden die traditionellen Wirtschaftsressourcen der Hopi durch Lohnarbeit, Haltung von Schafen, Ziegen und Rindern sowie den Verkauf kunsthandwerklicher Erzeugnisse aus Töpferei, Korbflechterei, Silberschmiedekunst, Weberei und Holzschnitzerei ergänzt.

DIE ROLLE DER FRAU IN DEN WERTVORSTELLUNGEN DER HOPI

Aufgrund der lebenswichtigen Bedeutung von Wasser für das Wachstum und Gedeihen der Pflanzen konzentriert sich das komplexe, auf den jährlichen Agrarzyklus abgestimmte Zeremonialsystem der Hopi auf den Regen und damit auf die Fruchtbarkeit von Pflanzen, Tieren und Menschen. Es liegt also nahe, der Frau als lebengebendes und nährendes Wesen in Mythologie, Religion und Ideologie sowie im alltäglichen Leben der Hopi eine elementare Rolle zuzuschreiben. Schon die Begriffe »Frau« und »Weiblichkeit« sind grundsätzlich positiv besetzt und waren im Gegensatz zur westlichen Kulturgeschichte zu keiner Zeit mit negativen Wertvorstellungen verbunden.

DER WEIBLICHE KÖRPER UND DIE ENTSCHEIDUNG ÜBER NACHKOMMENSCHAFT Die Hopi kennen keine Menstruationstabus, also Gebote und Verhaltensweisen, die eine Frau aufgrund der potenziellen Gefährdung ihres Menstruationsblutes befolgen muss. Auch wird die Menstruation nicht ausdrücklich zur »Frauensache« erklärt, noch öffentlich vermieden, darüber zu sprechen, wie wir dies aus unserer eigenen Kultur kennen. Bekommt ein Mädchen zum ersten Mal ihre Periode, findet ihr zu Ehren und als Zeichen ihres beginnenden Erwachsenenwerdens (und ihrer Fruchtbarkeit) ein öffentliches, vier Tage dauerndes Maismahlen statt, das mit einem Festessen im Familienkreis beendet wird. Ihre eigentliche Jugendweihe haben die Mädchen in diesem Alter schon hinter sich, denn Mädchen und Jungen werden bereits im Alter von sechs bis zehn Jahren in den *Kachina*- oder *Powamuy*-Bund[8] aufgenommen, wo sie Schritt für Schritt auf ihre zahlreichen zeremoniellen Pflichten vorbereitet werden.

Hopi-Frauen entscheiden selbst, ob und wann sie Kinder bekommen möchten. Zwar versuchen auch die Hopi, wie alle Völker dieser Welt, diesbezüglich einen gewissen Druck auf Frauen auszuüben, denn schließlich geht es darum, die eigene Kultur und das damit verbundene Kulturgut für die nachfolgenden Generationen zu bewahren. Letztlich jedoch, und das ist der entscheidende Faktor, wird die persönliche Entscheidung einer Hopi-Frau akzeptiert, auch dann, wenn sie beschließen sollte, keine Familie zu gründen. Dies ist gerade angesichts der dörflichen Strukturen der Hopi, die dem Einzelnen keine Anonymität zugestehen und wo Klatsch und Tratsch an der Tagesordnung sind, ja, mitunter gezielt als gesellschaftliche Kontrollmechanismen eingesetzt werden, besonders hervorzuheben.

DIE FRAU IM HAUSHALT UND IM KLAN Die kleinste, wirtschaftlich und sozial jedoch bedeutendste gesellschaftliche Einheit ist der Haushalt, dessen Führung in den Händen der »ältesten Frau« liegt, die auch das Besitzrecht über das Haus und den Hausrat hat. Traditionsgemäß zieht ein junger Mann nach seiner Hochzeit zur Familie seiner Frau und stellt dort fortan seine Arbeitskraft zur Verfügung. Als Haushaltsvorstand fungiert entweder die (Ur-)Großmutter

---

[8] Traditionelle Vereinigungen mit sozialen und religiösen Aufgaben.

seiner Frau oder seine Schwiegermutter. Weitere Familienmitglieder sind alle anderen Töchter und Schwiegersöhne der »ältesten Frau« und deren Kinder, unverheiratete Töchter, Söhne und Brüder sowie ihre Schwestern und deren Ehemänner. Aus der Sicht des Mannes wird der Haushalt somit sein ganzes Leben lang von Frauen bestimmt, zunächst von seiner (Ur-)Großmutter, Mutter, Tante oder Schwester, nach seiner Heirat von der (Ur-)Großmutter seiner Frau, seiner Schwiegermutter oder Ehefrau, und im Alter schließlich von einer seiner Töchter oder Enkeltöchter.

Abgesehen von den rein persönlichen Besitztümern gehörte einem Mann, der im Haushalt seiner Frau lebte, ursprünglich nichts. Dies änderte sich mit dem Aufkommen der Lohnarbeit zu Beginn des 20. Jahrhunderts. Viele Männer beanspruchen heute ihren Verdienst für sich und stellen ihn im Gegensatz zu den Regeln des traditionellen Verteilungssystems nicht dem Haushaltsvorstand zur Verfügung. Dieser zweifellos gravierende Einschnitt in das Wirtschaftssystem der Hopi wird insofern abgeschwächt, als seit etwa 1945 auch immer mehr Frauen über ein eigenes Einkommen verfügen, das sie in gewissem Maße unabhängig von männlicher Arbeitskraft macht. Die Einkünfte der Frauen resultieren dabei sowohl aus Arbeitsverhältnissen, denen sie aufgrund ihrer zahlreichen familiären Verpflichtungen vorzugsweise vor Ort, also auf der Reservation, nachgehen (z.B. bei der Stammesregierung und -verwaltung, im Gesundheitswesen, in den Schulen), als auch aus dem Verkauf ihrer Ton- und Korberzeugnisse.

Neben den traditionellen weiblichen Tätigkeiten des Gartenbaus, des Sammelns von Wildpflanzen, der Töpfer- und Korbflechtkunst sowie der Kinderbetreuung, zählen zu den täglichen Aufgaben einer Hopi-Frau die Pflege und Instandhaltung des Hauses und des Hausrats, die Nahrungszubereitung, einschließlich der Vorratshaltung, die Versorgung der meist vielköpfigen Familie sowie all jener Gäste, die bei den zahlreichen festlichen Anlässen der Hopi zugegen sind. Im Gegensatz zur westlichen Welt ist dieses umfassende Tätigkeitsfeld der »Hausfrau« bei den Hopi gesellschaftlich hoch angesehen. Kein Mensch, und insbesondere kein Mann, käme auf die Idee, die Haushalts- und Familienpflichten der Frau als minderwertig abzustufen.

An der Spitze von jedem der insgesamt rund vierzig hierarchisch strukturierten *Klane* (Familienverbände) der Hopi, die sich jeweils aus einer oder mehreren *Lineages* (Blutsverwandtschaftsgruppen) zusammensetzen, stehen eine Frau und ein Mann, die Verwandte sind: die Klanmutter und einer ihrer Brüder, Onkel oder Söhne. Ihre Kompetenzen beziehen sich sowohl auf den zeremoniellen als auch auf den politischen und wirtschaftlichen Bereich. So können beide beispielsweise als Zeremonialleiter fungieren. Während die Verantwortung für wichtige Zeremonialobjekte, wie z.B. für die Klanmaske, die

Klanmutter trägt, vertritt ihr Bruder, Onkel oder Sohn den Klan hinsichtlich dörflicher, stammespolitischer oder überregionaler Belange auf politischer Ebene. Über die ökonomischen Ressourcen der Hopi, d.h. über die Felder und Gärten und deren Erträge sowie über das Vieh, verfügen ebenfalls die Matriklane.[9]

MÄNNERBÜNDE, FRAUENBÜNDE UND DAS ZUSAMMENWIRKEN DER GESCHLECHTER IN ZEREMONIEN Abgesehen von den drei Frauenbünden *Maraw, Owaqol* und *Lakon*, die sich vornehmlich dem Erntedank, dem Wetter und der Fruchtbarkeit widmen, liegt die Organisation des Zeremonialjahres in den Händen der vier wichtigsten Männerbünde, des *Taw-, Al-, Kwan-* und *Wuwuchim*-Bundes. Auch bei den für die Hopi so bedeutenden *Kachina*-Zeremonien stehen Männer im Mittelpunkt des Geschehens, denn die *kachinas*[10] werden ausschließlich von Männern verkörpert. Dennoch sind die Frauen keineswegs von den Tänzen ausgeschlossen. So kommt ihnen beispielsweise die Aufgabe zu, die *kachinas* mit sakralem Maismehl zu segnen sowie die großen Mengen an Speisen zuzubereiten, welche für die an den Feierlichkeiten teilnehmenden Gäste und ZuschauerInnen benötigt werden. Letzteres wird nicht, wie man aus westlicher Sicht meinen könnte, als ein »Bedienen« der Gäste und Tänzer angesehen, sondern als eine hoch geschätzte soziale und rituelle Handlung.

Abb. 4: Korbtanz des *Lakon*-Frauenbundes mit einer der beiden Zeremonialleiterinnen in der Mitte, Walpi, Erste Mesa, ca. 1910. (Wegen des wiederholten Missbrauchs dürfen die Zeremonien der Hopi heute nicht mehr fotografiert werden.)

---

9 *Matriklan* = Verband von Familien, die in mütterlicher Linie miteinander verwandt sind.
10 *Kachinas* sind die Ahnengeister der Hopi, die als Regenbringer und Vermittler zwischen den Gottheiten und den Menschen fungieren.

EXKURS: DIE EINBINDUNG DES KUNSTHANDWERKS DER HOPI IN ZEREMONIEN Das Kunsthandwerk erfüllt zweifelsfrei eine bedeutende wirtschaftliche Funktion. Doch darüber hinaus verknüpft sich mit der traditionellen Töpfer- und Korbflechtkunst der Frauen, ebenso wie mit der Web-, Holzschnitz- und Silberschmiedekunst der Männer, zugleich ein wichtiger kultureller Aspekt.[11] Körbe und Töpfe werden heute nicht nur zum Verkauf bzw. für die regelmäßig im Südwesten der USA stattfindenden indianischen Kunstwettbewerbe und Kunstmärkte hergestellt, sondern nach wie vor für den eigenen Gebrauch im Haushalt sowie für soziale und rituelle Zwecke.

Wesentlich stärker als die Töpferei erfordern die in Spiralwulst- und Weidenflechttechnik gefertigten, oftmals aufwendig verzierten Körbe die Zusammenarbeit der Frauen, denn für viele Zeremonien, wie z. B. Geburt und Namengebung eines Kindes, Pubertätsweihe, Hochzeit und Bestattung sowie für verschiedene rituelle Tänze, werden enorme Mengen von Körben benötigt. Bei den Abschlussfeierlichkeiten zweier von Frauenbünden organisierten Feste beispielsweise werfen die Tänzerinnen farbenprächtige Korbschalen mit einem lauten Schrei in die umstehende Zuschauermenge, wobei sie versuchen, die Körbe den Männern aus dem väterlichen Klan zukommen zu lassen. Auf diese Weise erfährt nicht nur die Beziehung unter den Klanverwandten, d.h. insbesondere jene zwischen dem Klan der Mutter und dem des Vaters, eine rituelle Bekräftigung, sondern auch jene zwischen den Geschlechtern. Beiden Beziehungskonstellationen wird ein latentes Konfliktpotenzial zugeschrieben, welches es durch solche rituelle Praktiken zu entkräften gilt.

Eine vergleichbare soziale und kulturelle Funktion erfüllen die *kachina*-Figuren, die traditionsgemäß von Männern geschnitzt werden. Die *kachinas* werden sowohl von Maskentänzern bei den von Dezember bis Juli regelmäßig in den Hopi-Dörfern stattfindenden *kachina*-Tänzen dargestellt als auch in Form der aus Pappelholz geschnitzten Figuren. Dabei spielen die *tithu* (Sg.: *tihu*), so der Hopi-Terminus für die *kachina*-Figuren, neben ihrer kommerziellen Bedeutung auf dem indianischen Kunstmarkt im Zeremonialkomplex der Hopi eine zentrale Rolle. Aufgrund der ihnen zugeschriebenen fruchtbarkeitsfördernden Substanzen werden sie während der *kachina*-Tänze den Mädchen als Geschenke überreicht, um die besondere Verbindung zwischen beiden leben-spendenden Wesen, den *kachinas* und den Frauen, zu unterstreichen. Die

---

[11] Hierin dürfte trotz aller gesellschaftlicher und technischer Veränderungen ein Hauptgrund für die bis heute ungebrochene Kontinuität und Weiterentwicklung des traditionellen Kunsthandwerks liegen. Dies gilt im besonderen Maße für die Töpferei und die Korbflechterei, denn beide Kunstformen wurden schon in prähistorischer Zeit unmittelbar mit der weiblichen Geschlechterrolle assoziiert.

Tatsache, dass in erster Linie Männer aus dem Klan des Vaters die Figuren überreichen, z.B. ein Vater bzw. Onkel an die Tochter oder Nichte, ist erneut als rituelle Bekräftigung der Beziehung zwischen den Klanen und den Geschlechtern, und wenn man so will, auch zwischen den Generationen zu werten.

Ähnliches gilt für die Weberei der Männer, zumindest was die Herstellung bestimmter Weberzeugnisse betrifft, wie z.B. die Brautkleidung. Die aus zwei großen, weißen Baumwollgewändern bestehende Tracht (*manta*) wird entweder von den männlichen Verwandten aus dem Klan des Bräutigams gefertigt, oder – was in den letzten Jahren zunehmend zu beobachten ist – bei professionellen Webern in Auftrag gegeben. Im Gegenzug erhält die Familie des Bräutigams neben größeren Mengen an Lebensmitteln und Maismehl, eine umfangreiche Palette an Körben, welche ihrerseits von den weiblichen Verwandten der Braut geflochten wurden.

Abb. 5: Traditionelle Brautkleidung der Hopi. Die zusammengerollte Riedgrasmatte in den Händen der Frau dient zur Aufbewahrung der *manta*, ca. 1965, Heard Museum, Phoenix.

Abb. 6: Raymond Lomahaytewa, Schnitzer aus Mishongnovi, Zweite Mesa, bei der Anfertigung einer *Shalako-kachina*-Figur, 1990.

DIE POSITION DES MANNES IM POLITISCHEN BEREICH Die zentrale Position der Frau im sozialen Bereich der Hopi wird durch die Führungsrollen des Mannes auf Dorf- und Stammesebene sowie im Zeremonial- und *kachina*-Komplex ausgeglichen.

Die Ältestenräte der ursprünglich politisch autonomen Dörfer setzen sich ausschließlich aus Männern der wichtigsten Klane zusammen. Während einige von ihnen das Amt des Klanältesten innehaben, fungieren andere als Zeremonialleiter einer Kultgemeinschaft. Das Dorfoberhaupt, der so genannte *kikmongwi*, der als politische und geistige Führungskraft zu verstehen ist, stammt dabei immer aus der jeweils führenden *Lineage* des ranghöchsten Klanes eines Dorfes.

Im Jahre 1936 richtete die Regierung der USA auf allen Indianerreservationen eine zentrale politische Instanz ein, den Stammesrat, der nach US-amerikanischem Vorbild strukturiert ist, und somit u. a. nach demokratischen Mehrheitsbeschlüssen entscheidet. Dies entspricht weder den traditionellen politischen Strukturen der Hopi noch den der meisten anderen Indianerstämme, denn früher wurde solange über einen Streitpunkt diskutiert, bis ein für alle Beteiligten akzeptabler Kompromiss gefunden war. Seit Mitte der 1970er Jahre nimmt der Anteil der Frauen im Hopi-Stammesrat zu, das Amt des Stammesratsvorsitzenden ist bislang allerdings einem Mann vorbehalten. Auf der Hopi-Reservation bestehen heute beide politischen Organisationen, der Stammesrat und die Ältestenräte der Dörfer, parallel nebeneinander.

ZUSAMMENFASSUNG Aufgrund der stets auf Ausgewogenheit bedachten Aufgaben- und Machtverteilung zwischen Männern und Frauen muss das Geschlechterverhältnis der Hopi als gleichberechtigt bezeichnet werden. Dies heißt nicht, dass es keine Konflikte zwischen den Geschlechtern gegeben hat und gibt. Doch gerade weil sich die Hopi der menschlichen Schwächen von Neid, Eifersucht und Missgunst bewusst sind sowie stets die Gefahr politischer Intrigen auf Klan-, Dorf- und Stammesebene berücksichtigen, versuchen sie, dieses Konfliktpotenzial durch regelmäßige, der Harmonisierung und Beschwichtigung dienende Rituale im sozialen und zeremoniellen Bereich zu entschärfen. Auch wenn einige Hopi-Männer mir gegenüber[12] ihre Kultur mit leicht ironischem Unterton kurz und prägnant als eine »Welt der Frauen« beschrieben haben (»*this is a women's world*«), handelt es sich letztlich um eine der, weltweit gesehen, wenigen Gesellschaften, die sich durch eine egalitäre Geschlechterbeziehung auszeichnen.

---

[12] Die Verfasserin hat im Jahre 1990 auf der Hopi-Reservation eine sechsmonatige Feldforschung zum Thema »Kunst und Ästhetik der Hopi-Indianer« durchgeführt, siehe Stappert 1992.

LITERATUR

Dockstader, Frederick J.
1979 Hopi History, 1850–1940. In: Ortiz, Alfonso (ed.): Handbook of North American Indians, Bd. 9. Washington, S. 524–532.

Hartmann, Horst
1978 Kachina-Figuren der Hopi-Indianer. Berlin.

Schlegel, Alice
1977 Male and Female in Hopi Thought and Action. In: Schlegel, Alice (ed.): Sexual Stratification: A Cross-Cultural View. New York, S. 245–269.
1979 Sexual Antagonism Among the Sexually Egalitarian Hopi. In: Ethos 7, 2, S. 124–141.

Stappert, Gisela
1992 Kunst und Ästhetik der Hopi-Indianer. Eine geschlechtsspezifische Betrachtung. Bonn.
1995 Hopi Arts and Crafts in the 20th Century: Traditional Gender Roles in Transition. In: European Review of Native American Studies, 9, 1, S. 15–22.
1997 Geschlecht und Identität im Kunstschaffen der Hopi. In: Völger, Gisela (Hrsg.): Sie und Er. Frauenmacht und Männerherrschaft im Kulturvergleich, Bd. 2. Köln, S. 213–218.

Whiteley, Peter M.
1988 Deliberate Acts: Changing Hopi Culture Through the Oraibi Split. Tucson.

Wright, Barton; Gaede, Marc und Marnie Gaede (eds.)
1986 The Hopi Photographs: Kate Cory, 1905–1912. La Cañada.

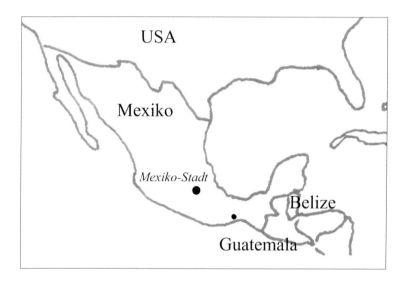

Abb. 1: Das Gebiet der Zapotheken am Isthmus von Tehuantepec / Mexiko.

Die »mächtigen« Frauen von Juchitán
Geschlechtergeflecht in Ökonomie,
Kultur und Spiritualität

Cornelia Giebeler

EINLEITUNG Im Süden von Mexiko am Isthmus von Tehuantepec leben Frauen, die in ganz Mexiko für ihre Schönheit, ihre Kraft und ihre Durchsetzungsfähigkeit berühmt sind. Es sind die Frauen der Zapoteken, die bereits vor der Kolonisierung Mexikos im 15. Jahrhundert hier ansässig waren. Die Zapoteken haben sich bis heute ihre eigene Kultur, Sprache und Weltanschauung erhalten. Frauen und Männer übernehmen hier bestimmte zugewiesene Rollen, und beide Geschlechter übernehmen feste Aufgaben und Arbeiten in der Gesellschaftsorganisation.[1] Es handelt sich hier um eine – wie Ilse Lenz es genannt hat – *geschlechtssymmetrische* Gesellschaftsorganisation. Das bedeutet, dass Frauen und Männer zwar unterschiedliche Aufgaben in der Gesellschaft übernehmen, aber diese Aufgaben gleich bewertet werden. Auch wenn in Juchitán Männer vorwiegend im lokalen Parlament vertreten sind und Frauen fast ausschließlich den Markthandel betreiben, heißt das nicht, dass Männer mehr zu bestimmen hätten.[2] Beide Geschlechter können ihre Einflussmöglichkeiten in der Gesellschaft geltend machen. »*Hay que respectarlas*«, »*man muss sie respektieren*«, sagen die Mexikaner zu den Frauen Juchitáns. Woran zeigt sich der Respekt, den die Frauen Juchitáns erfahren, und wie kommt es, dass ausgerechnet in einem Land wie Mexiko, in dem der *Machismo*, also der Männlichkeits-»Kult«, seine Blüten treibt, ein Fleck Erde existieren soll, in dem die Frauen respektiert werden und darüber hinaus »mächtig« sind? Und worin zeigt sich diese »Macht« der Frauen?

Dieser Frage soll hier auf einer persönlichen, zwischenmenschlichen, organisatorischen und strukturellen Ebene von »Macht« nachgegangen werden.

DIE AUTHENTISCHE ›JUCHITECA‹: ERSCHEINUNGSBILD UND PERSÖNLICHE PRÄSENZ Wir erkennen sie von weitem, gleich in welchem Teil Mexikos wir uns gerade befinden. Sie fallen auf. Ihre langen Röcke, entweder ein *enagua*, ein glatter Wickelrock, oder eine *rabona*, ein gestufter langer Rock mit

---

1 Lenz / Luig 1990.
2 Giebeler 1994 b.

Abb. 2: Juchitecas in ihren bestickten Blusen *(huipil)*.

Rüschen am unteren Ende, werden ergänzt durch den bunten *huipil*, die Bluse, die aus einem geraden Stück Stoff besteht, reich verziert durch verschiedene Techniken der Stickerei. Die Vielfalt und handwerkliche Variation des Textilen ist außergewöhnlich und hat verschiedene Wurzeln. »Tracht« ist keine immer schon getragene traditionelle Kleidung, sie unterliegt ebenso Moden wie die moderne Kleidung, die wir nicht als »Tracht« bezeichnen, auch wenn sie durchaus ähnliche Funktionen in der Gesellschaft übernimmt. Die zapotekische Tracht hat auch französische und asiatische Wurzeln.

Die langen schwarzen Haare sind zu Zöpfen geflochten, die manchmal hochgesteckt sind und manchmal mit bunten Bändern durchwoben bis weit auf den Rock herabfallen. Nie sieht man eine allein – immer sind sie in Gruppen beisammen und meistens wird geredet, gelacht und gegessen. In Juchitán bahnen sich die von weitem so groß erscheinenden, stattlichen Frauen ihren Weg durch den im Winter pfeifenden Nordwind oder die im Sommer herabprasselnden Wolkenbrüche. Im Wind fliegen die Röcke, schon manches Mal vermochte der Orkan Menschen durch die Straßen zu wirbeln. Wenn die Regengüsse die Straßen überschwemmen, waten die *tecas*, wie sie auch genannt werden, bis zu den Waden im Fluss, der noch vor ein paar Stunden eine Straße war. Breitbeinig bewegen sie sich voran – niemals hastig, niemals in Eile. Die Füße stecken in *huarachas*, den hier hergestellten Ledersandalen oder in Gummischuhen. Auf dem Kopf transportieren sie ungeheure Körbe, die oft bis zum Rand gefüllt sind. Die stabilen Plastiktaschen baumeln im Ellbogen. Die Armöffnung des *huipil*, ihrer Bluse, ist eng bemessen. Die Oberarme quillen aus dem Stoff hervor, kräftig wie sie sind. Der Rock ist achtlos zusammengebunden. Damit seine Länge nicht stört, wird er in das Taillenband hochgesteckt, um mehr Fußfreiheit zu lassen. Dann blitzt unter dem Rock der weiße Unterrock hervor, der manchmal bis zu den Knöcheln reicht und manchmal nur bis zu den Waden. Am Ohr einer *teca* hängt immer ein Schmuckstück, meistens aus Gold, manchmal mit Steinen versehen. Um den Hals trägt sie eine Kette, manchmal ein Amulett, häufig eine Kette aus Gold und gelegentlich aus *fantasía*, aus Blech, und die Haare schmückt eine Blüte, frisch gepflückt oder gerade von einer der Blumenfrauen gekauft, die in großer Zahl den *Parque Central,* den Park, vor dem *Palacio,* dem Rathaus, bevölkern.[3]

KLEIDUNG UND PERSÖNLICHE PRÄSENZ Das äußere Erscheinungsbild der Juchitecas zeigt eine persönliche und kulturell vermittelte Würde. Die Körperhaltung ist aufrecht, das Frau-Sein wird durch die einheimische Tracht unterstrichen – eine Weiblichkeit, in der »Dick-Sein« schön ist und der Körper Kraft und Stärke ausdrückt. Der Gang der Juchiteca ist aufrecht, und sie weicht nicht von ihrem Weg ab.

So sind männliche Besucher aus Europa und auch Mexikaner aus anderen Gegenden immer wieder überrascht, wenn keine der ihnen entgegenkommenden kleinen runden Frauen den Weg freigibt. Kulturelle Muster, in denen Frauen auf der Straße eher Männern ausweichen als umgekehrt, sind hier unbekannt und führen zu Irritationen.

Die traditionelle Tracht unterstreicht die persönliche Präsenz einer Juchiteca. Die reich verzierte Festtracht demonstriert ihren persönlichen Reichtum und ihre Fähigkeit, sich angemessen zu kleiden. Die Festtracht besteht aus den gleichen Elementen wie die alltägliche Tracht. Rock und *huipil* jedoch sind reich mit Blüten handbestickt. Der Stoff besteht aus Samt oder aus durchsichtiger Gaze, die den Unterrock zur Sicht frei gibt. Der Rock wird immer über baumwollenen, oben eng gekräuselten Spitzenunterröcken getragen. Am unteren Ende des reich verzierten Rockes schwingt der *holán,* ein fein gefältelter, weißer Spitzenbesatz von 15 bis 20 Zentimetern, der den Boden berührt. Die alten Frauen und ebenso die jungen Mädchen sind stolz darauf, eine der kostbaren, reich bestickten Trachten zu besitzen, und letztere wechseln bei entsprechen-

---

3 Giebeler 1994a.

den Anlässen problemlos zwischen Minirock oder Shorts und der einheimischen Tracht.

Es sind hier die Frauen, die die kulturelle Identität der Zapoteken durch ihre Tracht symbolisieren. Aggressiv wehren sie sich gegen die Bezeichnung »Indio«, wie überall in Mexiko, denn »Indio« wird als Schimpfwort empfunden. »*Wir sind Zapoteken!*« lautet die selbstbewusste Entgegnung auf die Vereinheitlichung der vorspanischen Völker Mexikos unter den Oberbegriff des »Indianers«.

Mit dieser persönlich starken Ausstrahlung, ihrer Präsenz in der Öffentlichkeit und ihrem stolz getragenen Erkennungszeichen, der Tracht, zeigen Frauen von Juchitán ein Selbstbewusstsein, das sie aus der kulturellen Tradition zapotekischen Frau-Seins beziehen. Ihre körperliche Präsenz demonstriert, dass sie sich von männlichem Dominanzverhalten abgrenzen können.

IM GEFLECHT VERSCHIEDENER GESCHLECHTER Im Straßenbild jedoch erscheinen auch Juchitecas, deren Auftreten beim näheren Kennenlernen irritiert. Beginnen sie zu sprechen, ist die Stimme erstaunlich tief. Sie tragen Tracht, ihr Schritt und Erscheinungsbild ist das einer *teca*, sie bezeichnen sich als Frau. Auch schreiten kurzberockte, langhaarige und stark geschminkte Frauen durch die Straßen, die – oft untergehakt – sich auf den zweiten Blick auch nicht eindeutig einem Geschlecht zuordnen lassen. Es sind die *muxe* – wie sie sich selbst nennen – die in Juchitán eine eigene Rolle einnehmen in der Geschlechterlandschaft. *Muxe* sind nicht Frau, nicht Mann, sie sind *muxe*.[4] Sie sind akzeptiert und gehen ihrer eigenen Arbeit nach, oft als FriseurIn, StickerIn oder als GoldschmiedIn. Häufig bleiben sie im Haushalt der Mutter wohnen und versorgen sie sowie die anderen Kinder. Traditionell gehören sie einfach und selbstverständlich zu der Gesellschaft dazu – genau so wie die *marimachas*. *Marimachas* sind Frauen, die mit Frauen leben und sich selbst als *hombre*, als Mann bezeichnen, insofern also das Modell der Zweigeschlechtlichkeit nicht durchbrechen.[5] Seit sich der Feminismus mit der Frage beschäftigt, ob es wirklich nur zwei Geschlechter gibt – oder es sich in unserer Kultur um »Konstruktionen von Zweigeschlechtlichkeit« handelt[6], die durch soziale und kulturelle Muster entstanden, sind viele Gesellschaften erforscht worden, in denen neben Männern und Frauen auch andere Geschlechterformen gelebt werden, die sich nicht in die bei uns geläufigen Kategorien Lesbisch-Sein oder Schwul-

---

4 Borruso 1999.
5 Müller 1994.
6 Hagemann-White 1989.

Sein einordnen lassen. So z. B. in den Anden, wo Ina Rösing eine Gesellschaft mit zehn Geschlechtern beschreibt.[7] Ob es sich hier um dritte, vierte etc. Geschlechter handelt, wie es Bennholdt-Thomsen interpretiert hat, ist mittlerweile zweifelhaft. Es handelt sich hier eher um *andere* Geschlechterräume, die z. B., wie Ina Rösing beschreibt, auf der Geschlechtlichkeit von Besitz und Land basiert und nur wenig mit der Koppelung von kulturellem und biologischem Geschlecht zu tun haben.

In Juchitán ist das Leben der *muxe* in vielen Fällen eng an das ihrer Mutter gekoppelt. Die Mütter sind – nach anfänglichen Konflikten – mit dem Leben ihrer Kinder zufrieden. Ein *muxe* bleibt häufig bei ihnen wohnen und trägt so auch die ökonomische Verantwortung mit.

FRAUEN IN DER POLITIK Auch in den konfliktreichen Auseinandersetzungen der 1970er und 1980er Jahre, in denen sich die politische Bewegung COCEI[8] als soziale Bewegung formierte, haben die Frauen Juchitáns an der Spitze der Bewegung gekämpft. Sie haben Straßensperren errichtet, das Rathaus gestürmt und besetzt, ihre ökonomische Domäne, den Markt, benutzt, um gegen das eingesetzte Militär und die Polizei vorzugehen. Auch wenn sie sich aus der formellen Politik weitgehend heraushalten, lassen sich politische Entscheidungen nicht an ihnen vorbei treffen.

So haben sich z. B. die Frauen bislang erfolgreich zur Wehr gesetzt, wenn im Rathaus versucht wurde, Standgebühren zu erhöhen oder aber im Interesse der Busunternehmen und der AutofahrerInnen die Straße nicht zu sperren, wenn die Marktfrauen dies anlässlich eines hohen Feiertages für notwendig erachteten.[9]

DER MARKT Die Lebenswelten von Frauen und Männern sind in Juchitán geschlechtssymmetrisch verteilt. Die Frauen besetzen einen »eigenen Raum«[10] wie den Markt und die Feste. Sie sind für die Produktion von Essen zuständig und organisieren ein komplexes System gegenseitiger Hilfe und ökonomischer Versorgung, das die Grundlage der zapotekischen Ökonomie bildet. Der Markt befindet sich im Erdgeschoss des Rathauses und in den Straßen rundherum. Die landwirtschaftlichen Produkte stammen zum überwiegenden Teil aus der Region. Die Zapoteken lieben ihre einheimischen Produkte und ziehen

---

7 Rösing 2001
8 COCEI = Coalición de Obreros. Campesinos y Estudiantes del Istmo (Aktionsgruppe südmexikanischer Arbeiter, Bauern und Studenten).
9 Giebeler 1994 b.
10 Giebeler 1994 b

sie den importierten Nahrungsmitteln vor. Die Ernährungslage ist auch deshalb im Vergleich zu anderen Landesteilen relativ gut.[11] Aber es gibt auch Produkte aus allen Landesteilen Mexikos und aus anderen Ländern. Auf dem Markt handeln hauptsächlich Frauen, denn sie sind es, die Produkte aus allen Landesteilen kaufen und hier wieder verkaufen. Sie sind »reisende Händlerinnen« und ziehen nach Guatemala, in die USA und in die Bergregionen von Chiapas und Oaxaca oder auch an das Meer, um die jeweiligen Produkte einzukaufen und auf dem Markt, zu dem täglich Tausende von Menschen strömen, wieder zu verkaufen. Hier liegt eine ökonomische Grundlage der zapotekischen Gesellschaft, die dazu führt, das die Frau in der Familie das Geld verwaltet, die Einkäufe tätigt und die Haushaltsökonomie der eigenen Familie leitet. Neben seiner Bedeutung für die Ökonomie ist der Markt Umschlagplatz für Informationen, Klatsch und Aktivitäten jeder Art. Da Frauen nicht nur verkaufen, sondern auch hauptsächlich als Käuferinnen auftreten, bildet der Markt das Zentrum einer Frauenwelt, in der viele Geschicke der zapotekischen Kleinstadt debattiert und gelenkt werden.

MÄNNERMACHT In der Lebenswelt der Männer spielt neben ihrer Arbeit als Bauer, Handwerker oder Fischer und neben ihren Berufen z.B. in der nahe gelegenen Erdölstadt Salina Cruz die Politik im Rathaus eine Rolle. Traditionell sind sie diejenigen, die die Produkte herstellen, welche ihre Frauen verkaufen. Ihre Arbeitsfelder sind die des Hängemattenproduzenten, des Fischers, des Bauers, des Schuhmachers usw. Beide Arbeitsfelder der Geschlechter werden in Juchitán als gleichwertig betrachtet, wobei allerdings in dem nach wie vor größten Anteil der Familien Frauen über das Geldeinkommen wachen und die Versorgung der Familie in ihren Händen liegt. Das heißt jedoch nicht, dass Ehemänner, Väter oder Brüder keine Entscheidungsmacht besäßen. Sie handeln in ihren gesellschaftlichen Feldern ebenso autonom wie die Frauen. Aus der Frauen-Macht auf Männer-Ohnmacht zu schließen, wäre falsch. Durch die Modernisierung Juchitáns und die Erschließung neuer Arbeitsfelder wird die Rolle der Männer allerdings zunehmend prekär. Viele sind arbeitslos geworden und dadurch von der Handelstätigkeit ihrer Frauen abhängig. Immer mehr Männer, aber auch Frauen, arbeiten in anderen Berufen, da ihnen die traditionelle Fischerei, Landwirtschaft und das Handwerk nicht ausreichen.

KINDERERZIEHUNG Männer und Frauen arbeiten in Juchitán gleichermaßen. Nun mag man sich fragen: Wo bleiben die Kinder? Auf dem Markt jedenfalls

---

11 Giebeler 2004: 278 ff.

sind, im Unterschied zu vielen anderen großen Märkten Lateinamerikas, nur wenige Kinder anzutreffen und wenn, dann sind sie schon so groß, dass sie bei der Arbeit auf dem Markt mitwirken können. Klein- und Kleinstkinder werden zu Hause von den dort produzierenden Männern oder von Tanten, den so genannten *comadres*[12] und größeren Geschwistern versorgt – während die Mütter oft schon kurze Zeit nach der Geburt wieder ihrer Handelstätigkeit nachgehen. Hierdurch werden Kleinkinder von vielen verschiedenen »Müttern« erzogen, die auch als solche bezeichnet werden. Sagt ein Kind: »*Das ist meine Mama*«, heißt das nicht unbedingt, dass es sich um die leibliche Mutter handelt. Es kann auch eine Tante sein, die das Kind versorgt.

DIE FESTKULTUR Das neben dem Marktgeschehen größte Frauenreich ist das der Feste. Pro Jahr finden in Juchitán 36 *velas* statt. *Velas* sind Nachbarschaftsfeste, die zwischen drei und vier Tagen dauern und zwischen 2.000 und 4.000 Besucher anziehen. Organisiert werden diese Feste von Vereinen, in denen jedes Jahr aufs Neue *mayordomas*[13] gemeinsam mit den Paten die Ausgestaltung

Abb. 3: Juchiteca in ihrer Tracht bei einer *vela*.

---

12 *Comadre* = Patin; *compadre* = Pate.
13 *Mayordoma* = Schirmherrin eines Festes.

der Feste prägen. Neben den *velas* werden auch kleinere Familienfeierlichkeiten groß begangen: Geburtstage mit 200 bis 1.000 Eingeladenen sind ebenso normal wie entsprechend große Totenfeiern, Taufen und Hochzeiten. Um Feste zu feiern werden Straßen abgesperrt, Busse und der Autoverkehr werden umgeleitet, Unsummen an Geld und materiellen Gaben während der Feste verbraucht und umverteilt. Brigitte Holzer hat die aufgewendeten Ressourcen einer wohlhabenden Familie zur Taufe ihres Sohnes berechnet. Die Aufwendungen für die Verköstigung der Gäste sind hier genau so hoch wie die für die Verköstigung der Helfenden.[14] Bereits vor dem eigentlichen Fest wird während der Zubereitung der Speisen, des Kühe-, Schweine- und Hühnerschlachtens sowie Zelterrichtens etc. gefeiert. Dann folgt das eigentliche Fest, dem am folgenden Tag – wenn es eine *vela* ist – ein großer Umzug durch die Stadt folgt. Am nächsten Tag dann feiern die Frauen ihr Fest des Töpfe-Waschens, die *lavada*. Feste sind ein Ort sozialer Kohäsion, ein Ort, an dem sich unterschiedlichste Menschen begegnen und miteinander feiern und so die zapotekische Gesellschaft zusammen halten.[15] Die Teilnahme an Festen zeigt das Prestige und den Status vor allem der Frauen und wird zur Bühne, auf der sich die persönliche Macht und Würde der Frauen öffentlich repräsentieren.

Die einheimischen Tänze, die *sones*, werden heute hauptsächlich von Frauen mit Frauen getanzt. Jeder Mann und jede Frau kann die Grundschritte des *son* tanzen, doch nur noch selten sieht man auf den großen *velas* Frauen mit Männern tanzen. Dass Frauen mit Frauen tanzen beschreibt Anya Peterson Royce bereits 1977. Die Stile des Tanzes sind durchaus verschieden, und es wird um die richtige Schrittreihenfolge gerungen. Auf den *velas* von zwei der ältesten Familien des Ortes tanzen weiterhin gemischtgeschlechtliche Paare, und die *sones* werden hier in ihrer komplexen Schrittfolge getanz. Meist jedoch wogen Frauenpaare nach den traditionellen Rhytmen über die Tanzfläche, abgelöst von meist jüngeren Frauen, die sich nach den Rhythmen von Salsa und Merengue bewegen. Die rituelle Organisation der Feste integriert die Mädchen und Frauen in die öffentliche Repräsentation: Sie halten Ansprachen und Reden, tanzen allein die ersten Tänze und sind auf diese Weise gefordert, frühzeitig eine öffentlich-repräsentative Funktion zu erlernen und zu übernehmen.

---

14 Holzer 1996.
15 Giebeler 2004.

SPIRITUALITÄT UND HEILUNG Ein dritter großer Bereich der Frauen liegt in der zapotekischen spirituellen Kosmologie begründet. Neben der nur notdürftig ausgebauten modernen Medizin existiert ein traditionelles Heilsystem. Kräuterheilkundige, Knocheneinrenker, Hebammen und spirituell Heilende basieren auf der sich seit Jahrhunderten haltenden zapotekischen Alltagskosmologie. 90% aller Geburten werden von Hebammen begleitet, der größte Teil aller Krankheiten von traditionellen Heilerinnen behandelt. Einheimische Krankheiten wie *susto*[16] (der Schreck) oder *envidia*[17] (der Neid) werden durch alltagspraktische magische Rituale behandelt oder durch Heilungsrituale wie die *limpia* (die Reinigung) versucht zu beseitigen.[18]

Neben diesen auf direkte Krankheitszustände abzielenden praktischen Fertigkeiten der zapotekischen Heilerinnen werden auch schwarz- und weißmagische Praktiken angewandt, die das Schicksal beeinflussen. Schwarze Magie z.B. wird beim Verstoß gegen kulturelle Gepflogenheiten gefürchtet, z.B. auch dann, wenn bestimmte Regeln des sozialen Zusammenlebens nicht befolgt werden. So ist es z.B. kulturelle Gepflogenheit, das Essen-Geben durch die Frauen zu respektieren und anzuerkennen. Auf jedem Fest sind es die Gastgeberinnen oder die Patinnen, die Essen an die Gäste verteilen. Es ist selbstverständlich, dass dieses Essen angenommen wird, auch wenn es nicht sofort gegessen werden kann. Ein Verstoß gegen diese Gepflogenheit bedeutet Respektlosigkeit gegenüber der gebenden Frau und kann schwarzmagische Folgen haben. Bei persönlichen Konflikten und Problemlagen werden häufig spirituelle Heilerinnen herangezogen, um gute Entscheidungen fällen zu können. Auch wenn die westliche Medizin versagt hat, werden Heilerinnen aufgesucht, und häufig stehen sie den Betroffenen in schwierigen Lebenslagen positiv bei. Eine spirituelle Verbindung wird vor allem den Frauen von Juchitán zugeschrieben. Sie haben eine direktere Verbindung zum Kosmos und sind z.B. auch bei den Totenfeiern diejenigen, die am häuslichen Altar die sterbliche Seele auf ihrem Weg begleiten. Den Männern ist der Zutritt zur Wohnung des oder der Verstorbenen während des Rituals häufig versagt.

In ihrer persönlichen Authentizität, im Stolz auf ihre kulturellen Wurzeln und im zwischenmenschlichen Respekt der Geschlechter zeigt sich eine Machtdimension der Zapotekinnen, die ihnen in der Face-to-Face-Kommunikation

---

16 *Susto* = Unter diesem Begriff werden Erkrankungen zusammengefasst, die nach Ansicht der Zapoteken (u.a. mexikanischer Volksgruppen) auf den Verlust der Seele zurückzuführen sind.
17 *Envidia* = Diese Erkrankung beruht auf der Vorstellung, dass jemand, der eine andere Person um etwas beneidet, einen Experten beauftragen kann, diese Person mittels bestimmter Praktiken krank werden zu lassen.
18 Giebeler 1998 und 1999.

relevante Entscheidungsmöglichkeiten in ihrer Gesellschaft offen hält. Verknüpft mit der ökonomischen Basis, die sie als Händlerinnen in dieser Gesellschaft innehaben, sind sie in der Lage, ihr eigenes Leben und das ihrer Familien in die Hand zu nehmen und deren Geschicke zu lenken. Dies heißt jedoch nicht, dass ihre Macht sich als dominantes Verhältnis gegenüber Männern äußert. Ihre Ehemänner, die Männer ihrer Familien, die Männer ihres Ortes und der zapotekischen Gesellschaft, werden von den Frauen ebenso respektiert wie umgekehrt. Eine besondere Unterstützung allerdings erfahren sie durch ihre Nähe zur spirituellen Kosmologie. Hier können sie Mächte aktivieren, die innerhalb des Selbstverständnisses der zapotekischen Gesellschaft Einflüsse geltend machen, auf die Männer in der Regel nicht zurückgreifen können.

Im Unterschied zu einem Machtverständnis der westlichen Welt, das auf dem Prinzip der Gleichheit, gleicher Chancen und sozialer Gerechtigkeit basiert, gründet die Macht der Frauen von Juchitán auf ihrer Unterschiedlichkeit und der Differenz zum männlichen Geschlecht. Durch die Mischung aus ökonomischer Selbstständigkeit, der Verfügungsgewalt über Geld und einem Zugang zu materiellen Ressourcen in einer fröhlichen, lebensbejahenden Festkultur und dem Stolz auf die Zugehörigkeit zur kulturellen Tradition der Zapoteken haben sich hier mächtige weibliche Rollen ausprägen können, die im Gegensatz stehen zu den Bildern unterdrückter Frauen in einer Welt des Machismo Lateinamerikas.

LITERATUR

Bennholdt-Thomsen, Veronika
1994 Muxe's, das dritte Geschlecht. In: Bennholdt-Thomson, Veronika (Hrsg.): Juchitán – Stadt der Frauen. Vom Leben im Matriarchat. Reinbek.

Borruso, Marinella Miano
1999 Hombres, Mujeres y Muxe en la sociedad zapoteca del Isthmo de Tehuantepec. Tesis para el doctorado en Antropología, INAH, Mexico. D. F.

Giebeler, Cornelia
1994a La Presencia: die Bedeutung der Tracht. In: Bennholdt-Thomson, Veronika (Hrsg.): Juchitán – Stadt der Frauen. Vom Leben im Matriarchat. Reinbek, S. 173–190.
1994b Politik ist Männersache – die COCEI und die Frauen. In: Bennholdt-Thomson, Veronika (Hrsg.): Juchitán – Stadt der Frauen. Vom Leben im Matriarchat. Reinbek, S. 89–108.
1998 Die autochtonen spirituellen Heilerinnen aus Juchitán / Mexiko im Kontext aktueller Festkultur und historisch spiritueller Symbolgefüge. In: Schröter, Susanne (Hrsg.): Körper und Identitäten. Ethnologische Ansätze zur Konstruktion von Geschlecht. Münster / Hamburg, S. 148–168.
1999 Spiritualität und Frauenmacht. In: Krasberg, Ulrike (Hrsg.): Religion und weibliche Identität. Interdisziplinäre Perspektiven auf Wirklichkeiten. Marburg.
2004 Frauen feiern Feste. Körperkultur und geschlechtliche Beziehungsgestaltung in der zapotekischen Kultur Juchitáns. In: Malz-Teske, Regina und Hannelore Reich-Gerick (Hrsg.): Frauen und Schule gestern – heute – morgen. Kongressdokumentation des 13. Bundeskongresses Frauen und Schule. Bielefeld, S. 271–286.

Hagemann-White, Carol
1989 Wir werden nicht zweigeschlechtlich geboren. In: Hagemann-White, Carol und Maria S. Rerrich (Hrsg.): Frauen-Männer-Bilder. Bielefeld, S. 224–235.

Holzer, Brigitte
1996 Subsistenzorientierung als »widerständige Anpassung« an die Moderne in Juchitán, Oaxaca / Mexiko. Frankfurt a. M.

Lenz, Ilse und Ute Luig
1990 Frauenmacht ohne Herrschaft. Geschlechterverhältnisse in nichtpatriarchalischen Gesellschaften. Frankfurt a. M.

Müller, Christa
1994 Frauenliebe in einer frauenzentrierten Gesellschaft. In: Bennholdt-Thomson, Veronika (Hrsg.): Juchitán – Stadt der Frauen. Vom Leben im Matriarchat. Reinbek, S. 214–228

Peterson Royce, Anya
1977 The Anthropology of Dance. Bloomington und London.

Rösing, Ina
2001 Religion, Ritual und Alltag in den Anden. Die zehn Geschlechter von Amarete, Bolivien. Zweiter Ankari-Zyklus: Kollektivrituale der Kallawaya-Region in den Anden Boliviens. Berlin.

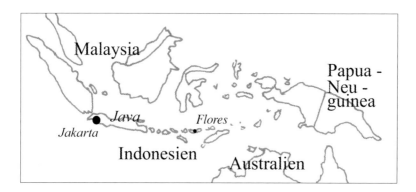

Abb. 1: Die Insel Flores in Indonesien.

Einflussreich trotz Brautpreis
Weberinnen auf der Insel Flores in Indonesien

Willemijn de Jong

EINLEITUNG Matriarchate in dem Sinne, dass Frauen sowohl im Staat als auch in Ehe und Familie über die Männer herrschen, die gibt es nach der neueren ethnologischen Forschung nicht. Die in vielen Gesellschaften vorkommenden Mythen über Frauen, die in früheren Zeiten das Zepter führten, entsprechen nicht der Wirklichkeit. Im Gegenteil, sie dienen eher dazu, die aktuelle Vorherrschaft der Männer zu rechtfertigen.

Hingegen haben Untersuchungen von Sozialanthropologinnen seit den 1970er Jahren zunehmend ans Licht gebracht, dass es Gesellschaften gab und gibt, in welchen die Frauen soviel über sich selber und über andere bestimmen können, dass von einem Machtgleichgewicht der Geschlechter oder von einer Symmetrie der Geschlechter gesprochen werden kann. Dies ist insbesondere der Fall in Jäger- und Sammlergesellschaften und in Bauerngesellschaften, in welchen Frauen ökonomisch eine wichtige Rolle spielen und über zentrale Produkte der Arbeit wie Nahrungsgüter oder handwerkliche Güter nach eigenem Gutdünken verfügen können. In solchen nichtindustrialisierten und meist kleinen Gesellschaften sind die Machtverhältnisse zwischen den Geschlechtern durchaus ausgewogen dadurch, dass wichtige Bereiche (Ökonomie, Politik, Familie), in welchen Frauen und Männer Entscheidungen treffen, sich decken oder sich gleichmäßig ergänzen. Man spricht in diesem Zusammenhang auch von nichtpatriarchalischen[1] Gesellschaften. Bekannte Beispiele dafür sind die Kung im südlichen Afrika sowie die Irokesen und die Hopi in Nordamerika.[2]

In Indonesien bildet das traditionelle Handwerk der Weberei nach wie vor eine wichtige Einnahmequelle für viele Familien auf dem Lande. Die Herstellung, der Verkauf und das Schenken der Textilien ist vorwiegend in den Händen der Frauen. Dies ist die Regel im ärmeren Teil von Ostindonesien, insbesondere auf der Insel Flores. Dort werden kunsthandwerklich hochwertige, da reich mit

---

1 *patriarchalisch* = von Männern, insbesondere Vätern, dominiert.
2 Vgl. dazu die Beiträge von Speeter-Blaudzun und Stappert in diesem Band.

Motiven verzierte *ikat*-Textilien[3] in Form von *sarongs*[4] für Frauen und Schultertücher für Männer angefertigt. Bei meinen ersten Besuchen in Webereidörfern auf Flores Mitte der 1980er Jahre war ich erstaunt, wie selbstbewusst und eigenständig die Weberinnen beim Anpreisen und Verkaufen ihrer Arbeitsprodukte auftraten. Ich fragte mich, wieviel sie im Arbeits- und Familienalltag sowie im Dorfleben wirklich entscheiden können. Dabei vermutete ich, dass sie ziemlich viel zu sagen haben, zumindest im wirtschaftlichen Bereich. Im günstigsten Fall könnte es sich um eine nichtpatriarchalische Gesellschaft mit einem Gleichgewicht zwischen den Geschlechtern handeln.

Nur musste ich befürchten, dass meine Vermutung durch die fehlende Entscheidungsfähigkeit der Frauen im Bereich der Familie widerlegt werden würde. Über die Bevölkerung auf der Insel Flores und im Osten Indonesiens generell ist bekannt, dass für die Frauen bei der Heirat ein Brautpreis bezahlt wird. Nicht nur bei uns im Westen, sogar auf der indonesischen Hauptinsel Java assoziiert man mit dem Begriff »Brautpreis« eine geschäftliche Angelegenheit, bei welcher der Mann für die Frau zahlt und dann mit ihr machen kann, was er will. Die Frau habe dabei keine Rechte und sei deshalb mehr oder weniger eine Sklavin des Mannes. Sogar namhafte feministische Ethnologinnen sind der Meinung, dass der Ehemann durch den Brautpreis nebst dem Recht auf die Kinder und auf die Hausarbeit der Frau auch das Recht auf ihre Arbeitsprodukte erhält. Das heißt, eine Ehefrau wäre nicht in der Lage, eigenständig über die von ihr hergestellten Güter, in diesem Fall Textilien, zu bestimmen.

Zwischen 1987 und 1991 habe ich fast zwei Jahre auf Flores gelebt und geforscht, und danach bin ich jedes zweite Jahr für kurze Besuche hingefahren. Eine der Fragen, die ich klären wollte, war, ob die Webereidörfer der Bevölkerungsgruppe der Lio tatsächlich symmetrische Geschlechterverhältnisse aufweisen oder nicht. Dabei durchleuchtete ich insbesondere die Bereiche der Ökonomie, der Politik, der Rituale und der Familie im Hinblick auf die Entscheidungsmöglichkeiten von Weberinnen und ihrer Ehemänner in einem der renommiertesten Webereidörfern in Zentralflores. Nun werde ich zuerst dieses Webereidorf etwas näher skizzieren, dann wichtige Vorstellungen oder Bilder über Frauen und Männer beleuchten und schließlich die Realität der Geschlechterbeziehungen charakterisieren.

---

3 *ikat* = Färbetechnik für Gewebe, bei der durch spezielle Abbindeverfahren das Garn umwickelt oder abgedeckt wird, um es vor der Färbung zu schützen.
4 *sarong* = Wickelrock indonesischer Frauen und Männer.

DAS WEBEREIDORF Das Webereidorf, das ich vor allem untersucht habe, gehört zu einem der rund zwanzig Dörfer im südlichen Teil von Zentralflores, in welchen nahezu alle Frauen Weberinnen sind. Die Bevölkerungsgruppe nennt sich Lio. Die Zahl der Lio beträgt rund 150.000. Der nördliche Teil dieser ethnischen Gruppe lebt nur von der Landwirtschaft. Wie auch die anderen Bevölkerungsgruppen auf Flores produzieren die Bäuerinnen und Bauern hauptsächlich Mais, Maniok und in geringerem Maße Reis für den Eigengebrauch, kaum für den Markt. Das heißt, die Verdienstmöglichkeiten der Familien sind sehr gering. Im südlichen Teil des Siedlungsgebietes der Lio arbeiten die Männer als Bauern und die Frauen als Weberinnen, weil es in dieser Küstenregion zu trocken ist, um genügend anzubauen, damit die Familie ernährt werden kann. Es sind vor allem die Frauen, die mit dem Verkauf ihrer Webereiarbeit fürs Überleben der Familie sorgen, insbesondere bei Missernten. In diesem Gebiet gibt es schätzungsweise 10.000 Weberinnen.

Das Dorf, das ich erforscht habe, ist ein kulturelles Zentrum der südlichen Lio mit rund 1.100 Einwohnern. In der Dorfmitte befindet sich ein megalithischer Kultplatz für wichtige landwirtschaftliche Rituale und ehemals für Kriegsrituale. Darum herum stehen die Zeremonialhäuser der wichtigsten Familien und dahinter liegen die gewöhnlichen Wohnhäuser. Die Bevölkerung bestand ursprünglich aus zwei kleineren Schichten von Adligen und Sklaven und einer

Abb. 2: Lio-Weberin auf Flores.

größeren Schicht von gewöhnlichen Leuten. Die adligen Familien kreierten und pflegten mit ihrer Gefolgschaft einst ein reicheres Ritualleben als in anderen Dörfern. Die Rangzugehörigkeit spielt bis heute eine Rolle, insofern als die Mitglieder nur unter sich heiraten. Auch gehören die adligen Familien heute meist noch zur Elite. Sie lassen ihr Land durch andere bewirtschaften und haben selber oft eine gesicherte Position als Staatsangestellte. Sie sind also wohlhabender als der Rest der Bevölkerung. Für Bräute werden die höchsten Brautpreise im Gebiet der Lio bezahlt, und als Gegenleistung dazu werden die meisten Textilien geschenkt. Und schließlich stellen die Frauen das größte Repertoire an Stoffen her, nämlich rund 30 verschiedene Typen.

DIE GESCHLECHTERBILDER Welche zentralen Vorstellungen und rechtlichen Normen gibt es nun bezüglich der Frauen und Männer in diesem Dorf? Sogar in der einige Stunden entfernten Hauptstadt der Insel hört man des öfteren, dass die Frauen im besagten Webereidorf hübscher seien als sonstwo in der Region, da sie hellhäutig sind. Dann wird meist hinzugefügt, dass sie sehr schöne Tücher herstellen und dass dort die Brautpreise sehr hoch seien.

Offensichtlich gilt das Dorf als Webereidorf par excellence, wo die Frauen das Privileg haben, im Schatten arbeiten zu können, und nicht wie die Bäuerinnen auf dem Feld der Sonne ausgesetzt sind. Sowohl Männer als auch Frauen im Dorf bewerten die Webereiarbeit höher als die Feldarbeit. Die Frauen selber betrachten sich selbstbewusst als »anders« als die anderen Frauen der Lio, zumindest sehen sie sich als die besseren Weberinnen an, und ihre Männer sind stolz auf sie. Verheiratete Frauen betonen, wie wichtig die Zusammenarbeit zwischen Ehemann und Ehefrau sei, denn die Frau verdiene das Geld durch den Verkauf von Tüchern und der Mann versorge mit der Feldarbeit die Familie zumindest teilweise mit Nahrung. Ohne Ehemann, so meinen sie, wären Arbeitsbelastung und Verantwortung der Frauen sehr viel größer. Ein Beamter aus dem Dorf, der in der Hauptstadt lebt, sagte einmal:

> *»Das Dorf lebt nur von der Stärke der Frauen. Die Webereiarbeit ist die Quelle für alle. Die Männer haben keinen wirklichen Ertrag.«*

Eine alte Weberin behauptete eines Tages:

> *»Alles kommt von den Frauen. [...] Schon früher haben die Frauen Geld erwirtschaftet. Wir haben das Geld in der Hand. Die Frauen sind stärker als die Männer. Die Frauen können mehr bestimmen als die Männer.«*

Und ein Bauer und Ehemann einer Weberin meinte:

> *»Die Frau hat die Macht zu Hause. Sie sollte alles überwachen, Geld wie Nahrung. Der Ehemann darf das nicht machen. Wenn ein Mann über das Geld verfügt, was manchmal der Fall ist, dann ist er zu verschwenderisch.«*

Gemäß dem Gewohnheitsrecht der Lio hat die Frau »Rechte und Autorität«

im Haus und der Mann außerhalb des Hauses. Diese Norm spiegelt sich auch in der Vorstellung wider, dass Häuser, insbesondere die Zeremonialhäuser, einen Frauenkörper symbolisieren, wobei einzelne Teile des Hauses mit Teilen des weiblichen Körpers und mit dem Geschlechtsakt identifiziert werden, wohingegen die Dorfmitte mit dem Kultplatz als männlich aufgefasst wird.

DER BRAUTPREIS Wie sehen nun neben diesen Ansichten zur Arbeit und zu Entscheidungsbefugnissen der Geschlechter in der Familie die Ansichten zum Brautpreis aus? Die Lio betrachten den Brautpreis als kulturell sehr wichtig. Er unterscheidet die Menschen von den Tieren, sagen sie. Der Körper einer Frau werde nicht wertgeschätzt, wenn dafür kein Reichtum gegeben wird. Interessanterweise besteht der wichtigste Teil des Brautpreises aus goldenen Ohrhängern, die die äußeren Geschlechtsorgane der Frau symbolisieren. Es heißt: »*Ein weiblicher Schoß, der kein Gold enthält, wird wenig geachtet.*« Wenn für eine Frau viel Goldschmuck gegeben wird, dann spricht man von einem »schweren Körper«, und die Frau und ihre Familie erhalten dadurch einen guten Ruf. Dies ist vor allem der Fall in den Elitefamilien im Dorf. Aber diese haben mittlerweile viel Goldschmuck verkauft, um die Ausbildung ihrer Kinder zu finanzieren. Doch generell ist der Brautpreis und dessen Höhe wichtig. Auch die betroffenen jungen Frauen selber, hochrangige und niedrigrangige, bewerten es als negativ, wenn er zu niedrig ausfällt.

Nach dem Gewohnheitsrecht ist eine Ehe erst gültig, wenn die Familie des Mannes einen Brautpreis gegeben und die Familie der Frau eine Gegenleistung erbracht hat. Denn dort, wo es ursprünglich keine schriftlichen Verträge gibt, sind für alle sichtbare »Beweise« für die Eheschließung erforderlich. Ohne Brautpreis und Gegengeschenke können deshalb auch keine ehelichen Rechte geltend gemacht werden. Diese sind für die Frau zum Beispiel das Recht auf Versorgung durch den Mann, das Recht auf Verteilung der Nahrung und anderer Güter in der Familie und das Recht auf seinen Besitz nach seinem Tod. Der Mann hat Rechte auf die Kinder und auf die Hausarbeit der Frau, aber nicht auf ihre Produkte der Webereiarbeit. Über ihre Textilien kann sie selber verfügen.

Was bis jetzt auffällt ist erstens, dass die Frauen im Arbeitsbereich sowohl von Männern als auch von Frauen als einflussreich geschildert werden, und zweitens, dass in Zusammenhang mit dem Brautpreis nicht die landläufigen Bilder der Frauen als »Sklavinnen« ihrer Männer vorherrschen, im Gegenteil. Handelt es sich bei diesen Bildern nun bloß um Mythen, ähnlich wie die Matriarchatsmythen, die nicht real sind? Oder haben die Frauen und Männer dort tatsächlich gleichviel zu sagen? Dazu möchte ich jetzt einen Einblick in die Realität der Geschlechterbeziehungen bei der Arbeit, in der Politik und in der Familie vermitteln.

DIE DORFÖKONOMIE Wie bereits erwähnt, zeichnet sich die Dorfökonomie dadurch aus, dass es eine geschlechtliche Arbeitsteilung gibt, wobei die Männer für die Nahrungsproduktion zuständig sind und die Frauen für die Textilproduktion, jedoch nur die Frauen mit ihren Produkten Geld verdienen. Interessant ist, dass es eine gegenseitige Kooperation zwischen Frauen und Männern gibt, das heißt, die Frauen helfen nicht nur den Männern bei der Feldarbeit, was noch zu erwarten wäre, sondern die Männer helfen auch den Frauen bei gewissen Textilarbeiten, wie das Aufwickeln von Garn und das Nähen der Tücher.

Abb. 3: Beim Aufwickeln des Garns und beim Zusammennähen der Tücher helfen auch die Männer mit.

Auch bei häuslichen Arbeiten unterstützen Frauen und Männer einander: Frauen helfen mit beim Hausbau, Männer helfen mit beim Feuerholz sammeln und bei der Kinderpflege. Hausarbeit und Kinderpflege werden nicht negativ bewertet. Die Arbeitsbelastung der Frauen ist mit Webereiarbeit, Hausarbeit, Mutterschaft und periodischer Feldarbeit jedoch größer als die der Männer. Frauen ruhen sich während des Tages selten aus.

Die Produktion von Nahrung hat in der Dorfökonomie an Bedeutung verloren, während die Herstellung von Textilien zunehmend wichtiger geworden ist. Die Haushalte sind mehr und mehr auf Geld angewiesen. Dieses kann heute hauptsächlich durch den Verkauf von Textilien erwirtschaftet werden.

Manche Nachkommen von Elitefamilien sind zwar Staatsangestellte mit einem regelmäßigen Einkommen – häufig sind sie Lehrerinnen und Lehrer –, aber solche Arbeitsmöglichkeiten sind rar.

Der Arbeitsprozess der Webereiarbeit besteht aus drei Schritten: *ikatten*, das heißt, das Abbinden, um das Muster zu kreieren, Färben – heute meist mit chemischen Farbstoffen – und Weben mit einem einfachen Webstuhl am Boden. Eine Weberin braucht rund zwei Wochen für ein Schultertuch und ungefähr einen Monat für einen *sarong*. Pro Jahr stellt sie etwa acht *sarongs* und sieben Schultertücher her. Die Textilien werden sowohl von Frauen als auch von Männern getragen, gewisse *sarongs* und Schultertücher nur bei bestimmten Gelegenheiten. Die Frauen schenken die Stoffe außerdem an Verwandte anlässlich von Heirats- und Todesfeiern, und die Tücher werden als Grabbeigabe den Toten mitgegeben. Ungefähr ein Drittel der produzierten Textilien wird verkauft. Dadurch haben die Frauen ein regelmäßiges Einkommen – reichere Weberinnen mehr, ärmere weniger.

Abb. 4: Für das Weben eines Sarong benötigt eine Weberin etwa einen Monat.

Der Haushalt, basierend auf der Kleinfamilie, ist die wichtigste Produktionseinheit in dieser bäuerlichen Dorfökonomie. Die Haushalte sind geprägt vom Kleinunternehmertum der Weberinnen. Sie organisieren ihre Arbeit praktisch unabhängig von ihren Ehemännern. Die Stoffe gehören zum Besitz und Reichtum der Weberinnen selber. Sie verkaufen die Textilien vor allem dann, wenn sie Geld für Nahrung, Ausbildung oder Feste brauchen. Dann verhandeln sie selbst mit den Interessierten über die Preise. Die Männer haben dazu nichts zu sagen und lassen sich dabei auch nicht blicken. Der Textilhandel im Dorf ist in den Händen der Frauen. Dabei versuchen sie, ihre Stoffe möglichst an Händler, an Verwandte oder an TouristInnen zu verkaufen. So können sie die höchsten Preise erzielen. Im Allgemeinen sind die Ehefrauen der Bauern Hauptverdienerinnen im Haushalt, und ihre Männer und Kinder sind in Geldangelegenheiten von ihnen abhängig.

DIE DORFPOLITIK Die Dorfpolitik ist offiziell eine Sache der Männer – genau betrachtet die der vornehmsten Männer. Früher bestimmte der Rat der Ältesten, bestehend aus 17 Vorstehern der wichtigsten Großfamilien über die Geschicke des Dorfes. In vorkolonialer Zeit[5] bildeten die Dörfer autonome politische Einheiten unter der Führung des wichtigsten Familienoberhauptes. Der Ältestenrat regelte die Verteilung von Land, legte den Zeitpunkt des Pflanzens und Erntens fest und organisierte die dazugehörenden Rituale. Bei Streitigkeiten über Land, bei Eheproblemen und bei Verbrechen fungierten die Dorfältesten als Richter und im Kontakt mit den Ahnengeistern, Naturgeistern und der Gottheit wirkten sie als Priester. Bei Konflikten mit anderen Dörfern führten sie hin und wieder Kriege und stifteten Frieden. Ihre Richter- und Priesterfunktion üben sie zum Teil bis heute aus.

Seit 1965 regiert ein gewählter Bürgermeister mit einem Stab von mehr als vierzig Männern, einige davon mit polizeiähnlicher Funktion, das Dorf. Das Dorf ist seither stark eingebunden in die Politik des indonesischen Nationalstaates. Als Bürgermeister fungieren jedoch häufig Mitglieder der wichtigsten Familien, und ihr Stab besteht aus ihrer Gefolgschaft.

Frauen übten bisher keine offiziellen Funktionen in der Dorfpolitik aus. Weibliche Familienoberhäupter übernahmen früher wichtige rituelle Aufgaben und mögen ihre Ehemännern als Familienoberhäupter bei ihrer Meinungsbildung beeinflusst haben. Vereinzelt hegten Ehefrauen von Bürgermeistern Ambitionen, dieses Amt auszuüben. Generell besuchen Frauen politische Versammlungen und beteiligen sich mit großem Interesse an Streitschlichtungen, die Land betreffen. Sie äußern sich kaum direkt in der Öffentlichkeit, wie auch viele Männer nicht, dafür um so mehr unter Verwandten und Nachbarn. Weiter sind sie dominant vertreten in Spargruppen und in kirchlichen Gruppen. Frauen können im Bereich der Dorfpolitik mitreden und die öffentliche Meinung beeinflussen, aber nicht direkt Entscheidungen fällen, es sei denn in Vertretung ihres abwesenden Ehemannes. Im Bereich der Dorfpolitik sind die Frauen also vor allem im Hintergrund aktiv, doch das gilt faktisch auch für viele Männer.

DIE FAMILIE Als dritten Bereich möchte ich nun die Entscheidungen und Aktivitäten bei der Heirat und beim Gabentausch – die Familienpolitik – beleuchten. Heiraten ist die Norm, in Realität gibt es jedoch ziemlich viele unverheiratete Frauen im Dorf. Bei Heiraten versuchen die Eltern, vor allem die Mütter, die Partnerwahl zu beeinflussen, doch kann eine Tochter einen Hei-

---

5   Indonesien war offiziell bis 1949 eine niederländische Kolonie. Aus Sicht der Indonesier endete die Kolonialherrschaft aber bereits 1945.

ratskandidaten sehr wohl ablehnen. Töchter können auch eine Heirat forcieren, zum Beispiel durch eine Schwangerschaft. Allerdings ist der Brautpreis dann gering. Bei unerwünschten sexuellen Kontakten wird grundsätzlich der Mann als schuldig betrachtet und muss dafür mit einer brautpreisähnlichen Entschädigung büßen.

Der Brautpreis umfasst Geschenke von der Familie des Bräutigams an die Familie der Braut, welche ihre Familie unter sich verteilt. Die Gegengeschenke gehen in umgekehrte Richtung. Letztere sind nicht zu verwechseln mit der Mitgift, die für die Frau selber bestimmt ist. Der Brautpreis besteht aus dem bereits erwähnten Goldschmuck und, falls vorhanden, aus Tieren (Pferde, Schweine und Ziegen) und Geld. Als Gegengeschenke gelten Textilien und Reis. Diese Gaben werden bei der Verlobung, der eigentlichen Brautpreisübergabe und der Hochzeit gegeben. Auch bei weiteren Feiern anlässlich von Geburt, Heirat und Tod werden die Familien fortan ähnliche Geschenke austauschen. Aus der Perspektive eines Haushaltes sieht der Geschenkaustausch wie folgt aus: Eine Ehefrau gibt Textilien und Reis an ihre eigenen Schwestern und an Verwandte des Ehemannes; der Ehemann gibt Tiere und Geld an die eigenen Brüder und an Verwandte der Ehefrau. So wird eine ganze Kette von Beziehungen zwischen verwandten Haushalten gebildet, die sich auch später in Notsituationen aushelfen. Das Schenken spielt also eine wichtige Rolle für die soziale Sicherheit der Familienmitglieder, ähnlich einer Prämie für eine Versicherung bei uns.

Zu diesen familiären Netzwerken der Unterstützung tragen die Weberinnen in ihrer Rolle als Mütter in erheblichem Maße bei: Für den Brautpreis (ihrer Söhne) erwirtschaften sie vielfach das Geld, und beim Schenken von Goldschmuck und von Tieren haben sie ebenfalls ihre Finger im Spiel; für die Gegengeschenke liefern sie die Textilien und zudem bestimmen sie über die Verteilung von Nahrungsgaben wie Reis. Durch großzügige Gaben in Form von Textilien erlangt die junge Braut eine geachtete Stellung in der Familie des Mannes. Ehefrauen und Mütter bestimmen somit durch ihre sozialen Aktivitäten des Schenkens in der Verwandtschaft, im Dorf und darüber hinaus das Wohl, das Ansehen und den Einfluss ihrer Familie und insbesondere ihrer Töchter in großem Maße mit.

SCHLUSSBEMERKUNGEN Wenn wir die Geschlechterverhältnisse noch einmal betrachten, dann wird klar, dass die positiven Geschlechterbilder über Frauen und die Realität in diesem Fall recht gut übereinstimmen. Genauer gesagt: Im ökonomischen Bereich bestimmen eher die Frauen, im politischen Bereich eher die Männer. Im Bercich der Familie mit den wichtigen Aktivitäten des Gabentausches treffen sowohl die Frauen als auch die Männer bedeutende Entscheidungen und pflegen soziale Beziehungen mit näheren und entfernteren

Verwandten, welche für das Wohl und das Weiterkommen der Familienmitglieder unerlässlich sind. Der beachtliche Einfluss der Frauen basiert einerseits auf ihrem Verfügungsrecht über eigene wertvolle Arbeitsprodukte (Textilien) und über die des Ehemannes (Nahrung), andererseits auf der Bedeutung des Haushaltes als zentrale Produktionseinheit. Durch den Brautpreis wird die Frau dort also keineswegs zum Besitzobjekt des Mannes. Brautpreis und Gegengeschenke sind Zeichen eines Ehevertrages, welcher der Frau wichtige Rechte zugesteht, die auch tatsächlich verwirklicht sind. Die Machtbalance zwischen den Geschlechtern gilt in ähnlicher Weise für die anderen Webereidörfer in der Region. Ob die Weberinnen auch in Zukunft so einflussreich sein werden, hängt jedoch stark von der umfassenderen ökonomischen und sozialen Entwicklung in Ostindonesien ab.

LITERATUR

de Jong, Willemijn
1994 Cloth Production and Change in a Lio Village. In: Hamilton, Roy (ed.): The Gift of the Cotton Maiden. Textiles of Flores and the Solor Islands. Los Angeles, S. 210–227.
1998a Geschlechtersymmetrie in einer Brautpreisgesellschaft. Die Stoffproduzentinnen der Lio in Indonesien. Berlin.
1998b Rang, Reichtum und Geschlecht. Hierarchische und komplementäre Differenzen auf Flores (Indonesien). In: Hauser Schäublin, Brigitta und Birgitt Röttger-Rössler (Hrsg.): Differenz und Geschlecht. Neue Ansätze in der ethnologischen Forschung. Berlin, S. 260–276.
1998c Das Haus der Lio als weiblicher Körper. Ein Geschlechtskonstrukt in Variationen. In: Schröter, Susanne (Hrsg.): Körper und Identität. Ethnologische Ansätze zur Konstruktion von Geschlecht. Münster / Hamburg, S. 36–50.
2006 Rice Rituals, Kinship Identities and Ethnicity in Central Flores. In: Janowski, Monica and Fiona Kerlogue (eds.): Kinship and Food in South East Asia. Copenhagen (im Druck).

de Jong, Willemijn; Möwe, Ilona und Claudia Roth (Hrsg.)
2000 Bilder und Realitäten der Geschlechter. Fallstudien zur Sozialanthropologie. Zürich.

Lenz, Ilse und Ute Luig (Hrsg.)
1990 Frauenmacht ohne Herrschaft. Geschlechterverhältnisse in nichtpatriarchalischen Gesellschaften. Frankfurt a. M.

Abb. 1: Die Warao leben im Mündungsgebiet des Orinoko im Norden Venezuelas.

Jeder hat seine Aufgabe und keiner herrscht
Das Gleichgewicht der Geschlechter bei den Warao-Indianern in Venezuela

Claudia Kalka

EINLEITUNG Wir haben viel erreicht in Deutschland. Männer und Frauen sind gleichberechtigt, sagt das Grundgesetz: gleiches Recht für Frauen und Männer, gleiches Wahlrecht, gleiche Bezahlung für gleiche Arbeit, gleiche Chancen auf dem Arbeitsmarkt. Mit dem Amsterdamer Vertrag von 1996 hat sich die Bundesrepublik Deutschland verpflichtet, die Gleichstellung der Geschlechter gesetzlich zu verankern. Und dennoch gibt es Gleichstellungsbeauftragte in Verbänden und Kommunen.

»*Männer und Frauen sind gleichberechtigt*«. Gleich-berechtigt. Sie haben die gleiche Berechtigung. Doch, so wird bemängelt, in den wirklich entscheidenden Positionen der Macht gäbe es keine Gleichberechtigung, seien Frauen und Männer nicht paritätisch vertreten. Andere kritische Stimmen fügen hinzu, dass Frauen in so genannten Männerbereichen nur dann Karriere machen können, wenn sie »männlich« würden – was immer das auch heißen mag.

Aber können Frauen und Männer nicht auch anders »gleich« sein? Ist unsere Vorstellung dessen, was Gleichheit ausmacht, die einzig gültige, die einzig richtige? Kann eine Frau, die sich um Kinder, Küche und Garten kümmert, die die Kranken ihrer Familie mit Hausmitteln verarztet oder andere Frauen beim Gebären unterstützt, die in Heimarbeit kleine Souvenirs fertigt und es akzeptiert, dass sie von religiösen Festen während der Zeit ihrer Menstruation ausgeschlossen ist, kann eine solche Frau gleichgestellt sein mit einem Mann, der seinen Wohnort oder seine Familie als Repräsentant nach außen hin vertritt, der möglicherweise einen Posten in der politischen Verwaltung innehat, der religiöser Spezialist und anerkannter Heiler ist, der Fische und Fleisch mit nach Hause bringt? Sie kann! Und vor allem: Sie ist dabei keine Ausnahmeerscheinung.[1]

---

[1] Unsere herkömmlichen Vorstellungen über Geschlechterbeziehungen sind auch in unserer eigenen Gesellschaft in den letzten Jahren zunehmend in Frage gestellt worden. Davon zeugt etwa das Konzept des *Gender Mainstreaming,* das die unterschiedlichen Lebenssituationen und Interessen von Frauen und Männern bei allen gesellschaftlichen Vorhaben zu berücksichtigen sucht.

Fragte ich die Frauen der Warao, wer denn bei ihnen wichtiger sei, die Frauen oder die Männer, so erhielt ich zunächst ein Stirnrunzeln als Antwort – wie kann eine Ethnologin nur auf eine solch komische Frage kommen? Dann antworten sie, noch etwas erstaunt, mit *deko*, »beide zugleich«.

DIE WARAO – EINE KURZE EINFÜHRUNG Die Warao leben im Tidensumpf des Mündungsgebietes des Orinoko in Venezuela und zählen etwa 30.000 Personen. In den kleinen Dörfern sind die Frauen in der Regel alle miteinander mütterlicherseits verwandt, während die Männer von außen einheiraten. Die Söhne verlassen also mit der Heirat ihr Geburtsdorf. In den Dörfern hat das älteste Paar die höchste Autorität. Es ist sozusagen das Dorfoberhaupt. Nach außen hin aber wird das Dorf nur durch die Männer vertreten. Das Dorf ist die größte soziale Einheit der Warao. Einen zentralen Stammeshäuptling[2] oder einen Stammesrat gibt es nicht. Sie leben vom Fischfang und dem Anbau der *ure* genannten Knollenfrucht. Die bei weitem größte Zahl der Warao kann sich, was Haus, Transportmittel (Boot), Mobiliar (Hängematte, Körbe) und Nahrungsmittel anbetrifft, selbst versorgen. Allerdings ist nur die *Einheit* von Frau und Mann selbstversorgend, nicht das einzelne Individuum. Ihr Name *Warao* bedeutet »Mensch«.

GESCHLECHTLICHE ARBEITSTEILUNG, VERFÜGUNGSMACHT UND GESELLSCHAFTLICHE VERKNÜPFUNGEN Bei den Warao gehen Frauen und Männer jeweils getrennten Aufgaben nach. Es herrscht die so genannte *geschlechtliche Arbeitsteilung*: Männer fischen, Frauen bestellen die Gärten und ernten; Männer arbeiten mit Holz (Roden, Haus- und Bootsbau), Frauen fertigen aus einer bestimmten Pflanzenfaser Hängematten und kleine Körbchen; Männer sind Spezialisten im religiösen wie medizinischen Umgang mit den Geistern, Frauen heilen mit Hilfe von Kräutern oder Massagen und kümmern sich um die kleinen Kinder.

Trotz dieser Unterschiede sprechen EthnologInnen hier von einer *Geschlechtersymmetrie*. Denn die ausbalancierte Beziehung zwischen Frauen und Männern entsteht nicht durch den theoretisch wie praktisch gleichberechtigten Zugang aller zu (allen) privaten und öffentlichen Arbeiten und Ämtern, sondern liegt in der *Trennung* der Zuständigkeiten von Frauen und Männern begründet.

Was hiermit gemeint ist, möchte ich im Folgenden erklären. Der Übersichtlichkeit halber seien hier nur wenige Beispiele herausgegriffen. Nehmen wir zum

---

[2] Der Begriff *Stamm* gilt in der deutschen Ethnologie als negativ bewertet und wird daher abgelehnt. Im englischsprachigen Raum wird der Begriff jedoch weiterhin verwendet.

Beispiel den Gartenbau. Die Gärten der Warao sind nicht mit unseren Haus- oder Gemüsegärten zu vergleichen. Es gibt keine von Unkraut freigehaltenen Beete, die womöglich eine bestimmte Form haben, kein in Reihen angepflanztes Gemüse. Gärten entstehen, indem man ein bestimmtes Stück Urwaldsumpf (Primär- oder Sekundärwald) brandrodet. Die gefällten Baumstämme bleiben so liegen, wie sie gefallen sind. Man wird sie zunächst als Wege benutzen, später als Brennholz, das jedem (!) zugänglich ist. Hat eine Frau den Wunsch nach einem neuen Garten geäußert, so ist es Aufgabe der Männer (Ehemann, Schwiegersöhne und/oder Schwager), ein bestimmtes Areal zu roden, vom Buschwerk zu säubern und abzubrennen. Den Frauen obliegt dann das Bepflanzen, die Pflege des Gartens und das Ernten. In den Gärten wird das Hauptnahrungsmittel der Warao angebaut, die so genannte *ure*, eine stärkehaltige Wurzelknolle. Sie ist auch der pflanzliche Hauptbestandteil des täglichen Essens. Der zweite Hauptbestandteil ist Fisch (gelegentlich auch Fleisch). Für den Fischfang wiederum sind die Männer zuständig. Beide Produkte gelten den Warao gleich viel. Für sie ist ein Essen nur dann vollständig, wenn die Produkte beider Geschlechter, Knolle und Fisch, vorhanden sind. Fehlt einer dieser beiden Bestandteile, so lassen die Erwachsenen lieber eine Mahlzeit ausfallen, und es wird nur für die Kinder gekocht.

Betrachtet man diesen Komplex etwas genauer, so kann man feststellen, dass die fischenden Männer nicht über ihren Fang verfügen. Sobald ein Fisch aus dem Wasser gezogen und im Boot gelandet ist, gehört er sozusagen der Frau des Fischers. Deshalb trägt der Mann den Fisch auch nicht vom Boot ins Haus. Dies tut seine Frau oder eine seiner Töchter.

Die Frau ist es auch, die darüber entscheidet, was weiter mit dem Fang passiert. Sie allein verfügt über den Fang ihres Mannes und wird ihn gegebenenfalls nach bestimmten Regeln verteilen. Aber auch nach dem Kochen des Essens macht sich die starke Position der Frauen im Bereich der Nahrungsmittelversorgung bemerkbar: Wenn sie nämlich das Essen austeilen, so haben sie vorher wohlüberlegt, wem sie wieviel von etwas geben. Sie teilen also jeder Person seine Portion zu. Und im Falle von Auseinandersetzungen zwischen Eheleuten kann es passieren, dass der Mann leer ausgeht. Das Verteilen der unverarbeiteten wie der zubereiteten Nahrung ist für die Warao derart wichtig, dass die Mädchen von ihrer Mutter regelrecht darin ausgebildet werden.

Fassen wir zusammen, so können wir festhalten, dass im Bereich der Subsistenzwirtschaft[3] die Frauen eindeutig dominieren. Sie haben die *Verfügungsmacht*. Dennoch sind sie von der Arbeit der Männer abhängig. Das heißt, ob-

---

3 *Subsistenzwirtschaft* = Selbstversorgungswirtschaft

wohl die Frauen in diesem Bereich der Kultur dominieren, sind die Männer so eingebunden, dass auch ihnen eine wichtige Aufgabe zufällt und somit eine eher verdeckte Machtbefugnis. Ähnlich verhält es sich in anderen Bereichen, in denen die Frauen dominieren, sowie umgekehrt in solchen, in denen die Männer tonangebend sind.

Doch es gibt bei den Warao nicht nur Sektoren, in denen mal die Frauen und mal die Männer dominieren und sich diese zahlenmäßig die Waage halten. Es gibt auch Bereiche, in denen Frauen und Männer parallel Aufgaben wahrnehmen. Dies ist zum Beispiel in der Medizin der Fall. Hier gibt es zwei konzeptionell verschiedene Modelle, wie ihrer Meinung nach Krankheiten entstehen, und dementsprechend auch zwei verschiedene Arten der Behandlung. Die eine beruht auf der Heilpflanzenkunde und zunehmend auf der Kenntnis um die Wirkweisen westlicher Medikamente, die andere auf dem Umgang mit übernatürlichen Kräften. Für ersteres sind die Frauen zuständig, für letzteres in erster Linie die Männer. Die Gesellschaft kann auf keinen Teil verzichten, will sie den vollen Schutz der Gesundheit erhalten.

Aber noch auf eine andere Art ist die Macht der Frauen und Männer miteinander verknüpft. Die einzelnen Bereiche der Kultur, die wir als Wirtschaft, Religion, Politik etc. unterscheiden, sind auf das Vielfältigste miteinander verbunden. Um zum Beispiel ein bestimmtes religiöses Fest zu feiern, müssen im

Abb. 2: Drei Generationen von Warao-Frauen in San Francisco de Guayo.

Vorfeld große Mengen an Nahrungsmitteln bereitgestellt werden. Gelingt das Fest, so hat dies nach Meinung der Warao zu Folge, dass die Ahnengeister zufriedengestellt sind und den Menschen für eine gewisse Zeit keine Krankheiten schicken. Die gemeinsame wirtschaftliche Aktivität der Frauen und Männer dient also zusammen mit anderen Elementen auch der Krankheitsprophylaxe. Gleichzeitig hat sie aber auch Auswirkungen auf die Besetzung traditioneller gesellschaftlicher Positionen, denn nur Männer, die auf die Arbeitskraft vieler wirtschaftlich aktiver Frauen zurückgreifen können (also Ehefrau, Töchter, Enkelinnen), können eine solche Position bekleiden.

Frauen und Männer werden mit ihren Tätigkeiten in die Bereiche des jeweils anderen Geschlechtes eingebunden und somit vergrößert sich die gegenseitige Abhängigkeit. Hierbei sind es vor allem die Frauen, die mit ihrer wirtschaftlichen Leistung die Männer unterstützen (und sie abhängiger von sich machen), während die Unterstützung, die die Männer den Frauen bieten können (zum Beispiel als Heiler), weniger auffällig, wenn auch nicht unwichtig ist.

Fassen wir noch einmal zusammen: Bei den Warao sind weibliche und männliche Tätigkeiten entweder miteinander verzahnt oder verlaufen parallel. Diese Verzahnung wiederum schafft eine gegenseitige Abhängigkeit der Geschlechter, was nichts anderes heißt, als dass Frauen und Männer aufeinander angewiesen sind. Beide Geschlechter müssen zusammen arbeiten, damit eine Sache gelingen soll/kann, auf keines von beiden kann verzichtet werden. Verlaufen die Tätigkeiten parallel, so gehören sie konzeptionell etwa so zusammen wie die zwei Seiten einer Münze.

Auf der »geistigen« Ebene, die bisher noch nicht angesprochen wurde, wird alles zusammengehalten von einem Weltbild, in dem der Gedanke, miteinander, mit der Natur und mit den Geistwesen in einem Gleichgewicht zu leben, von zentraler Bedeutung ist.

ABSONDERUNG AUS VERANTWORTUNG Doch werden die LeserInnen jetzt fragen: Was ist mit dem Blut, warum dürfen die Fauen in der Zeit, in der sie menstruieren oder wenn sie nach der Geburt den Wochenfluss haben, z.B. nicht an den religiösen Festen teilnehmen? Sind sie »unrein«? Sind sie wohlmöglich doch unterdrückt, weil sie nicht machen können, was die Männer tun? Diese Frage ist ganz einfach zu beantworten: Nein! Um dies zu erklären, müssen wir uns ansehen, welche Vorstellungen die Warao vom Blut einerseits und von übernatürlichen Kräften wie Geistern andererseits haben. Das Blut erhält der Mensch nach Ansicht der Warao von seiner Mutter. Es ist das Blut, das während der Schwangerschaft seiner Mutter ausblieb. In diesem Zusammenhang steht auch, dass die Menge des Blutes eines jeden begrenzt und nicht regenerierbar ist. Blut hält Mensch und Tier am Leben, es ist eine sehr starke Kraft. Blutverlust schwächt oder kann tödlich sein. Darüber hinaus gibt es noch einen immateriellen Aspekt des Blutes, der in einem Zusammenhang mit der übernatürlichen Welt steht. Es gibt Heiler und Heilerinnen, die mit Hilfe von (Hilfs-) Geistern heilen. Diese Geister vertragen bestimmte Dinge nicht, und so dürfen die HeilerInnen nach ihrer Einweihung bestimmte Dinge nicht mehr essen oder auch riechen. Um was es sich dabei handelt, ist verschieden, meist betrifft es einige Fisch- oder auch Fruchtarten. Setzt sich der Heiler bzw. die Heilerin über diese Gebote hinweg, so kann er/sie erkranken oder auch sterben. Ähnlich verhält es sich mit dem Blut. Es besitzt eine Kraft, die die Geister nicht mögen. Das Blut, so könnte man sagen, ist stärker. Dabei ist es völlig egal, ob sich jemand mit der Axt verletzt oder ob eine Frau menstruiert. Selbst von läufigen Hündinnen kann eine Gefahr ausgehen. Dass sich die Frauen in Zeiten ihrer Menstruation oder des Wochenflusses absondern und zum Beispiel an Festen nicht teilnehmen, ist demnach ein Zeichen ihres Verantwortungsbewusstseins. Denn nur so bringen sie nahe Verwandte wie Vater, Onkel, Ehemann oder aber ihre Mutter, Tante oder Großmutter nicht in Gefahr. Darüber hinaus genießen viele Frauen diese Zeit als willkommene Pause vom Alltag.

Wir sehen also, dass die Idee der Unreinheit oder gar der Unterdrückung bei den Warao gar nicht vorhanden ist. Wie so oft, wenn solche Ausdrücke verwendet werden, handelt es sich dabei um Vorstellungen, die die Betroffenen selbst gar nicht teilen.

LITERATUR

Kalka, Claudia
1995   »Eine Tochter ist ein Haus, ein Boot und ein Garten«. Frauen und Geschlechtersymmetrie bei den Warao-Indianern Venezuelas. Hamburg.

Kapitel 6: Geschlechterverhältnisse im Wandel

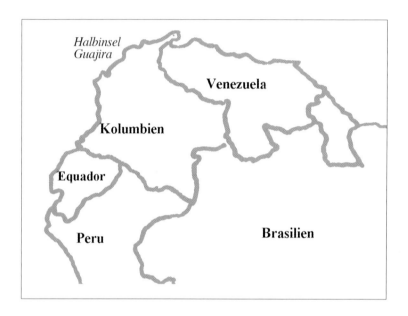

Abb. 1: Gebiet der Wayúu auf der Halbinsel Guajira im Grenzgebiet von Venezuela und Kolumbien.

Die Wayúu in Südamerika
Ein Frauen-orientiertes Gender-Modell

Maria-Barbara Watson-Franke

Die Heimat der Wayúu[1] ist die Guajira-Halbinsel, ein Halbwüstengebiet, das sowohl zu Kolumbien als auch zu Venezuela gehört. In beiden Ländern repräsentieren sie die größte ethnische Minderheit. Ursprünglich lebten die Wayúu von der Jagd, vom Fischfang und Sammeln, ehe 1499 die ersten Spanier in diese Region eindrangen. Die Wayúu übernahmen die Rinderzucht, die seither ihre Kultur prägt. Darüber hinaus halten sie auch Ziegen und Schafe. Vieh- und insbesondere Rinderbesitz bestimmen den sozialen Status. Allerdings ist es sehr gut möglich, dass dieses Statusdenken nicht ausschließlich das Resultat westlichen Einflusses ist. Ältere Quellen berichten, dass der Besitz von Halbedelsteinen und Schmuck, in prähistorischen Gräbern gefunden, die Position eines Guajiro-Individuums maßgeblich beeinflusste.

Abb. 2: Zwei Jäger kehren mit ihrem Jagdhund zurück. Seit Einführung der Viehzucht spielt die Jagd nur noch eine untergeordnete Rolle.

---

1 Wayúu ist der Eigenname dieser Gruppe. In der Literatur werden sie häufig auch als Guajiro (oder Goajiro) bezeichnet.

Doch trotz des Wandels, der mit der Viehzucht kam, und des nun über 500 Jahre währenden Kontaktes mit Europäern und anderen Fremden haben die Wayúu ihre Sprache und ihre (Frauen-orientierte) Sozialstruktur bewahrt. Die Wayúu-Sprache gehört dem Arawak an, einer der größten linguistischen Gruppen des indigenen Südamerikas. Die Wayúu haben außerdem ihre matrilineare[2] Ordnung aufrecht erhalten, was bedeutet, dass die Kinder den Namen der Mutter, nicht des Vaters, erhalten und dass die Mutter und ihre Familie die soziale und ökonomische Position der Kinder bestimmen. Es ist auch wiederum die Mutter, und nicht der Vater, welche für die ökonomische Sicherheit der Familie verantwortlich ist. Die Frau ist somit die zentrale Figur in der Gesellschaft der Wayúu. Die matrilineare Ordnung darf aber keinesfalls mit einem *Matriarchat* verwechselt werden. Gewöhnlich wird darunter eine Gesellschaft verstanden, in der die Frauen alle Macht haben. Der Begriff des Matriarchats ist jedoch sehr ungenau definiert, und es gibt keine historische oder prähistorische Quelle, welche die Existenz eines solchen Gesellschaftssystems beweisen würde. Wir müssen daher, beim jetzigen Stand der Wissenschaft, das Matriarchat in das Reich der Mythen verweisen, während Matrilinearität eine historische Tatsache ist.

Die Geschlechterdynamik in einer matrilinearen Kultur ist sehr verschieden von der einer westlichen Industriegesellschaft. Mutter und Onkel (Mutters Bruder) sind die Autoritätsfiguren im Leben eines Kindes. (Hat eine Frau keinen Bruder, so kann ein Vetter die Rolle des Mutterbruders übernehmen.) Männer spielen demnach eine wichtige soziale Rolle als Bruder und Onkel, sind aber als Ehemann und Vater nur Randfiguren. Eine Umfrage unter verheirateten Guajiro in den 1970er Jahren dokumentierte die Wichtigkeit des Geschwisterverhältnisses. Auf die Frage, wer der wichtigste Mann in ihrem Leben sei, antworteten die Frauen, das sei ihr Bruder. Die Männer antworteten auf die Frage nach der wichtigsten Frau, das sei ihre Schwester. Tatsächlich ist das Geschwisterverhältnis strukturell stärker und sozial wichtiger als das Eheband, und entsprechend ist die Familiendynamik anders als in den westlichen Industriegesellschaften, in denen der Ehemann und Vater stereotyp als der Autoritätsträger angesehen wird.

Erziehung und Vorbereitung der Kinder auf das Erwachsenenleben nehmen einen hohen Stellenwert in der Wayúu-Kultur ein, doch ist nur die Erziehung der Mädchen formalisiert und institutionalisiert. In den Augen einer Wayúu-Frau »*ist eine Kultur verloren, wenn sie der Erziehung der Mädchen nicht besondere Bedeutung schenkt*«. Diese Meinung reflektiert sowohl die Erwartun-

---

[2] *matrilinear* = in mütterlicher Linie

Abb. 3: Herstellung von *Chicha* aus Mais und Wasser.

Abb. 4: Spinnen des Fadens zum Weben einer Hängematte.

gen als auch das Vertrauen, welche die Wayúu in die Frauen setzen. Ein langer Erziehungsprozess, der mit der ersten Menstruation beginnt, bereitet die jungen Mädchen auf ihre verantwortungsvollen Aufgaben vor. Sie verbringen zwei bis drei Jahre in Isolation in einer kleinen Hütte, wo sie im Spinnen und Weben und den Pflichten der Frauen unterrichtet werden. In dieser Zeit erlernen sie auch die Zubereitung und Anwendung kontrazeptiver Mittel, die aus bestimmten Pflanzen gewonnen werden. Die Wayúu sagen, dass eine so lange Zeit der Isolation und Unterweisung nötig ist, weil es nicht einfach für ein Mädchen ist, eine Frau zu werden, und auch, weil es schwierig ist, das Weben zu erlernen. Für die Jungen gibt es keine entsprechende Institution der Sozialisierung. Sie werden auf informalem Wege in ihren Pflichten unterwiesen, das heißt durch persönlichen Austausch und Unterweisung durch den Onkel und Vater. Frauen und Männer haben ihren eigenen Besitz. Eheleute können z.B. nicht über das Vieh des Partners verfügen. Beide Geschlechter lernen von Kind an, dass Besitz wichtig ist. Wenn z.B. eine Frau ihrer kleinen Tochter oder ihrem kleinen Sohn ein paar Schäfchen schenkt, so sind dies keinesfalls Spielgefährten, sondern ein Anlass, dem Kind Verantwortung für Besitz und sozialen Status beizubringen.

Sowohl Männer als auch Frauen übernehmen Führungsrollen. Die *Caciques*, die ökonomischen und politischen Führer der matrilinearen Verwandtschaftsgruppen, sind stets Männer. Es ist unklar, ob es in früheren Zeiten auch weibliche Oberhäupter gegeben hat. Doch gibt es andere, sehr wichtige Führungspositionen, die von beiden, Männern und Frauen, eingenommen werden können, wie z.B. die der *Palabreros/Palabreras*[3] (abgeleitet vom Spanischen *palabra*, »das Wort«) oder die der *Schamanen*. Die Aufgabe eines *palabrero* bzw. einer *palabrera* entspricht der eines westlichen Diplomaten oder Rechtsanwalts, erklären die Wayúu. Sie werden gerufen, wenn Konflikte zwischen Familien und Verwandtschaftsgruppen geschlichtet werden müssen. Diese Tätigkeit verlangt ausgezeichnete verbale Fähigkeiten, diplomatisches Geschick, Geduld und Überzeugungskraft. Die Wayúu trauen Männern und Frauen diese Fähigkeiten gleichermaßen zu.

Schamanen sind die medizinischen und religiösen Experten der Wayúu. Eine Mythe erzählt, dass der erste Schamane eine Frau war, die ihre Weisheit an ihren Neffen weitergab. Schamanen sind Menschen mit außerordentlichen Fähigkeiten. Sie können verlorene Personen, Tiere und Objekte lokalisieren; weibliche und männliche Schamanen können als Geburtshelfer tätig sein. Alle Schamanen genießen einen sehr hohen Status.

Obgleich die Wayúu über die Jahrhunderte hinweg erfolgreich westlichen Einflüssen widerstanden haben und nur sehr sporadisch Kulturelemente und Werte adaptierten, führten schließlich klimatische Veränderungen in der Guajira zur Verschlechterung der Lebensbedingungen und damit zur Abwanderung von Tausenden von Wayúu in die Städte Kolumbiens und Venezuelas. Die größte Zahl der Emigranten lebt in der venezolanischen Stadt Maracaibo. Einige sind in die agrarischen Regionen im südwestlichen Grenzgebiet abgewandert und arbeiten dort in der Landwirtschaft. Obwohl keine vergleichenden Studien existieren, ist anzunehmen, dass sich die Beziehungen der Geschlechter zueinander hier weniger verändern als in den Städten, wo die Wayúu mit der Männer-orientierten Philosophie und Lebensweise der modernen Industriegesellschaft konfrontiert sind, welche die Stellung der Frau in der Gesellschaft negativ bewertet. Schwierige wirtschaftliche Bedingungen verändern überdies die Position der Geschlechter in der Familie. In der Stadt sind Männer häufig als ungelernte Arbeiter in der Bauwirtschaft tätig, oder sie arbeiten außerhalb der Stadt auf den Ölfeldern und leben in Arbeitslagern. Die traditionelle Ausbildung der Mädchen, auf die in der Heimatregion so viel Wert gelegt wird, ist keine Starthilfe für den modernen Arbeitsmarkt. Mutter und

---

3   *palabrero* = »Sprecher«; *palabrera* = »Sprecherin«

Tochter sind oft unterschiedlicher Meinung, was die *Seklusion*[4] angeht, und tatsächlich ist eine jahrelange Absonderung der jungen Frauen keine geeignete Vorbereitung für das Stadtleben. Während also die Methoden nicht der neuen Umgebung angepasst sind, ist der Inhalt der Erziehung eigentlich ideal: eine Fertigkeit zu erlernen und Verantwortung und Autonomie zu übernehmen im produktiven und reproduktiven Bereich. Das sind Werte, die allen jungen Frauen zugänglich sein sollten, doch genießen sie im *Patriarchat*[5] der nationalen Kultur nicht die gleiche Anerkennung wie in der matrilinearen traditionellen Gesellschaft der Wayúu.

Das unterschiedliche Gender-Modell der Wayúu kann der modernen westlichen Industriegesellschaft Anregungen geben, bessere Bedingungen für die Gleichstellung der Geschlechter zu schaffen. Die wichtigsten Punkte dabei sind die Reduzierung der männlichen Macht im sexuellen und reproduktiven Bereich und die Sicherung der ökonomischen Selbständigkeit beider Geschlechter durch geeignete Erziehungs- und Ausbildungsmaßnahmen. Die konkreten Details der traditionellen Wayúu-Lebensweise sind natürlich nicht oder zumindest nicht voll in den industriellen Rahmen umzusetzen, aber die Prinzipien enthalten Konzepte und Werte, die der Gleichstellung der Geschlechter dienlich sind.

LITERATUR

Watson-Franke, Maria-Barbara
1972   Tradition und Urbanisation. Guajiro-Frauen in der Stadt. Wien.
2004   »We have Mama but no Papa.« Motherhood in women-centered societies. In: O'Reilly, Andrea (ed.): From Motherhood to Mothering. The Legacy of Adrienne Rich's Of Woman Born. Albany, NY, S. 75–87.

Watson-Franke, Maria-Barbara und Lawrence C. Watson
1986   Conflicting Images of Women and Female Enculturation among Urban Guajiro. In: Journal of Latin American Lore 12, 2, S. 141–159.

---

4   *Seklusion* = Absonderung; gemeint ist hier die Isolation der Mädchen während der Pubertätszeit.
5   *Patriarchat*: Dominanz der Männer, insbesondere der Väter; auch als Synonym für »Männerherrschaft« verwendet.

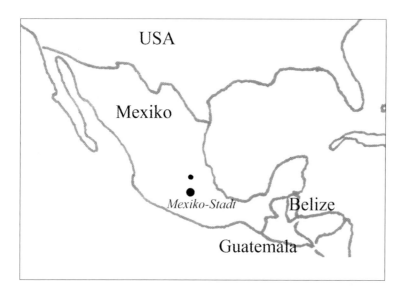

Abb. 1: Das Gebiet der Nahua im Bundesstaat Hidalgo liegt etwa 300 km nördlich von Mexiko-Stadt.

Nauasiuame
Frauenleben in einem Naua-Dorf in der Huasteka in Hidalgo, Mexiko

Lydia Raesfeld

EINLEITUNG Die Naua-Indianer[1] sind die Nachfahren der Azteken, die zur Zeit der spanischen Eroberung das Hochtal von Mexiko bewohnten. Heute sind die Naua mit über 2 Millionen die größte indianische Bevölkerungsgruppe in Mexiko. Sie leben in verschiedenen mexikanischen Bundesstaaten, u. a. in der Region der Huasteka im Bundesstaat Hidalgo, etwa 300 km nördlich von Mexiko-Stadt.

Wie viele andere der insgesamt 62 indianischen Gruppen in Mexiko leben die Naua hauptsächlich vom Mais- und Bohnenanbau in Subsistenzwirtschaft[2], nur der Ernteüberschuss wird auf dem Markt verkauft. Zusätzlich arbeiten viele Männer als Hilfsarbeiter im Straßenbau oder als Maurer in den nahegelegenen Städten. Die Frauen unterstützen das Familieneinkommen mit Kunsthandwerksarbeiten wie z. B. Töpferei oder Stickerei. Jüngere, unverheiratete Frauen suchen oftmals Arbeit außerhalb des Dorfes, u. a. als Haushaltshilfe bei reicheren Familien in den Städten. Allerdings kehren sie in die Huasteka zurück, wenn sie heiraten. Denn dann ziehen sie in das Dorf ihres Ehemanns (*Patrilokalität*[3]) und ihr Leben dreht sich dort hauptsächlich um den Haushalt und die Familie.

Während eines Jahres werden verschiedene Feste und religiöse Zeremonien gefeiert, die zum Teil bereits vorspanischen Ursprungs sind und heute dazu beitragen, den Zusammenhalt des Dorfes und die Identität der Indianer zu sichern.

DIE ERZIEHUNG DER KINDER Babys und Kleinkinder wachsen in sehr engem Kontakt zur Mutter auf, schon allein dadurch, dass diese das Kind fast ständig in einem Tragetuch auf dem Rücken trägt, ohne dass es sie bei der Arbeit sehr stören würde. Auch die älteren Schwestern des Babys übernehmen schon diese Aufgabe, auch wenn sie selbst erst etwa 6–7 Jahre alt sind.

Mädchen und Jungen wachsen bis zum 5. oder 6. Lebensjahr völlig frei und ohne Aufgaben auf. Die Kinder verbringen die Zeit mit Spielen, bewegen sich

---

1 Naua, früher auch Nahua geschrieben, wird wie Nau-a ausgesprochen.
2 Unter *Subsistenzwirtschaft* versteht man den landwirtschaftlichen Anbau für den Eigenbedarf
3 *Patrilokalität* = wörtl. beim Vater (hier: des Ehemannes) wohnend, deshalb auch *Patrivirilokalität* genannt.

frei im gesamten Dorf und werden von allen Erwachsenen toleriert. Selten wird ein Kind von den Erwachsenen gescholten, sondern es wird über viele kleine Streiche und Dummheiten der Kinder mit einem Lächeln hinweggesehen. Der Umgang zwischen Kindern und Erwachsenen zeugt von Respekt, aber auch von viel Zuneigung, die sich z. B. im gemeinsamen Lachen ausdrückt.

Sowohl Mädchen als auch Jungen bekommen schon in jungen Jahren die ersten Aufgaben in der Familie und im Haushalt übertragen. Es handelt sich dabei nicht um täglich zu erledigende Pflichten, sondern um gelegentliche Mithilfe, die die Kinder an ihre späteren Arbeiten als Erwachsene heranführt.

DIE ERZIEHUNG DER JUNGEN Die ersten Aufgaben innerhalb der Familie werden einem Jungen etwa mit 5 Jahren übertragen. In diesem Alter kann er bereits mithelfen, Feuerholz zu suchen und nach Hause zu tragen; ebenso wird er zum Brunnen geschickt, um Wasser zu holen.

Mit 6–7 Jahren wird er damit beauftragt, das Haus und den Hof auszufegen. Mit 7 Jahren gehört es zu seinen Aufgaben, den *nixtamal*[4] zu waschen und sogar kleinere Flickarbeiten an seiner Kleidung selbst vorzunehmen.

Ein Jahr später wird er angehalten, das Feuer zu entfachen und beim Wäschewaschen mitzuhelfen. All diese Arbeiten sind identisch mit den Aufgaben der Mädchen in diesem Alter. Die Jungen werden in den wichtigsten Dingen des Haushalts angelernt, um im Notfall in der Lage zu sein, sich selbst zu versorgen. Diese Aufgaben werden den Jungen jedoch nur bis zum 14. Lebensjahr übertragen; danach widmen sie sich ausschließlich den Arbeiten auf dem Feld und helfen ihrem Vater.

Die Arbeit auf dem Feld beginnt mit etwa 8–9 Jahren bei der Maisernte. In diesem Alter geht der Junge ebenfalls auf Vogeljagd und hütet die Kühe auf der Weide. Mit etwa 10–12 Jahren hilft er auch beim Säubern und Säen des Maisfeldes. Ab 12 Jahren benutzt er zum Fischen im Fluss bereits das große Wurfnetz wie sein Vater. In diesem Alter hat der Junge also bereits alle wichtigen Arbeiten eines Mannes kennen gelernt und ist seinem Vater eine große Hilfe.

Später, mit 17–20 Jahren, beginnt er, wie fast alle Männer des Dorfes, zusätzliche Arbeit bei einer Firma in der Stadt (Straßen-, Hausbau, Elektrizität etc.) zu suchen.

Mit 18 Jahren ist er nach mexikanischem Gesetz volljährig und wird im Dorf, wenn er bereits verheiratet ist, als eigenständiges Mitglied der Gemeinschaft angesehen, d. h. er hat Stimmrecht in den Versammlungen der Männer und ist zur

---

4 *Nixtamal* sind die in Kalkwasser aufgekochten Maiskörner, aus denen dann der Maisteig für die *tortillas* (Maisfladen) zubereitet wird.

Mitarbeit in der *faena*⁵ verpflichtet. Denselben Status erlangt er, wenn er noch nicht verheiratet ist, mit 20 Jahren. Das durchschnittliche Heiratsalter der Männer liegt zwischen 18 und 22 Jahren.

DIE ERZIEHUNG DER MÄDCHEN Bereits im Alter von 2–3 Jahren beginnen die kleinen Mädchen, einige Teile ihrer Kleidung selbst zu waschen, wenn sie ihre Mütter zum Wäschewaschen an den Fluss begleiten. Dies ist jedoch mehr ein Spiel als tatsächliche Arbeit für sie, da sie lediglich versuchen, ihre Mütter nachzuahmen.

Mit etwa 6–7 Jahren tragen die Mädchen gelegentlich ihre kleineren Geschwister für einige Zeit im Tragetuch auf dem Rücken und entlasten so ihre Mütter beim Aufpassen des Babys.

Die ersten Aufgaben bekommen die Mädchen mit 6–7 Jahren. Es handelt sich um verschiedene Arbeiten im Haushalt wie das Waschen des *nixtamal*, das Sammeln und Herbeitragen von Feuerholz, das Holen von Wasser aus dem Brunnen, das Ausfegen im Haus und im Hof und das Nähen von kleineren Flickarbeiten.

Mit 7 Jahren beginnt das Mädchen, der Mutter beim Mahlen der Maiskörner mit der Handmühle zu helfen. Das Maismahlen auf dem Reibstein ist schwieriger und wird erst mit etwa 9 Jahren ausgeübt. Ebenfalls mit 8–9 Jahren geht das Mädchen der Mutter beim Wäschewaschen im Fluss zur Hand. Die ersten Versuche, *tortillas* zu formen und zu backen, unternimmt es mit etwa 10–11 Jahren. Erst danach, im Alter von 12 Jahren, wird es auch angeleitet, den Kaffee auf dem Reibstein zu mahlen. Die vollständige Zubereitung einer Mahlzeit wird dem Mädchen mit etwa 13 Jahren übertragen.

In diesem Alter ist es also bereits fähig, selbstständig einen Haushalt zu führen, so dass früher viele Mädchen mit 14–15 Jahren heirateten. Heute liegt das durchschnittliche Heiratsalter der Frauen zwischen 17 und 20 Jahren.

Abb. 2: Entkörnen des Maises.

---

5 Unter *faena* versteht man die Gemeinschaftsarbeiten in einem indianischen Dorf, an denen alle Männer teilnehmen müssen.

DER TAGESABLAUF EINER VERHEIRATETEN FRAU Das Leben einer verheirateten indianischen Frau dreht sich hauptsächlich um den Haushalt und die Familie. Auf dieses Leben wird sie, wie oben beschrieben, bereits im Kindesalter vorbereitet. Das frühe Heiratsalter und die oft große Anzahl an Kindern[6] trägt dazu bei, dass Haushalt und Familie ihre Zeit voll beanspruchen. Es sind sehr wenige verheiratete Frauen, die in die Stadt gehen und dort z.B. als Waschfrau oder Haushaltshilfe arbeiten. Diese Arbeit, die der Verbesserung der finanziellen Lage der Familie dient, ist jedoch nur mit der ausdrücklichen Genehmigung des Mannes möglich.

Eine verheiratete Frau steht in der Regel früh morgens gegen 5.00 – 5.30 Uhr auf. Sie facht das Feuer neu an und setzt den Kaffee auf. Während ihr Mann aufsteht, mahlt sie den Mais und bereitet den *nixtamal* vor, um *tortillas* zu backen. Diese *tortillas* sind für das Frühstück des Mannes sowie für seinen *itakate* oder *lonche*[7] (Imbiss), den er mit zur Arbeit nimmt. Gegen 6.30 Uhr geht der Mann zur Arbeit, sei es auf dem Feld oder in einem der Unternehmen in der Stadt.

Die Frau weckt ihre Kinder und geht mindestens zweimal mit ihren Eimern und Krügen zum Brunnen, um sich frühzeitig am Tag mit genügend Wasser zu versorgen.[8] Danach bereitet sie für ihre Kinder und sich selbst zum Frühstück frische *tortillas* zu. Gegen 8.00 Uhr gehen die Kinder zur Schule bzw. in den Kindergarten. Nun kann die Frau damit beginnen, das Haus aufzuräumen. Sie rollt die *petates* (Palmstrohmatten) ein, auf denen die Familie geschlafen hat, und fegt das Haus innen und rundherum außen. Sie wäscht das Geschirr und reinigt die Kochstelle, die oftmals aus drei Steinen und dem offenen Feuer besteht.[9]

---

[6] Viele Frauen werden kurz nach der Heirat im Alter von 16 bis 18 Jahren schwanger und haben im Durchschnitt 5 bis 6 Kinder im Abstand von ca. 2 Jahren. Obschon die Gesundheitsbehörden Informationsgespräche über Familienplanung abhalten und auch gratis Verhütungsmittel verteilen, geht die Geburtenrate kaum merklich zurück. Um die Verhütungsmittel jeden Monat aus der Stadt bei der Gesundheitsbehörde abzuholen, braucht die Frau die Erlaubnis ihres Mannes. Gibt dieser seine Einwilligung nicht, wie es bei verschiedenen Frauen der Fall war, so wird sie erneut unfreiwillig schwanger. So z.B. der Fall einer jungen Frau, die im Alter von 26 Jahren bereits siebenfache Mutter war.
[7] Abgeleitet vom englischen *lunch*.
[8] Besonders in der Trockenzeit (September bis März) führen die Brunnen tagsüber kein Wasser, so dass es sogar notwendig ist, sich morgens um 3–4 Uhr mit genügend Wasser zu versorgen.
[9] Die Häuser haben keinen Gasherd, wie in den Städten üblich, und verfügen eventuell über Stromanschluss für ein oder zwei Glühbirnen im Haus. Auch haben sie keinen direkten Wasser- und Abwasseranschluss.

Abb. 3: Beim Wasserholen.

Abb. 4: Beim Wäschewaschen im Fluss.

Wenn die Frau zum Markt in die Stadt möchte, sei es um etwas zu kaufen oder zu verkaufen, so fährt sie bereits früh gegen 6 Uhr los. Meistens erledigt sie diese Einkäufe an einem Samstag oder Sonntag, wenn die Kinder nicht zur Schule gehen.[10]

An zwei bis drei Tagen in der Woche geht sie morgens gegen 9 oder 10 Uhr zum Fluss, um die Wäsche ihrer Familie zu waschen. Diese Arbeit nimmt meist 4 bis 5 Stunden in Anspruch. Meistens wird die Frau von ihren jüngeren Kinder begleitet, die die Zeit zum Baden nutzen. Auch sie selbst badet sich jetzt, so dass sie nicht mehr wie an den anderen Tagen abends gegen 18 oder 19 Uhr noch einmal zum Fluss muss. Besonders die Zeit am Brunnen beim Wasserschöpfen oder beim Wäschewaschen im Fluss bietet auch die Gelegenheit, mit den übrigen Frauen ein Gespräch zu führen und Neuigkeiten auszutauschen.

Ist kein Waschtag, so geht die Frau in dieser Zeit Feuerholz suchen, hilft bei der Ernte auf der *milpa* (Maisfeld), bringt ihrem Mann den *lonche* zur *milpa* oder erledigt andere im Haushalt anfallende Arbeiten. Mittags gegen 13 Uhr wäscht sie abermals *nixtamal* und schürt das Feuer, um erneut *tortillas* zu backen. Nun kommen die Kinder aus der Schule nach Hause und bekommen ihr Mittagessen. Später gegen 17 Uhr kehrt der Mann von der Arbeit zurück und bekommt ebenfalls frische *tortillas* zubereitet. Falls erforderlich, geht sie abermals zum Brunnen, um Wasser zu holen. Nach einem Kaffee mit der ganzen Familie gegen 20 Uhr werden die *petates* erneut ausgerollt und die Kin-

---

10 In den meisten Familien braucht die Frau für diese Fahrten in die Stadt die ausdrückliche Erlaubnis ihres Mannes bzw. vor ihrer Heirat die ihres Vaters.

der gehen schlafen. Spätestens gegen 22 oder 23 Uhr ist auch der Tag für die Erwachsenen beendet.

DIE STELLUNG DER FRAU IN EINEM NAUA-DORF Die Rolle der Frau ist stark auf die Familie und den Haushalt konzentriert. Sie ist diejenige, die den ganzen Tag über zu Hause ist und dementsprechend auch weitgehend die Erziehung der Kinder übernimmt. Somit verfügt sie über eine gewisse Entscheidungsfreiheit, was interne Angelegenheiten des Haushalts oder der Kinder angeht. Andererseits sind es aber nicht die Mütter, sondern die Väter, die an den Versammlungen in der Schule der Kinder teilnehmen und die dort anliegenden Probleme diskutieren. Dies gilt natürlich ebenso für die allgemeinen Versammlungen des Dorfes oder des *ejidos* (gemeinschaftlicher Landbesitz). Frauen sind an diesen Versammlungen nie beteiligt und haben demnach auch kein Stimmrecht.[11] Sogar an den ersten Versammlungen und Gesprächen, die die Gesundheitsbehörde zur Familienplanung durchführte, nahmen die Frauen zunächst nicht teil. Erst auf ausdrückliches Bestehen der Ärzte und Krankenschwestern kamen sie und standen verlegen zusammen in einer Gruppe etwas abseits des Versammlungsplatzes. Mit der Zeit wurden sie aktiver, und es konnte das *comité de mujeres* (Frauenkomitee) gebildet werden, das hauptsächlich für die Sauberkeit im Dorf verantwortlich ist. Nach dem Muster der *faena* der Männer kommen die Frauen einmal wöchentlich zusammen, um die Wege im Dorf zu fegen. Ein weiterer Aspekt des Rollenverhaltens zeigt sich in der Abhängigkeit der Frau zunächst von ihrem Vater, dann vom Ehemann, wenn es darum geht, das Dorf verlassen zu dürfen. Um Dinge in der Stadt zu erledigen, auf den Markt zu fahren etc., braucht sie die ausdrückliche Erlaubnis des Mannes. Dieses Verhalten wurde in den letzten Jahren immer mehr von außen beeinflusst. Allein die Tatsache, dass die Frauen immer mehr von den Regierungsorganisationen in Projekte und Programme eingebunden werden, bedeutet, dass sie immer öfter das Dorf verlassen müssen, was von den Männern zwar nicht unbedingt begrüßt, jedoch geduldet wird. So werden beispielsweise von verschiedenen Regierungsinstitutionen Gespräche über Gesundheit, Familienplanung, Gewalt in der Familie, Rechte der Frauen etc. in den Indianergemeinden durchgeführt bzw. Frauen zu Diskussionstagen und -foren nach Pachuca,

---

11 Mir ist auch nicht bekannt, dass die Frauen indirekt durch Gespräche mit ihren Ehemännern wesentlichen Einfluss auf die Angelegenheiten des Dorfes nehmen. Jordan weist ebenfalls die starke Konzentration der Frauen auf Haushalt und Kinder hin, erwähnt aber anderseits die indirekte Einflussnahme auf die Entscheidungen der Männer (1987: 145ff). Auch Van't Hooft bezeichnet die soziale Stellung der Frauen in der Naua-Gemeinde Nanayatla als dem Mann untergeordnet, nennt die soziale Organisation *androzentrisch*, d.h. auf den Mann konzentriert (1994: 36).

die Hauptstadt des Bundesstaates Hidalgo, eingeladen. Bei den Frauen, die an diesen Veranstaltungen teilnehmen, handelt es sich bezeichnenderweise oft um junge, noch ledige Frauen oder Witwen, die somit wenig Schwierigkeiten hatten, für 2 Tage nach Pachuca zu reisen. Wenn verheiratete Frauen teilnehmen, bringen sie oft eins oder zwei ihrer Kinder mit, wirken während der Verstanstaltungen beunruhigt und äußern ihre Angst gegenüber dem Ehemann. Da die Veranstaltungen immer stärker besucht werden, kann allerdings davon ausgegangen werden, dass die Frauen immer mehr Freiräume gewinnen.

Ein weiteres Beispiel hierfür ist das seit 1997 durchgeführte Sozialhilfeprogramm der Regierung, mittels dessen an bedürftige Familien Gelder für alle schulpflichtigen Kinder gezahlt und Lebensmittelpakete verteilt werden. So erhielt z.B. im Jahr 1999 eine Familie mit 7 Kindern die Summe von 980 mexikanischen Pesos (ca. 105 Euro), was verglichen mit dem offiziellen Mindestlohn von 22 Pesos pro Tag, d.h. 660 Pesos im Monat eine beträchtliche Summe darstellte.

Im Gegenzug verpflichten sich die Familien dazu, an regelmäßigen ärztlichen Kontrolluntersuchungen teilzunehmen. Die Zahlungen erfolgen individuell an jede Hausfrau und werden in jedem Dorf von einer Dorfangehörigen überwacht. Die Repräsentantin des Programms ist inzwischen in jedem Dorf eine einflussreiche Person und steht somit dem stets männlichen *juez* (Dorfvorsteher) gegenüber, so dass sich die traditionelle Rollenverteilung langsam ändert.

Durch verschiedene äußere Einflüsse, wie die oben genannten Regierungsprogramme, aber auch durch den Einfluss der Medien ist in den letzten Jahren ein Gegengewicht in der Macht- und Rollenverteilung zwischen den Geschlechtern sowohl innerhalb jeder einzelnen Familie wie auch innerhalb des Dorfes insgesamt entstanden – eine Entwicklung, die sicherlich interessant zu beobachten sein wird.

LITERATUR

Jordan, Mary J.
1987 Huejutla: women's contributions to the economy. Dissertation at the State University of New York at Stony Brook. Ann Arbor, Michigan.

Raesfeld, Lydia
2002 Humotitla-Candelaria, Ethnographie eines Naua-Dorfes in der Huasteka, Mexiko. http://freidok.uni-freiburg.de/volltexte/566.

Van't Hooft, Anuschka
1994 Tradición oral en una comunidad Nahua de la Huasteca hidalguense. Magisterarbeit. Universität Leiden, Holland.

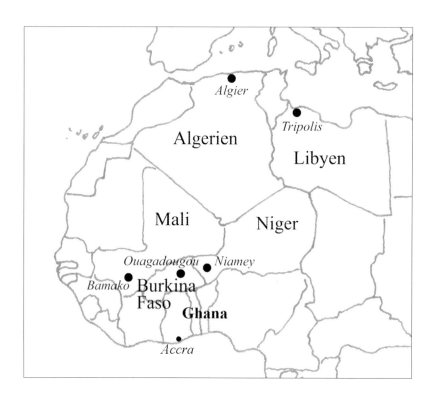

Abb. 1: Ghana mit der Hauptstadt Accra.

»Frauen wollen doch nur Kleider!«
Materielle Wünsche und Geschlechterkampf in Ghanas Hauptstadt Accra

Barbara Meier

ROLLENKLISCHEES BEI MIGRANTINNEN UND MIGRANTEN Der folgende Beitrag betrachtet die Beziehungen zwischen Frauen und Männern einer Migrantenkultur in Ghana/Westafrika.[1] Es geht dabei weniger darum, bestehende Klischeevorstellungen grundsätzlich zu entkräften, sondern eher darum, den Blick auf bislang weitgehend unbekannte Beziehungsmuster zu lenken, um auf diese Weise das von Medien, Entwicklungsorganisationen, Kirchen und Wissenschaft geprägte Bild von afrikanischen Frauen und Männern zu ergänzen.

Bei der Beschreibung von Geschlechterbeziehungen ergeben sich zahlreiche Probleme: Menschliche Beziehungen sind immer in erster Linie persönliche Beziehungen, die sich nur schwer verallgemeinern lassen. Ferner bringt es das Thema »Geschlechterbeziehungen«, das im Englischen unter dem Titel *gender studies* läuft, fast zwangsläufig mit sich, dass auf der Basis von Klischeevorstellungen Aussagen und Verhaltensweisen bearbeitet werden und dabei oftmals neue hinzufügt werden. *Gender studies* beschäftigen sich, bei näherer Betrachtung, in der Regel mit Frauen. Männer kommen in den meisten Studien kaum vor und wenn doch, dann lediglich, um die Position der Frauen zu veranschaulichen. Beide Geschlechter als gleichgewichtige Bestandteile menschlicher Gesellschaften werden im Rahmen von *gender studies* eher selten betrachtet. Abschließend wäre das Problem der Rollenfestlegung zu nennen. Insbesondere Frauen in Afrika werden in der Regel ausschließlich in ihrer Rolle als Ehefrauen und Mütter gesehen. »Es stellt sich jedoch die Frage, ob es sich bei diesem ausschließlichen Blickwinkel nicht um einen so genannten Ethnozentrismus[2] handelt.«[3] Denn es wird dabei außer Acht gelassen, wie eine Frau sich

---

[1] Interviews und Beobachtungen in Ghana wurden zwischen 1988 und 1998 mit der finanziellen Unterstützung der Deutschen Forschungsgemeinschaft durchgeführt.
[2] Unter *Ethnozentrismus* versteht man den Vorgang, bei dem man die in der eigenen Gesellschaft gültigen Normen, Überzeugungen und Verhaltensweisen bewusst oder unbewusst auf andere überträgt und sie danach beurteilt (siehe: Hirschberg 1988). M. E. könnte es sich hier um einen christlich geprägten Ethnozentrismus handeln, der die Mutterschaft besonders hoch bewertet. Allerdings, so mag man entgegenhalten, wird die Mutterschaft in ganz Afrika hoch eingeschätzt. Dafür spricht insbesondere der allgemein schlechte Status kinderloser Frauen.
[3] Meier 1997a: 91.

als Schwester, Freundin, Tante, Tochter oder Großmutter fühlt, handelt und was von ihr in diesen Rollen erwartet wird. Auch die Rolle von Männern als Ehemänner, Brüder, Freunde, Väter, Söhne oder Großväter spielt für die Beschreibung von Geschlechterbeziehungen eine wichtige Rolle, denn es steht außer Frage, dass sich Männer und Frauen nicht isoliert betrachten lassen.

Die folgenden Ausführungen sind ein Versuch zu erklären, warum junge männliche Migranten ihren weiblichen Mit-Migranten oftmals mit unverhohlener Abneigung gegenüberstehen. Dabei beschreibe ich den Standpunkt der jungen Männer in ihrer sozialen Situation vor und während dieses Lebensabschnittes in der Migration. Diese Migranten schreiben den unabhängigen Migrantinnen schlechte Charaktereigenschaften wie Habgier, Selbstsucht und Vergnügungssucht bis hin zu Prostitution zu und halten sich für die aufrichtigeren, besseren Vertreter ihrer Herkunftskultur. Besonders alleinstehende junge Frauen genießen einen schlechten Ruf, was soweit geht, dass männliche Migranten in der Stadt anlässlich der Partnerwahl eine junge, vermeintlich unverdorbene Frau vom Lande der Städterin vorziehen. Junge Männer fühlen sich benachteiligt und sind angesichts vieler, scheinbar wohlsituierter junger Migrantinnen häufig verbittert.

»Eine Freundin kann ich mir nicht leisten. So ein Mädchen, das die Stadt schon kennt, will beschenkt werden und nimmt keine Rücksicht auf meine finanzielle Lage«,

berichtet Paul, ein junger Bulsa.[4] Er lebt mit seinen 28 Jahren seit über zehn Jahren in der Stadt, hatte aber seitdem noch keine Freundin. Mit seinen Bulsa-Freunden sitzt er häufig zusammen und schimpft über die Altersgenossinnen, denen es in ihren Augen an nichts fehlt.

»Die würden uns sowieso nie nehmen [...] wir haben ja nichts zu bieten. Einer Freundin muss man zumindest ein paar Mal im Jahr neuen Stoff kaufen, damit sie vor ihren Freundinnen angeben kann, und sie will am Wochenende in Bars und Diskotheken ausgeführt werden«.

Die gemeinten Frauen erklären die Situation etwas anders:

»Wenn Du einmal hier [in der Stadt] gelebt hast, nehmen Dich unsere Männer nicht mehr. Die Männer aus dem Norden sind nicht bereit, uns Frauen anständig zu versorgen. Wenn man nicht ordentlich gekleidet ist, wird man von den anderen verspottet. Als Frau in der Stadt kannst Du nur überleben, wenn Du einen großzügigen Freund hast, der Dich versorgt.

---

4 Die Bulsa sind ein kleines Volk im äußersten Nordosten Ghanas. Vielen Menschen in der südlichen Hauptstadt Accra ist deren Existenz gar nicht bewusst. Sprache, Kultur und Lebensstile unterscheiden sich sehr.

Natürlich wollen wir am liebsten heiraten. Aber unsere Männer wollen Frauen, die an nichts anderes denken, als ihnen das Essen zu kochen und viele Kinder zu kriegen. Wir haben keine großen Ansprüche; wir wollen nur gut gekleidet sein und eine vernünftige Wohnung haben«.

FRAUEN ALS MIGRANTINNEN Accra, Ghanas Hauptstadt an der Küste Westafrikas, ist bereits seit kolonialen Zeiten Anziehungspunkt für viele MigrantInnen aus dem Norden und den umliegenden Ländern. Auch nach der Unabhängigkeit Ghanas (1957) ist die Stadt für viele Menschen auf dem Lande das Ziel ihrer Hoffnungen geblieben. Zurückgekehrte Städter vermitteln ein Bild von Wohlstand und Entwicklung, und stehen in dem Ruf, es im Leben »zu etwas gebracht zu haben«. Freilich verschweigen diese Rückkehrer in der Regel, wie lange sie nach Arbeit, Wohnung und materiellem Besitz haben suchen müssen und wie schwer es war, sich in der fremden Umgebung zurechtzufinden. Bei den unzähligen Untersuchungen über das enorme Migrationsaufkommen in Ghana fällt auf, dass es in der Regel Männer sind, die Haus und Hof der ländlichen Gemeinden verlassen, um im Süden ein »besseres«, »modernes« Leben zu führen. Frauen tauchen erst seit dem letzten Jahrzehnt stärker in Berichten auf, was aber nicht heißt, dass sie erst seit kurzem als Migrantinnen in Erscheinung treten. Es ist eher auf eine Verlagerung der Aufmerksamkeit unserer Gesellschaft, der Wissenschaft, Entwicklungszusammenarbeit und Kirchenpolitik zurückzuführen, dass Frauen als eigenständig handelnde Personen gesehen werden. Bereits früher hatte man festgestellt, dass Frauen in Ghana eine starke soziale Stellung einnehmen. Besonders die städtischen Frauen Ghanas werden immer wieder als Beispiel für afrikanische Emanzipation herangezogen. So haben die Makola-Marktfrauen angeblich entscheidend in die staatspolitischen Geschicke des Landes eingegriffen[5] und auch die Frauenorganisation der *31st December Women's Movement*[6] und die *Christian Mothers Association* sind Frauenorganisationen, die weit über die Nationalgrenzen hinaus für ihren Einfluss berühmt sind und von etlichen Entwicklungsorganisationen unterstützt werden.

---

5 Akyeampong sieht in den Vorfällen zwischen Armee und Makola-Marktfrauen (1979 und 1981) einen Ausbruch lange schwelender Geschlechterkonflikte, die sich in der Zerstörung der von Frauen dominierten Märkte entluden. Männer machten Frauen für wirtschaftliche Probleme des Landes verantwortlich (Akyeampong 2000: 222).
6 *31st December Women's Movement* = »Frauenbewegung des 31. Dezember«; *Christian Mothers Association* = »Vereinigung Christlicher Mütter«

Kapitel 6: Geschlechterverhältnisse im Wandel

Abb. 2: Christliche und muslimische Frauen einer Hausgemeinschaft in Nima, dem Migrantenviertel Accras.

Abb. 3: Kochszene in einem Gehöft von Migranten aus dem Norden Ghanas in Nima/Accra.

Dennoch sind Frauen in Ghana, sowie in Afrika allgemein, laut eines weit verbreiteten gesellschaftlichen Vorurteils (besonders in den westlichen Industrienationen), Männern gegenüber im Nachteil und dies in mehrfacher Hinsicht: politisch, sozial, religiös, rechtlich und wirtschaftlich. Und in der Tat gibt es unzählige Bespiele dafür, dass Frauen im öffentlichen Leben eine randständige Rolle spielen und sich auch im privaten Bereich (Ehe-)Männern und Vätern unterordnen müssen. Diese allgemein anerkannten Tatsachen sollen und können gar nicht verleugnet werden, zumal es ohnehin sehr lange gedauert hat, bis diese Erkenntnisse allgemein Beachtung fanden und in politisches Handeln umgesetzt wurden. Allerdings sollte man bei der Beschreibung von Geschlechterbeziehungen nicht den weitverbreiteten Fehler machen, Frauen stets als unterlegen und Männer als überlegen zu betrachten. Denn m. E. verstellt man damit den Blick für viele wichtige Details, die ebenfalls eine Rolle bei der Gestaltung der Beziehungen zwischen Mann und Frau spielen.

DIE BEZIEHUNG ZUR HERKUNFTSKULTUR In der Regel ziehen Menschen aus dem entlegenen Norden Ghanas als Jugendliche und alleine in die Stadt, sobald sie das nötige Fahrgeld gespart haben. Oftmals werden Eltern und Angehörige über diesen Schritt nicht informiert. Jungen haben die Möglichkeit, bereits im Kindesalter Hühner und später Ziegen aufzuziehen und zu verkaufen, um ihr Fahrgeld zu erwirtschaften. Mädchen hingegen lassen sich von einer weiblichen Verwandten in die Stadt einladen. Diese Einladung bietet aber keinen abwechslungsreichen Erholungsurlaub, wie man meinen mag, sondern ist der Beginn einer so genannten »Pflegschaftsbeziehung«[7], bei der die jüngere unentgeltlich für die ältere Frau arbeitet, bis sie verheiratet wird. Nur selten wird den jungen Migranten von Verwandten eine höhere Schulbildung ermöglicht.

---

7 Pflegschaftsbeziehungen sind in Afrika weit verbreitet. Sie beruhen auf der allgemeinen Überzeugung, dass Eltern nicht unbedingt die besten Erzieher für ihre Kinder sind und sind zudem Ausdruck eines weiten Verständnisses von Verwandtschaft und Gegenseitigkeit. Mädchen in Nordghana haben darüber hinaus eine rituelle Verpflichtung ihren Tanten väterlicherseits gegenüber, und so ist es für sie und alle Beteiligten selbstverständlich, eines Tages zu dieser Verwandten zu ziehen und ihr einen Teil der Hausarbeiten abzunehmen. Bei den Bulsa und ihren Nachbarn sieht dieses Pflegschaftssystem eine Heirat zwischen dem Mädchen und dem Ehemann dieser Tante (bzw. einem anderen von der Tante gewählten Mann) vor. Heutzutage und besonders im städtischen Umfeld ist eine Heirat aber so gut wie ausgeschlossen. Insofern bleibt der jungen Frau zwar eine unerwünschte Ehe erspart, sie genießt aber auf der anderen Seite keine soziale Sicherheit, und das System entwickelt sich oftmals zu einem ausbeuterischen Dienstmädchenverhältnis. Eine Zusammenfassung dieses Pflegschaftsverhältnisses gebe ich in einem früheren Aufsatz in der Reihe »Gegenbilder«, vgl. Meier 1997 b.

Anders als in Deutschland sehen sich die Kinder, Enkel und Urenkel von MigrantInnen in Westafrika weiterhin als Teil der ursprünglichen Herkunftsgesellschaft, auch wenn sie diese »Heimat« aus eigener Anschauung kaum kennen und auch die Sprache nur unzureichend sprechen. Diese Migrantengenerationen haben weniger Probleme, in der Großstadt zurecht zu kommen, selbst wenn sie von Mitgliedern anderer in Accra anzutreffender ethnischer Gruppen (insbesondere die Volksgruppen der Ga, Ewe und Akan) weiterhin als Fremde betrachtet werden. Die Eltern dieser »MigrantInnen« wissen aus eigener Erfahrung um den Wert einer guten Schulbildung und versuchen nach Möglichkeit, ihren Kindern durch Besuche im Herkunftsdorf, das eine gute Tagesreise entfernt liegt, das Leben im Norden zu vermitteln. Wichtige Bestandteile der Kultur dieser Savannenvölker sind ihrer Meinung nach: Speisen[8], Sprache, Familienzugehörigkeit und eben das schickliche Verhalten gegenüber dem anderen Geschlecht[9]. In den patrilinear[10] organisierten Großfamilien im Norden bedeutet die Familienzugehörigkeit für männliche Mitglieder aber nicht nur Rechte in Bezug auf Landnutzung, sondern eine mit dem Alter anwachsende Verpflichtung, die Interessen aller Mitglieder der Familie zu vertreten. Von Migranten erwartet man in der Heimat häufig großzügige Geld- und Sachspenden. Und so kommt es, dass Migranten, die als Arbeitssuchende in der Stadt ein eher trauriges Dasein führen, sich über Jahre und Jahrzehnte nicht daheim blicken lassen können, weil sie nicht in der Lage sind, den Erwartungen gerecht zu werden. Je länger man die anstehenden Besuche hinauszögert, desto größer werden auch die diversen Schenk- und Opferverpflichtungen. So bleiben viele männliche Migranten, ob gewollt oder ungewollt, ihr Leben lang in der Fremde. Was aber alle MigrantInnen vehement verkünden, ist ihre Absicht, sich im Alter

---

8 Das im Norden des Landes verbreitetste Grundnahrungsmittel, das bei keiner Mahlzeit fehlt, ist Hirse, aus der man sowohl den täglichen Brei als auch Bier herstellt. Auch bei Zwischenmahlzeiten wird die Hirse gemahlen und mit Pfeffer und Wasser verrührt. Im Süden wächst aufgrund der klimatischen Bedingungen keine Hirse, und so ist es für die MigrantInnen aus dem Norden sehr wichtig, dass ihre Kinder, auch wenn sie im Süden leben, lernen, Hirse schätzen.

9 Es spielt im Norden Ghanas nicht nur eine Rolle, welchen Geschlechtes man ist, sondern auch in welchem genauen verwandtschaftlichen Verhältnis man zueinander steht. Mit Mitgliedern der Familie des Mutterbruders darf man sich beispielsweise sehr ungezwungen verhalten und auch anzügliche Witze machen, die anderen Personen gegenüber niemals gewagt würden. Auch auf dem Lande sind Geschlechterbeziehungen eine sehr komplizierte Angelegenheit, die genaue Kenntnis der Umstände und betreffenden Personen erfordert.

10 *Patrilinear* bedeutet, dass die Zugehörigkeit zu einer Familie über die väterliche Linie vererbt wird. So gehören Kinder immer zur Familie des Vaters. Die Familie der Mutter nimmt eine andere Stellung ein. Darüber hinaus sind die hier angesprochenen Ethnien *virilokal*, das heißt, dass eine Frau bei ihrer Heirat in das Gehöft des Mannes übersiedelt. In der Praxis bedeutet dies, dass alle Frauen

in der »Heimat«[11] im väterlichen Gehöft niederzulassen. Es kommt aber sehr häufig vor, dass es bei dieser Absicht bleibt. Die Beziehung zur Familie daheim ist häufig durch die lange Abwesenheit arg strapaziert, und wenn die eigenen Kinder das Leben in der Stadt vorziehen, schwinden die Aussichten auf eine problemlose Wiedereingliederung auf dem Land. Frauen, die als mitreisende Ehefrauen in die Migration gelangt sind, haben ebenfalls zwiespältige Gefühle bei der Vorstellung, wieder aufs Land zu ziehen. Einige leben sich nie so richtig in die fremde Großstadt ein und führen ein relativ begrenztes »Dorfleben« innerhalb ihres sozialen und nachbarschaftlichen Milieus in der Stadt. Andere verstehen es, die neuen Gelegenheiten für Handel und Kontakte zu nutzen. Und so kann es durchaus sein, dass Frauen sich weigern, mit ihren arbeitslos gewordenen Ehemännern in das Heimatdorf zurückzukehren. Solche Fälle führen dann unweigerlich zur Auflösung einer Ehebeziehung, indem die Ehefrauen ihre Ehemänner (mitunter einschließlich Kinder) schlichtweg verlassen, um bei anderen Verwandten in der Stadt zu bleiben bzw. erneut zu heiraten. Die Familien daheim kommentieren in solchen Fällen, dass der Charakter der Frauen in der Stadt verdirbt. Doch haben die Migrantenehefrauen in der Stadt wenig Gelegenheit, das Zusammenleben mit den (häufig völlig fremden) Ehefrauen im Gehöft des Mannes[12] zu »üben« und hätten im ländlichen Gehöft in der Tat als vermeintlich reiche Migrantenfrau mit allerlei Neid und anderen Problemen zu kämpfen. Ein heimgekehrte Bäuerin in Sandema berichtete, wie keine einzige Frau der Großfamilie ihr beim Gründen eines neuen Hausstandes oder bei der Landwirtschaft half. Diese hatten von ihr Geschenke erwartet, die sie aber einfach nicht hatte. So hat Migration im ländlichen Raum häufig eine kurzfristige Auflösung der Solidargemeinschaft zur Folge.

---

in einem Gehöft entweder unverheiratete Töchter oder aus anderen Familien eingeheiratete Ehefrauen sind. Für Männer bedeutet diese soziale Organisation also, dass sie in der Regel zeitlebens im väterlichen Gehöft leben werden (es sei denn, sie wandern aus), während Frauen bzw. Mädchen schon sehr früh lernen, dass sie spätestens bei ihrer Heirat das elterliche Gehöft verlassen müssen (bzw. sie verlassen es schon früher, um bei einer verwandten Frau zu leben).

11 Den Begriff »Heimat« gibt es in den Sprachen Nordghanas nicht. Dies bedeutet aber keineswegs, dass es den Menschen an einer emotionalen Verbundenheit mit ihrem Herkunftsort / ihrer Region mangelt. Es sind vielmehr Begriffe wie »unsere Erde« oder »unser Ort« und insbesondere die Inhalte (Lebensweisen, Normen, Sprache etc.), die unser Konzept von Heimat vermitteln.

12 Wie in dem virilokalen System der Gesellschaften Nordghanas üblich, hat eine Familie in den Schoß der Familie des Mannes zurückzukehren. Nur dort hat sie aufgrund des vererbten Anspruches auf Land die Möglichkeit, ein Auskommen zu erwirtschaften. Erst seit etwa zwei Jahrzehnten kommt es immer häufiger vor, dass eine Migrantenehefrau im Hauptort der Bulsa ein eigenes Haus bauen und dort leben kann. Der Ehemann wird dann in der Regel mal bei ihr und mal im väterlichen Gehöft leben.

›GESCHLECHTERKAMPF‹ IN DER STADT Oftmals wird Frauen aus solchen patrilinearen Gesellschaften wie denen im Norden Ghanas auch von Seiten der Ethnologie eine schwächere Bindung an die Herkunftsgesellschaft unterstellt, bzw. sie werden als anpassungsfähiger an städtisches Leben beschrieben.[13] So könnte man auf die Idee kommen, dass auch die hier beschriebenen jungen Migranten ihre eigenen Anpassungsschwierigkeiten an die städtischen Lebensbedingungen den scheinbar erfolgreicheren Frauen ankreiden. Aber auch diese Erklärung ist eher ein nur teilweise zutreffendes Klischee, als eine fundierte Tatsache. Denn dieses Erklärungsmodell lässt die vielen schlecht ausgebildeten Migrantinnen außer Acht, die mit einem kärglichen Markthandel ein eher trauriges Dasein fristen und lange auf einen ersehnten Besuch im Heimatdorf sparen. Und die Annahme, dass Frauen in solchen Gesellschaften keine Verantwortung für ihre Familien auf dem Lande haben ist m. E. ein Vorurteil. Sehr viele der von mir befragten Frauen sorgen nicht nur für die Ausbildung ihrer eigenen Kinder, sondern sie kümmern sich häufig auch um die Nachkommenschaft ihrer Brüder.[14] Für diesen Erklärungsansatz, dass das verhalten-aggressive Geschlechterverhältnis auf die bessere Anpassungsfähigkeit von Frauen zurückzuführen ist, spricht der historische Blick auf die Geschlechterbeziehungen in Accra von Akyeampong.[15] Wenn man seinen Ausführungen folgt, erfährt man, dass bereits in vorkolonialen Zeiten Accra zu einer Stadt heranwuchs. Zunächst waren es Männer, deren Arbeitskraft gebraucht wurde. Aber schon bald sahen Frauen eine wirtschaftliche Nische: die der Versorgung mit Lebensmitteln und, so Akeampong, mit Sexualität.[16] Für die im Süden Ghanas dominierende Volksgruppe der Akan habe Sexualität in der Beziehung der Geschlechter immer schon eine entscheidende Rolle gespielt, wie die Lieder der Pubertätsriten der Akan-Mädchen zeigen: »*Wenn einer mit Dir schläft und Dir dafür nichts gibt, erschlag ihn!*«[17], heißt es darin, und die Männer reagierten auf diesen berechnenden Umgang mit der sexuellen Verfügbarkeit mit der Herabsetzung des weiblichen Geschlechts. »Männer (sowohl in der Stadt als auch auf dem Lande), junge und alte erlebten das frühe 20. Jahrhundert als Ära des Geschlechterchaos und der moralischen Krise«[18]. Liebe wurde zum Handelsgut einer mehr oder weniger formal ausgebildeten Prostitution. Auch die ansonsten

---

13 Wurster / Ludwar-Ene 1995: 155 ff.
14 Die meisten Frauen sind in Gruppen, Clubs und Vereinen organisiert. Etliche dieser Frauen-Vereine unterhalten kleine Entwicklungsprojekte in ihren Herkunftsorten (z. B. Decken und Lampen für ein Krankenhaus oder Schulbücher für eine Schule, etc.).
15 Akyeampong 2000: 222 ff.
16 Ebd.: 224 ff.
17 Ebd.: 225, eigene Übersetzung.
18 Ebd.: 227, eigene Übersetzung.

streng definierten ehelichen Beziehungen blieben von diesem Geschlechterkrieg nicht verschont. Frauen setzten, wie Akyeampong anschaulich beschreibt, ihre Sexualität unverblümt als Waffe im Kampf um ihre wirtschaftlichen Interessen ein.[19] Männer hatten dem wenig entgegenzusetzen und schufen als Gegenposition das Bild des romantischen, redlichen, armen Mannes, das in etlichen der berühmten Highlife-Songs zum Ausdruck kommt: *»Du willst Stoffe aber keine Kinder«* heißt es in einem und in einem anderen wird das ausgedrückt, was viele der Migrantenmänner aus dem Norden praktizieren: *»Gebt mir ein Busch-Mädchen«*, d.h. ein unverdorbenes Mädchen vom Lande.[20] Ende der 1930er Jahre stellten die Kolonialbeamten fest, dass vor allem die Frauen aus Nordghana in dem Ruf standen, ihre Männer, mit denen sie in den Süden gelangt waren, zu verlassen, sobald sich ein zahlungskräftiger Mann einfand.[21] Und bis heute wird in den Nachbarländern »Ghana-girl« als Synonym für Prostituierte genutzt, wenngleich die Kolonialverwaltung und später die ghanaischen Behörden und Kirchen alles daran gesetzt haben, Frauen wieder auf ihren »rechtmäßigen« Platz unter die Herrschaft der Ehemänner und Väter zu setzen.[22] Die Ehe wurde aufgewertet und die Scheidung für Frauen erschwert. Aber diese Maßnahmen konnten den Eindruck der materialistischen Frauen im alltäglichen Geschlechterdiskurs nicht überwinden. Unter dem Präsidenten Acheampong hieß es: *»Bring your backside for a Golf«*, eine Überzeichnung korrupter Staatsbediensteter, die ihren Geliebten bereitwillig die Dienstwagen (VW-Golf) für deren sexuelle Dienste überließen. Die solchermaßen wirtschaftlich erfolgreichen Frauen waren bzw. sind für »normale« Männer mit ihren regulären Einkommen unerreichbar[23] und ihre Zahl wird aufgrund der Frustration angesichts der finanziellen Situation in den männlichen Phantasien größer eingeschätzt, als sie in Wirklichkeit ist.

SCHLUSS Es fällt schwer, ein abschließendes Resümee über die Geschlechterbeziehungen in Ghanas Hauptstadt zu ziehen. Fest steht: Die Vertreter beider Geschlechter reiben sich an einer Reihe von Vorurteilen und halten so eine verhaltene Aggressivität aufrecht. Wirtschaftliche Hoffnungen sind nicht nur bei MigrantInnen seit jeher der Auslöser für diese sexuellen Spannungen. Es gibt nur wenige *big men*[24]; aber, und das ist das Problem vieler, die gerne *big men*

---

19 Ebd.: 228.
20 Ebd.
21 Ebd.: 228f.
22 Ebd.: 229.
23 Ebd.
24 *big men* = »große Männer«.

sein möchten, es gibt auch *big women*, die sowohl von den Männern als auch von ihren Geschlechtsgenossinnen als »unmoralisch« verschrien werden. Die Spannungen, die in Accra zwischen den Geschlechtern herrschen, sind jedoch nicht nur negativ zu sehen: Sie finden einen kreativen und oft humorvollen Ausdruck in Geschichten, Romanen und Liedern, die so als Ventil für angestaute Aggressionen dienen. Auch als Botschaft der Designs der attraktiven Wachs-Druckstoffe, in subtilen Redensarten sowie in unterschwellig anzüglichen Unterhaltungen werden diese Reibungen zwischen Männern und Frauen zum Bestandteil einer für alle Beteiligten unterhaltsamen Alltagskultur.

LITERATUR

Akyeampong, Emmanuel
2000 »Wo pe tam won pe ba« ("You like cloth but you don't want children"). Urbanization, Individualism & Gender Relations in Colonial Ghana 1900–1939. In: Anderson, David M. und Richard Rathbone (eds.): Afrika's Urban Past. Oxford / Portsmouth, S. 222–234.

Hirschberg, Walter (Hrsg.)
1988 Neues Wörterbuch der Völkerkunde. Berlin.

Meier, Barbara
1997a »Weibliche Väter« und »kleine Frauen«. Lebensfördernde Rituale von Frauen bei den Bulsa, Ghana. In: Völger, Gisela (Hrsg.): Sie und Er. Frauenmacht und Männerherrschaft im Kulturvergleich. Köln, S. 91–98.
1997b Kinderpflegschaft und Adoption in Ghana: Die kleinen Ehefrauen der Bulsa. In: Bertels, Ursula; Eylert, Sabine und Christiana Lütkes (Hrsg.): Mutterbruder und Kreuzcousine. Einblicke in das Familienleben fremder Kulturen. Münster, S. 85–95.

Wurster, Gabriele und Gudrun Ludwar-Ene
1995 Commitment to urban versus rural life among professional women in African towns. In: Reh, Mechthild und Gudrun Ludwar-Ene (Hrsg.): Gender and Identity in Africa. Münster / Hamburg, S. 153–167.

Kapitel 7: Geschlechtsrollenwechsel

Abb. 1: Der Obere Xingu im Bundesstaat Mato Grosso, Brasilien, ist das Siedlungsgebiet von 12 indianischen Gruppen mit unterschiedlichen Sprachen. Sie werden in Brasilien Xinguanos genannt.

Yamarikumá
Die mythischen Heldinnen vom Oberen Xingu, Brasilien

Ulrike Prinz

DER OBERE XINGU Die Region des Oberen Xingu des brasilianischen Bundesstaates Mato Grosso ist ein typisches indianisches Rückzugsgebiet, das bald zum Indianerreservat deklariert wurde. Zwischen den Quellflüssen am Übergang von Buschsteppe zum amazonischen Regenwald leben zwölf indianische Gruppen fünf unterschiedlicher Sprachfamilien. Über die Jahrhunderte haben diese sich kulturell so stark aneinander angeglichen, dass man fast von einer Ethnie sprechen kann. Jede einzelne Gruppe ist politisch unabhängig und bewohnt ihr eigenes Dorf. Das überwiegend friedliche Zusammenleben der Xinguanos basiert auf gemeinsamen Handelsinteressen, dem Austausch durch Heiraten und Festen. Die kulturellen Gemeinsamkeiten entstanden durch das Einbeziehen individueller Beiträge einzelner Dörfer in die Gemeinschaft der Xinguanos. Dabei wurden sowohl materielle Beiträge, wie die Herstellung von Bögen, Körben und Töpfen, integriert als auch rituelle und erzählerische Darbietungen adaptiert.

Die Inszenierung eines »Geschlechterstreits«, um die es im Folgenden gehen soll, basiert mit großer Sicherheit auf den Vorstellungen der arawak-sprachigen Gemeinschaften, der Waurá, Mehinako und Yawalapiti. Bis heute bewahren vor allem diese das Wissen über die kämpferischen Frauen.

Der Komplex des »Geschlechterantagonismus« oder des »Streits der Geschlechter« im amazonischen Tiefland gründet sich auf die Beobachtungen westlicher Forscher, denen die hervorgehobene räumliche und soziale Trennung der Geschlechter aufgefallen war. Obgleich die Familien der Xinguanos in einem Großhaus meist harmonisch zusammen leben, ist das Dorf in Männer- und Frauenbereiche aufgeteilt. Während die Männer eher das Zentrum des Dorfes besetzen, wo sich ihr zeremonielles Männerhaus befindet und wo die Vorbereitungen zu rituellen Veranstaltungen besprochen werden, ist der Ort der Frauen an der Peripherie des Dorfes und orientiert sich hin zu den Feldern und zum Wald. Hier haben sie ihren Arbeitsplatz und ihre Kochstellen, wo sie sich gegenseitig Besuche abstatten.

Das »Männerhaus« ist das spirituelle Zentrum des Dorfes. Hier werden Flöten und andere Gegenstände aufbewahrt, die vor dem Blick der Frauen geschützt werden müssen.

Kapitel 7: Geschlechtsrollenwechsel

Abb. 2: Das Männerhaus ist der Ort für offizielle Ereignisse.
Hier werden gerade Geschenke verteilt.

Wenn diese Flöten zu bestimmten Gelegenheiten im Männerhaus gespielt werden, müssen sich die Frauen in die Wohnhäuser zurückziehen. Neugierigen Frauen wurde früher mit einer Vergewaltigung durch alle Männer des Dorfes gedroht; heute heißt es, ihnen würden alle Haare ausfallen, falls sie die Männer beim Spielen der so genannten heiligen Flöten beobachteten. In der Literatur wurde dieses Ritual, das sich auch in Nord-West-Amazonien findet, als *trumpet cult* oder als *male dominance complex*[1] bezeichnet. Aus der strengen Trennung der Geschlechter und dem Ausschluss der Frauen vom Flötenfest schlossen westliche Forscher auf ein feindliches Verhältnis der Geschlechter untereinander und gleichzeitig auf eine Unterdrückung der Frauen durch die Männer.

Es macht eine Besonderheit des Oberen Xingu Gebietes aus, dass sich hier neben den männlichen Flötenfesten auch Frauenrituale erhalten haben, von denen die Männer ausgeschlossen sind.

KAMPF DER GESCHLECHTER? Während das Männerfest der »heiligen Flöten« bereits seit Beginn der wissenschaftlichen Erforschung des Kontinents im Mittelpunkt des Interesses stand[2], fand sein rituelles Gegenstück, das *yamarikumá*-Ritual der Frauen, bis heute kaum Beachtung.

---

[1] Male dominance complex = Verhaltenskomplex, in dem Männer in allen Bereichen des gesellschaftliche Lebens tonangebend sind.
[2] Vgl. hierzu vor allem Zerries 1953.

Erst mit dem Eintreffen von Forscherinnen in den 1960er und 1980er Jahren wurde das *yamarikumã*-Fest bekannt. Im Gegensatz zu ihren männlichen Kollegen, welche die Frauenfeste als »burleske« Umkehrung der Flötenrituale beschreiben, sind sich die Beobachterinnen sicher, dass sich das Frauenritual in Melodie und *setting* (»Bühnenbild«) *komplementär*, also umgekehrt und ergänzend, zum Flötenspiel der Männer verhält und durchaus ernst zu nehmen ist.[3] Sie zeigen weiterhin, dass der darin zur Schau gestellte »Krieg der Geschlechter« keineswegs direkt auf das alltägliche Verhältnis zwischen Männern und Frauen übertragen werden kann und eher spielerischer Natur sei.

Die Untersuchung der Frauenfeste belegt aber nicht nur die Existenz eines eigenständigen weiblichen Kulturbereichs, sie wirft auch neues Licht auf die Flötenfeste der Männer und meldet Zweifel an bisherigen Forschungsergebnissen an, die weiterhin von der Unterdrückung der Frauen durch die Männer ausgehen. Seine Existenz widerspricht auch der weit verbreiteten Meinung, der Umgang mit den Geistern sei alleiniges Privileg der Männer.

DAS YAMARIKUMÁ-FEST Das *yamarikumá*-Fest inszeniert einen rituellen Geschlechterrollenwechsel. Die Frauen »verwandeln« sich in Geister, indem sie bestimmte Handlungen ausführen, die sonst exklusiv den Männern vorbehalten sind. Sie tragen männliche Muster auf ihre Körper auf, dekorieren sich mit dem Federschmuck der Männer und imitieren deren Rollenverhalten. In der Nachahmung parodieren die Frauen die mit großem Ernst ausgeführten Flötenfeste der Männer und ihr Verhalten. Beide Rituale werden sowohl innerhalb eines Dorfes als auch beim Zusammentreffen mehrerer Dörfer des Xingu-Gebietes aufgeführt.

Die Verkehrung der Rollen von Mann und Frau löst zwar Heiterkeit aus, doch ist der Anlass der geschlechtsspezifischen Feste – sowohl des männlichen Flötenfestes als auch des Frauenrituals – keineswegs lustig. Beide Feste werden zu Ehren von gefährlichen Geistern veranstaltet, die Krankheit und manchmal auch Tod ins Dorf bringen können. Erkrankt eine Person im Dorf und der religiöse Spezialist oder Schamane erkennt den Flötengeist oder den *yamarikumá*-Geist als Auslöser der Krankheit, so muss die betreffende Person über den Zeitraum eines Jahres Feste für diesen Geist abhalten. Das bedeutet, dass er oder sie Tänzerinnen und/oder Flötenspieler aus dem Dorf »bezahlt«, damit sie durch ihre Darstellungen den Geist besänftigen und das Verhältnis der vorher kranken Person und des Geistes zu einem freundschaftlichen Verhältnis wandeln.

---

[3] Vgl. Basso 1985 und Monod-Bequelin 1982.

Kapitel 7: Geschlechtsrollenwechsel

Abb. 3: Zwei Mädchen üben sich im hukä-hukä Ringkampf – eine männliche Sportart, die während des yamarikumá-Festes auch von Frauen ausgeübt wird.

Neben den Darbietungen für eine Person der Dorfgemeinschaft gibt es auch einen jahreszeitlich bedingten Anlass für das *yamarikumá*-Fest. Es beinhaltet zwei Phasen[4]: eine Vorbereitungszeit, die mit dem Einsetzen des Regens und dem Zeitpunkt der *Pequi*-Reife[5] beginnt (September–November), und einer aktiveren Phase, die mit Tänzen nach dem Regen einsetzt (April–Mai).

Wenn nach dem Regen die aktivere Phase des *yamurikumá*-Rituals beginnt, tanzen die Frauen, mit männlichem Körperschmuck dekoriert, von Haus zu Haus. Sie singen Lieder, die davon erzählen, wie einst die Männer zum Fischen gingen, um danach das Initiationsfest der Knaben zu feiern, mit dem diese in die Gemeinschaft der Männer aufgenommen werden. Es wird erzählt, dass die Männer nicht zurückkamen, da sie sich im Wald in Wildschweine verwandelt hatten. So mussten die Frauen die Aufgaben der Männer übernehmen. Dabei verwandelten auch sie sich in Geister, ihre Söhne wurden zu Affen und Fischen. Als nach einiger Zeit die Männer zurückkehrten, zogen alle verwandelten Frauen durch einen unterirdischen Gang davon. Sie wanderten durch die Dörfer und überall schlossen sich ihnen die Frauen an.

---

4 Die Beschreibung der Phasen des Festes erfolgt nach Basso 1985.
5 *Pequi* ist eine sehr öl-und vitaminhaltige Frucht, die zum Ende der Trockenzeit reift.

Die von Mark Münzel (1973) aufgezeichnete Mythe *Yamarikumá* der Kamayruá-Indianer des Oberen Xingu beschreibt diesen Prozess, der mit einer Wendung endet, die uns an die antike Amazonensage[6] erinnert.

> *»Dort leben diese Frauen heute noch: Es sind bewaffnete, wilde Frauen. Sie heißen Kunha-Hürapát (Bogen-Frauen). Sie haben nur eine Brust, die linke. Auf der anderen Seite haben sie keine Brust, da schießen sie mit dem Bogen. Die Kunha-Hürapát sind sehr wild und gefährlich. All diese Frauen tragen Jaguarfell am Gürtel (früher trugen unsere Krieger Jaguarfell am Gürtel, jetzt nicht mehr, weil es weniger Jaguare gibt).*
> *Yamarikumá, der Geist, hat sich in einen wilden Indianerstamm verwandelt, in die wilden Kunha-Hürapát* (Bogenfrauen)...«.[7]

Während des *yamarikumá*-Festes dürfen sich die Frauen aggressiv gegenüber ihren Männern verhalten. Sie verhöhnen die Männer und prangern deren aggressives sexuelles Verhalten oder Ungenügen an. Es können auch deren Liebesaffären mit anderen Frauen öffentlich preisgegeben werden. Während der Tänze kann es auch zu tätlichen Übergriffen auf unvorsichtige Männer kommen, die den vorgeschriebenen Abstand nicht wahren. In dieser Zeit benutzen die Frauen auch das Männerhaus, zu dem ihnen normalerweise der Zutritt untersagt ist, um sich nach den Tänzen auszuruhen und kalte Manioksuppe zu trinken.

Diese Vorstellungen der tanzenden Frauen können sich über mehrere Monate hinziehen. Sie werden meist zur Stunde der Dämmerung abgehalten. Tagsüber nimmt das Leben im Dorf seinen normalen Lauf. Am Ende einer solchen Periode kommen Gäste aus anderen Dörfern zur Abschlussseremonie. Mit der Ankunft der Gäste verändert das Fest seinen Charakter. Der gefährliche Prozess der Verwandlung der Frauen ist abgeschlossen und die Aufmerksamkeit gehört nun eher den sportlichen Wettkämpfen und der Bewirtung der Gäste. Befindet sich am Ende eines *yamarikumá*-Festes ein Mädchen in *Seklusion*[8], so wird es nun vom Festleiter herausgeholt. Danach ist das Fest zu Ende und die Gäste reisen ab.

---

6   Zur südamerikanischen Amazonensage, vgl. Prinz 1999.
7   Münzel 1973: 245.
8   *Seklusion* = ein vom Dorfleben abgeschiedener Ort innerhalb des Großhauses, wo sich die Initiandinnen während ihrer Reifezeit aufhalten.

KARNEVAL DER GESCHLECHTER? Die *yamarikumá*-Tänze legen den Vergleich mit europäischen karnevalesken Umkehrriten, wie der Kölner Weiberfastnacht am Alten Markt oder mit dem spanischen Fest *Quando mandan las mujeres* (»Wenn die Frauen die Macht haben«) der Provinz Zamora nahe. Hier bemächtigen sich die Frauen der sichtbaren Zeichen der Macht, in diesem Fall des Bürgermeisterstabs, und »regieren« den ganzen Tag. Herausgeputzt in regionaler Tracht organisieren sie eine Straßen-Kollekte. Damit finanzieren sie ein »Bruderschaftsessen«, das mit einem Tanz endet.

Allen drei Frauenfesten gemeinsam ist ihr mythisch-historischer Rückbezug. Während die Mythen der Xinguanos vom Versagen der Männer (bezüglich der Nahrungsbeschaffung) sprechen, so geht die Kölner Weiberfastnacht, der Sturm der Frauen auf das Rathaus angeblich auf den Aufstand der Wäscherinnen zurück. Das spanische Fest in Zamora erinnert an einen Kampf im Zuge der *Reconquista*, der Wiedereroberung des von den Mauren besetzten Landes durch die Christen. Diese kriegerische Auseinandersetzung wurde durch das Eingreifen der Frauen zugunsten der Christen entschieden.

Jedes Mal wird also die Bedeutung weiblichen Handelns hervorgehoben. Was die indianischen Feste aber von unseren Riten des Karnevals unterscheidet, ist die Möglichkeit der Überschreitung des gesellschaftlichen Rahmens durch ihre transformative Qualität: durch ihre Verwandlung in Geister. Diese Geister sind wild und gefährlich, sie bedrohen die Gesundheit der einzelnen Gruppenmitglieder sowie den gesellschaftlichen Fortbestand.

INTERPRETATION Wie bereits erwähnt, singen die Frauen dieselben Melodien wie die Flöten, mehr noch: Es sind die Männer, die auf den Flöten die Frauenlieder nachspielen und sich zu diesem Zweck mit weiblicher Körperbemalung, mit den Zeichen der Menstruation, schmücken. Das Wissen der Frauen und dessen Ausdruck in den Festen ist also nicht nur den Männerritualen vergleichbar, sondern kann auch eine Originalität für sich beanspruchen.

Aufeinander bezogen wird die Bedeutung beider Feste klarer: Wenn die Frauen als *yamarikumá*-Geister »männlich« werden, so kann auch das Spiel der heiligen Flöten (die im Mythos den Frauen gehörten und die in hohem Maße Fruchtbarkeit spenden) als ein »Sich-weiblich-machen« der Männer interpretiert werden. Die strenge Rollenfestlegung der Geschlechter wird umgekehrt und dadurch unterlaufen. Während des *yamarikumá*-Festes spielen die Frauen für kurze Zeit mit männlicher Handlungsmacht und anders herum eignen sich die Männer beim Spiel der Flöten vorübergehend die Handlungsmacht der Frauen an. Diese gleichzeitige Annäherung an die Geister und an diese spezielle Macht des anderen Geschlechts ist in den Mythen des Geschlechterstreits als Betrug oder als Täuschung beschrieben.

Neuere Beobachtungen der *yamarikumá*-Feste stimmen in einem wesentlichen Punkt in ihrer Beurteilung überein: Der zur Schau gestellte »Kampf der Geschlechter« steht nicht symbolisch für das alltägliche Verhältnis zwischen Männern und Frauen. Auch die sexuelle Aggression innerhalb des Festgeschehens kann nicht als direkter Ausdruck der alltäglichen Geschlechterbeziehungen gesehen werden, denn im Oberen Xingu werden emotionale Ausbrüche außerhalb des rituellen Kontextes als ungewöhnlich und gefährlich erachtet.[9]

Wie aber erklären sich dann die Aggressionen, die sowohl im Mythos als auch im Ritual thematisiert werden? Auch die Forscherinnen gingen zum Teil weiterhin davon aus, dass die Geschlechterrituale letztendlich durch die Angst vor dem anderen Geschlecht motiviert sind, die sich dann im Ritual entlädt. Diese Angst manifestiere sich in den Geistern, die während des Festes herbeigerufen und durch Lieder und Tänze der (als Männer verkleideten) Frauen gezähmt werden sollen.[10]

Diese psychologisierende Deutung der Geister als Ausdruck innerer Vorgänge, wie Angst und Wut, kann jedoch kaum die Travestie der Geschlechter erklären, die während des *yamarikumá*-Festes vollzogen wird: Denn inszeniert wird eine Verwandlung – und warum sollten sich die Frauen zuerst in Männer verwandeln, um so ihre Wut auf diese los zu werden?

Geschlechtsspezifische Rituale sind weder als Ausdruck für unterdrückte Emotionen und Ängste zu verstehen noch als Ausdruck von männlicher Dominanz. Sie sind vielmehr ein gefährliches Spiel mit dem »Anderen«, das sowohl die Trennung der Geschlechter auflösen kann als auch die Trennung von Menschen und Geistern.[11] Denn obgleich die Besonderheit des Festes für uns zunächst in der Darstellung und Umkehr der Geschlechterrollen liegt, unterläuft das *yamarikumá*-Ritual nicht nur die Kategorien »Mann« und »Frau«, sondern es löst gleichzeitig die Grenzen zwischen »Menschen« und den *yamarikumá*-Geistern auf.

Der Verwandlungsprozess (von Frauen in Männer und von Frauen in mächtige Geister) ist ein wichtiger Teil der rituellen Handlung. Denn während der rituellen Verkörperung können Frauen wie Männer Bereiche betreten, die ihnen im »alltäglichen Leben« verschlossen sind. So reicht die rituelle Handlung weit über ihren symbolischen Bezug hinaus und beinhaltet gleichzeitig einen subversiven Zug. Denn die Frauen erfahren während ihrer Darstellungen am eigenen Körper, was es heißt, sich in mächtige Geister zu verwandeln.

---

9 Basso 1985: 239.
10 Basso 1985: 293.
11 Ausführlicher dazu Prinz 2002.

SCHLUSSBETRACHTUNG Die Ebenen von Spiel und Ernst, von Mythen und Alltagswelt sind im Oberen Xingu eng miteinander verquickt. Das Ritual schafft einen Rahmen, in dem Frauen und Männer schimpfen können und in dem Dinge öffentlich gemacht werden, ohne dass persönliche Feindschaften entstehen. Gleichzeitig zeichnet sich das Ritual eben gerade dadurch aus, dass seine Grenzen übertreten oder zumindest herausgefordert werden, wenn die Geister beschworen werden.

Diese Doppelbödigkeit ist typisch für die Geisterrepräsentation im Oberen Xingu. Herkömmliche Ritualtheorien nehmen diese Doppelbödigkeit kaum war. Sie verstehen das Ritual als symbolischen Ausdruck für die Gesellschaft und blenden seinen prozessualen und »verwandlungstechnischen« Charakter aus. Ihr Augenmerk liegt bisher hauptsächlich auf der Darstellung gesellschaftlicher Strukturen im Ritual: Daher wurden die amazonischen Gesellschaften, in denen die geheimen Flötenrituale der Männer eine Rolle spielten, bisher auch als Ausdruck männlicher Herrschaft verstanden. Nimmt man aber ihr Gegenstück, das *yamarikumá*-Ritual der Frauen, ernst und gibt dem Aspekt der Verkörperung im Ritual mehr Bedeutung, so wird deutlich, dass die *gender*-Repräsentationen am Oberen Xingu weniger als Ausdruck eines schrecklichen Geschlechterverhältnisses zu verstehen sind, sondern vielmehr als ein gefährliches Spiel mit dem »Anderen«, dessen Sinn in spielerischen Annäherung an das »Andere« liegt: an die Geister und gleichzeitig an das andere Geschlecht.

Die Frauenfeste am Oberen Xingu können als Gegenbild zur allgemein herrschenden Auffassung einer »Männerherrschaft« dienen, nicht aber als Entwurf einer »Frauenherrschaft«. Ebenso, wie die Flötenfeste vollziehen auch sie ein gefährliches Spiel mit dem »Anderen« nach: mit dem anderen Geschlecht und mit den Geistern, die immer wieder von außen auf die Gesellschaft einwirken. Beide sind zeitlich begrenzt und reihen sich im Jahreszyklus ein. So entsteht eine Art Kreislauf der »Macht« zwischen den Geschlechtern. Dabei entsprechen die Zeiten des Fischreichtums der »Männerherrschaft« und die der *Pequi*-Reife der »Frauenherrschaft«.

Die Mythen und Riten vom Kampf der Geschlechter sind weder Ausdruck eines »Kampfes der Geschlechter«, noch sind sie als sozio-politische »Herrschaft« des einen über das andere Geschlecht zu verstehen. Sie bezeichnen vielmehr unterschiedliche Domänen, die nebeneinander existieren und aufeinander bezogen sind. Die mythischen Frauen vom Oberen Xingu sind keine Amazonen, sie erlangen keinen festgesetzten gesellschaftlichen Status als Antiheldinnen. Doch auch wenn die Männer nach außen hin die politische Macht vertreten, so sind sich die xinguanischen Frauen ihrer ureigenen Handlungsmacht durchaus bewusst und setzen sie selbstbewusst ein.

LITERATUR

Basso, Ellen, B.
1985   A Musical View of the Universe: Kalapalo Myth and Ritual Performances. Philadelphia.

Coelho, Vera Penteado
1991/92   A festa do pequi e o zunidor entre os índios Waurá. In: Schweizerische Amerikanisten-Gesellschaft, Bull. 55–56, S. 37–56.

Monod-Becquelin, Aurore
1987   Les femmes sont un bien excellent: vision des hommes, être des femmes dans le haut Xingu. In: Anthropologie et Societées, 11/1, S. 121–136.

Münzel, Mark
1973   Erzählungen der Kamayurá. Alto Xingú – Brasilien. Wiesbaden.

Prinz, Ulrike
1999   Das Jacaré und die steitbaren Weiber. Poesie und Geschlechterkampf im östlichen Tiefland Südamerikas. Marburg.
2002   »Wer die Flöten hat, hat die Qual« –Vom Streit um die gender-Repräsentationen am Alto-Xingu. In: Anthropos 97, S. 397–411.

Zerries, Otto
1953   The bulroarer among South American Indians. In: Revista do Museu Paulista, N. S. 7, S. 275–309.

**Abb. 1: New York City ist eine der Hochburgen
von Crossdressern in den USA.**

»Die Seele ist alles«, sagte Aristoteles.
Gedanken zum Crossdressing. Ein Plädoyer für Toleranz

Panja Jürgens

Frauen sind feminin. Männer sind maskulin.
Rosa für Mädchen. Blau für Jungen.
Kleider für Frauen und Hosen für Männer.
Sigmund Freud: *»Wenn dir ein Mensch begegnet, ist der erste visuelle Eindruck: Frau oder Mann.«* Automatisch trifft man seine Antwort.

WAS SIND FRAUEN – WAS SIND MÄNNER? Rigide Vorstellungen darüber, wie Frauen und Männer zu sein haben, wurden im Laufe unserer Geschichte immer wieder als gesellschaftliches Muss akzeptiert und praktiziert. Eine davon ist die Kleidervorschrift. Zu allen Zeiten gab die Kleidung darüber Auskunft, *wer* und *was* die Einzelnen darstellten: Geschlecht, Status, Klasse.

Anfang des 20. Jahrhunderts wurde es ein wenig leichter. Die Kleidervorschriften lockerten sich. So verbannte Coco Chanel zum Beispiel den langen Rock und das enge Korsett. Heute sind Frauen und Mädchen in Hosen ein alltägliches Bild.

Dennoch konnten und können viele Menschen dem von der Gesellschaft erwarteten Normalbild nicht entsprechen. Es zwang und zwingt sie noch immer an den Rand. Einhergehend mit Schuldgefühlen lebten und leben auch heute noch viele eine falsche Identität. Der Kampf des inneren echten Ichs (*Persona*) mit der falschen, nach außen gelebten Darstellung der eigenen Person war und ist von Ängsten überschattet.

Hier ein Beispiel, das nur auf den ersten Blick amüsant zu sein scheint: Als ich an meinem Buch »Königinnen der Nacht – Transformationen« arbeitete, lernte ich einen Architekten in New York City kennen. Er war verheiratet und hatte zwei erwachsene Töchter, die studierten. Seine Frau bat ihn eines Tages, ihr schwarzes Cocktailkleid aus der Reinigung abzuholen. Er entschied, dass er dieses Cocktailkleid einmal selbst tragen und damit einen Abend an der Bar eines bekannten Hotels in New York City verbringen wollte. Er hatte mit gleichgesinnten Freunden ein Appartement angemietet, welches zur Aufbewahrung der Kleidung und zum Umziehen diente. Ausgerechnet an diesem Abend war eine Modenschau angekündigt, und Hotelhalle und Bar waren angefüllt mit Menschen. Als er/sie im Cocktailkleid in diesem Hotel auf die Bar zuging, sah er/sie mit Schrecken seine/ihre Frau und eine seiner/ihrer Töchter dort sitzen. Er/sie konnte gerade noch mit einem eleganten Linksschwenk wieder dem Ausgang des Hotels zusteuern. Die Lust auf einen Drink war verflogen. Am nächsten Morgen, beim gemeinsamen Frühstück mit der Familie erzählte ihm seine Tochter, dass sie am Abend zuvor eine Frau in der Halle eines Hotels gesehen hätten, die exakt das gleiche Kleid trug wie es ihre Mutter besitze und dass sie sich nun beide in der Boutique beschweren wollten, da es als Unikat verkauft worden wäre.

Abb. 1–3. David »Shonda-Lear«, ein Crossdresser in New York City, 1996

CROSSDRESSING – GEFEIERT IM SHOWBUSINESS, DISKRIMINIERT IM ALLTAG Im Showbusiness, bei Theater und Film finden wir Männer in Frauenkleidern (so genanntes *Crossdressing* oder *Transvestismus*) äußerst amüsant und unterhaltsam. Als Crossdresser und Crossdresserinnen treten in berühmt gewordenen Rollen auf:
- Toni Curtis und Jack Lemon in »Manche mögen's heiß«
- Dustin Hoffman in »Tootsie«
- Julie Andrews in »Victor und Victoria«
- Barbara Streisand in »Yentl«
- Sarah Bernhardt als »Hamlet« und als »L'Aiglon« (Sohn von Napoleon)
- die Schauspieler im Stück »Ein Käfig voller Narren« oder »Dame Edna«
- die deutsche Diseuse Georgette Dee
- Männer in Frauenrollen im japanischen Noh- und Kabuki-Theater

Außerhalb des Showbusiness wird ein Mann in Frauenkleidern jedoch als krankhaft und unnatürlich eingestuft: Der Manager eines großen Konzerns würde sofort suspendiert, wenn er mit Perücke und in Rock und Bluse seine Meetings abhalten würde. Ebenso müsste der Besitzer des Lebensmittelladens an der Ecke sein Geschäft wahrscheinlich schließen, weil er im Kleid, mit Strümpfen und hohen Schuhen Schwierigkeiten hätte, sein Gemüse zu verkaufen.

Ein Pilot der US-Luftwaffe hatte immer ein Kleid, hohe Schuhe, schöne feminine Seidenunterwäsche, eine Perücke und Make-up in seinem Koffer. Er liebte es, nach der Landung sofort in seine feminine *Persona* zu schlüpfen, um sich dann in der jeweiligen Stadt unter ganz gewöhnliche Leute zu mischen. Zum Verhängnis wurde ihm sein zu eiliges Umkleiden in den Toilettenräumen für Männer eines Flughafens. Als er von dort als Frau, im sexy Outfit, wieder herauskam, wurde ein Kollege, der ihn als Mann dort hatte hineingehen sehen, aufmerksam, da der gleiche Koffer nun in einer Frauenhand war. Der Pilot wurde identifiziert, und es kam zu seiner Entlassung.

Jedoch wird man eine Frau im Anzug mit Krawatte oder im Smoking als schick und sehr sexy bezeichnen, wie zum Beispiel: Madonna (»Express yourself«), Marlene Dietrich, Greta Garbo oder Josephine Baker.

MÄNNERSUBJEKTIVITÄT Crossdressing kann eine zeitweilige Periode im Leben eines Menschen darstellen oder permanent sein. Es ist öffentlich oder privat. Crossdressing ist kein Zeichen von Homosexualität. Viele der zeitweiligen Crossdresser sind bisexuell und verheiratet. Laut US-amerikanischen Statistiken stammt eine große Gruppe der männlichen Crossdresser aus der Mittelklasse. Sie sind heterosexuell und verheiratet. Viele ihrer Frauen gehören einer Hilfsgruppe an, zur Unterstützung ihrer Männer. An den Wochenenden begleiten sie ihre Männer, die dann Frauenkleider und Perücke tragen, in kleinere Provinzstädte, in denen sich die Crossdresser zu einem Treffen in Lokalen solidarisch zusammenfinden. In ihren täglichen Aktivitäten als Crossdresser benutzen sie Frauennamen (oftmals »Donna«). Ihre Frauen nennen sie ebenso bei diesem Namen. Doch ungeachtet der Frauenkleider und der Namensgebung erhebt der Crossdresser Anspruch auf sein Mannsein. Wenn ein Crossdresser sich einen Frauennamen gibt, ist das kein Zeichen von femininer Subjektivität. Es ist seine Männeridee, was eine Frau ist. Es ist Männersubjektivität in Frauenkleidern.

Der Psychoanalytiker Robert Stoller hat männliche Transsexualität und männliches Crossdressing als zwei entgegengesetzte Pole charakterisiert. Beide, Transsexueller wie Crossdresser, fühlen sich als eine in einem Männerkörper gefangene Frau. Für den Transsexuellen ist es das Zeichen der Männlichkeit schlechthin, welches ihn verzweifeln lässt: Er möchte keine Frau mit Phallus sein. Er wünscht sich, eine biologisch normale Frau zu sein.

Der Crossdresser dagegen braucht die Bestätigung, dass sein weibliches Verhalten nicht permanent ist. Er ist sich immer bewusst, auch auf dem »Höhepunkt« seiner Feminität (in Frauenkleidern), dass er das absolute Zeichen der Männlichkeit besitzt: einen Penis. Angekleidet mit Strümpfen, Korsett und hohen Schuhen oder im Hauskleid ist der männliche Transvestit die paradoxe Verkörperung männlicher Subjektivität.

CROSSDRESSING – EINIGE BEISPIELE AUS DER GESCHICHTE Dass sich Männer als Frauen und Frauen als Männer kleiden, hat in Europa eine lange Tradition. Man kann aber nicht davon ausgehen, dass diejenigen, die einen solchen Kleiderwechsel vollzogen, in jedem Falle transsexuell waren. Hier einige Beispiele: Allein für den Zeitraum von 1550 bis 1893 konnten niederländische Historiker 120 Frauen aufspüren, die aus höchst unterschiedlichen Motiven heraus Männerkleidung trugen. Das Gros der Fälle stammt aus dem 17. und 18. Jahrunderert, während nur drei Fälle aus dem 16. Jahrhundert bekannt wurden.[1] Aus dem Florenz des 17. Jahrhunderts dagegen sind 24 Fälle bekannt. Allerdings handelt es sich hier, im Unterschied zu den niederländischen Beispielen, ausnahmslos um Protituierte. Es kann also davon ausgegangen werden, dass die Verkleidung nicht dem Bedürfnis der Frauen entsprach, sondern der Befriedigung der erotischen Wünsche ihrer Kunden diente.[2]

Ein englischer Autor schreib 1762, es seien so viele Frauen in der englischen Armee, dass es besser wäre, eigene Regimenter für sie einzurichten.[3] Berühmte Crossdresserinnen waren Königin Christine von Schweden (1626–1689) und die französische Schriftstellerin George Sand (1804–1876).

Männliches Crossdressing wurde und wird dagegen sehr unterschiedlich wahrgenommen. Im Rahmen einer kurzfristigen rituellen Einbettung oder entsprechend den gesellschaftlichen Konventionen war ein kurzfristiges Verkleiden geduldet. Angefangen bei einigen Riten in der griechischen Antike über das Beispiel der mittelalterlichen Narrenfeste, in denen sich nicht nur profane Leute, sondern auch Kleriker in der Kirche als Frauen verkleideten[4], bis hin zu der Tatsache, dass es Frauen bis weit in das 17. Jahrhundet verboten war, auf der Bühne aufzutreten, so dass Männer die Frauenrollen spielen mussten.[5]

---

1 Dekker und van de Pol 1990: 7, 123.
2 Ebd.: 74.
3 Ebd.: 120.
4 Heers 1986: 207.
5 Dekker und van de Pol 1990. 74.

Außerhalb dieser festen Rahmen jedoch wurde ein längerer Kleiderwechsel als »widernatürlich« empfunden, wie Beipiele aus dem 18. Jahrhundert zeigen.[6]

Heute wie damals scheint vor allem die außerordentliche Stärke des Crossdressers unheimlich zu sein. Er ist jemand, der mit Ästhetik und psychologischem Gespür die Unstabilität der Begierde und der Fantasie vermittelt.

JEANNE D'ARC – EINE CROSSDRESSERIN? Einer der berühmtesten Fälle des Crossdressing ist der Fall von Jeannne d'Arc.[7] Jeder hat schon von Jeanne d'Arc gehört, aber sehr wenige Menschen wissen, dass 1431, als Jeanne d'Arc 19 Jahre alt war, die Inquisition der Katholischen Kirche das Urteil zur Verbrennung am lebendigen Leibe unter anderem deshalb aussprach, weil sie sich weigerte, ihre Männerkleidung abzulegen.

Jeanne erklärte, dass ihre Mission, ihre Motivation und die Art ihrer Kleidung eine Auftrag von Gott seien. Die Engländer drängten die Katholische Kirche, Jeanne d'Arc wegen Transvestismus zu verurteilen. Der König von England, Heinrich IV, schrieb: »Es ist genügend offenkundig und wohlbekannt, dass vor einiger Zeit eine Frau, die sich ›Die Jungfrau‹ nennt, ihre Frauenkleidung ablegte im Widerspruch zu den göttlichen Gesetzen.« Es sei verabscheuungswürdig vor Gott und bei allen Gesetzen untersagt, Kleidung und Rüstung zu tragen, die nur für Männer bestimmt seien.

Im November 1430 wurde Jeanne von den Burgundern der gefürchteten Inquisition ausgeliefert. Die Kirche erhob 70 Anklagepunkte gegen Jeanne d'Arc, die von Hexerei bis Pferdediebstahl reichten. Diese Anklagen wurden später auf 12 reduziert.

Jeanne d'Arc wurde zum Tode verurteilt, weil sie behauptete, dass ihr Transvestismus eine religiöse Pflicht sei, und weil sie ihre Vision für höher ansah als die Autorität der Kirche.

Viele Historiker hielten ihren Transvestismus allerdings für inkonsequent. Der Wortlaut ihrer Befragung bei der Gerichtsverhandlung ist in den Gerichtsakten erhalten geblieben. Hier zeigt sich, dass die Richter ihr Auftreten in Männerkleidung verurteilten und widerlich fanden. Sie verlangten, dass Jeanne sofort Frauenkleider tragen müsse. Jeanne verweigerte das, obwohl sie wusste, dass ihr Widerstand sie verdammen werde. Jeanne kam in die Folterkammer und wurde von den Folterknechten gepeinigt; man zeigte ihr, was sie erwarten würde, wenn sie sich nicht unterwerfe. In dieser schrecklichen Seelenangst, bei lebendigem Leibe verbrannt zu werden, widerrief sie am 24. April 1431 und

---

6 Ebd.: 74.
7 Vgl. Scott 1956.

klagte sich selbst an, Kleider zu tragen, die das Gesetz und den natürlichen Anstand verletzen. Sie erklärte sich einverstanden, sich der kirchlichen Autorität zu unterwerfen und Frauenkleider zu tragen. Sie wurde daraufhin gnädig dazu verurteilt, lebenslänglich bei Wasser und Brot im Gefängniss zu verbleiben.

Nach kurzer Zeit verlangte sie aber wieder ihre Männerkleidung. Die Richter fragten sie, warum sie das wolle, da diese Kleidung ihren sicheren und sofortigen Tod bedeute. Das Gericht notierte ihre Antwort: Sie sagte, es sei ihr eigener Wille. Niemand hätte sie dazu gezwungen. Sie bevorzuge Männerkleidung anstelle von Frauenkleidern. Die Inquisition verurteilte Jeanne d'Arc zum Tode, weil sie darauf bestand, ihre Männerkleidung zu tragen. Sie wurde bei lebendigem Leibe auf dem Scheiterhaufen verbrannt.

Warum aber war die Anklage des Tragens von Männerkleidung, also des Transvestismus/Crossdressings von einer solchen Bedeutung? Der wahre Grund dafür ist in einer Verfügung der Katholischen Fakultät der Universität von Paris vom 14. Mai 1431 zu finden, welche Jeannes Transvestismus verurteilte und darauf drängte, sie als Heterosexuelle (!) zu verbrennen. Die Theologen sagten, dass Jeannes Crossdressing einem heidnischen Brauchtum entspränge.

Fast 500 Jahre später, 1920, wurde Jeanne d'Arc heilig gesprochen. Aber die Tatsache, dass sie eine Crossdresserin war, wurde von der Kirche und von Frankreich verschwiegen.

VON JEANNE D'ARC ZUR ›STONEWALL REBELLION‹ Im Jahre 1969 übernahmen einige mutige homosexuelle Transvestiten die Führung gegen die Polizei, die eine Razzia im Lokal »Stonewall Inn« in Greenwich Village, New York City, plante. Der Kampf dauerte vier Nächte. Diese »Stonewall Rebellion« war die Geburt der modernen Bewegung für die Rechte von Homosexuellen.

Von der Gewalt auf den Straßen und der Brutalität der Polizei bis zur Diskriminierung im Beruf und Alltag (z.B. das Mieten einer Wohnung): Das alles ist noch immer ein Kampf für die Menschen, die in irgendeiner Weise einen Wechsel der biologisch angeblich vorgegebenen Geschlechterrolle vornehmen.

Nicht jeder stößt auf so viel Verständnis und Anerkennung der eigenen Fähigkeiten wie George Betrand/Georgina Beyer aus Carterton, Neuseeland. 1981 ließ der damals 24-jährige George Betrand eine geschlechtsangleichende Operation vornehmen, nannte sich fortan Georgina Beyer, wurde zunächst Stadträtin in Carterton, anschließend zweimal zur Bürgermeisterin gewählt und arbeitete zuletzt als Parlamentsabgeordnete.[8]

---

8 Vgl. Lenz 2001.

Crossdresser sind nur allzu oft eine Angriffsfläche für grausame Witze. Auch Filme wie »Psycho«, »Dressed to kill« und »Das Schweigen der Lämmer« schaffen Vorstellungen von geschlechts(rollen)wechselnden Menschen, die sie als krank und gefährlich darstellen. Dabei ist es genau umgekehrt: Crossdresser und Transsexuelle waren und sind meist Opfer, nicht Täter.

Gleich dem Rassismus sind meiner Meinung nach auch alle Formen der Vorurteile und des Fanatismus gegenüber geschlechts(rollen)wechselnden Menschen wie ein tödliches Krebsgeschwür. Es wäre ein großer Fortschritt, wenn sich die Menschen sich ihrer jeweiligen Verschiedenheit respektieren und füreinander einstehen würden.

LITERATUR

Ackroyd, Peter
1979   Dressing up. Transvestism and Drag. The History of an obsession. London.

Dekker, Rudolf und Lotte van de Pol
1990   Frauen in Männerkleidern. Weibliche Transvestiten und ihre Geschichte. Berlin.

Garber, Marjorie
1992   Vested Interests – crossdressing and cultural anxiety. New York.

Heers, Jacques
1986   Vom Mummenschanz zum Machttheater. Europäische Festkultur im Mittelalter. Frankfurt a. M.

Jürgens, Panja
1996   Transformations: »die Königinnen der Nacht«. Texte von Quentin Crisp. Zürich.

Lenz, Michael
2001   Die Aufsteigerin. Die politische Karriere der transsexuellen Georgina Beyer. In: TAZ, die tageszeitung vom 11. 5. 2001, S. 5.

Scott, W. S.
1956   The trial of Joan of Arc. New York.

Die enttäuschte Braut
Geschlechtsrollen in indianischen Kulturen Nordamerikas und im »Westen«

Volker Beer

Im späten 19. Jahrhundert ereignete sich auf Kodiak, einer Insel im Golf von Alaska, eine Szene, die zunächst kurios erscheinen mag: Kurz vor einer Trauungszeremonie wurde der Priester diskret darauf aufmerksam gemacht, dass er soeben im Begriff stand, zwei anatomisch männliche Ureinwohner in den heiligen Stand der Ehe zu versetzen. Einer der hoffnungsvollen Eheleute bot äußerlich ein so perfektes weibliches Bild, dass der Priester gar nicht auf die Idee gekommen war, die Braut könne womöglich »nicht echt« sein. Zur großen Enttäuschung der versammelten Gesellschaft brach der verstörte Priester in letzter Minute die Zeremonie ab.

Aus der Sicht des Priesters musste die ganze Situation äußerst irritierend, ja absurd erscheinen: Wie konnte man denn von ihm erwarten, zwei Männer zu trauen? Und was war das denn für eine seltsame »Braut«? Ebenso überrascht waren aber vermutlich die versammelten Einheimischen einschließlich der Eheleute: Sie hatten alles so schön vorbereitet, sich herausgeputzt, und nun spielte der Priester plötzlich nicht mehr mit. Was war denn mit ihm los?

Die hier skizzierte Szene ist eine typische Situation, in der Menschen aus zwei Kulturen mehr oder weniger schmerzhaft aneinandergeraten. In diesem Fall basiert das Missverständnis offensichtlich darauf, dass beide unterschiedliche Vorstellungen von der Ordnung der Geschlechter haben. Es geht hier unter anderem um die Frage: Wie viele Geschlechter gibt es eigentlich?

Wir wollen einmal versuchen, diese Szene in eine Art »Entwicklungsgeschichte der Missverständnisse« einzuordnen.

DIE WESTLICHE ZWEI-GESCHLECHTER-ORDNUNG Beginnen wir mit den westlichen Vorstellungen von »Geschlecht«. Diese setzen im Wesentlichen drei Grundannahmen voraus:
1. *Es gibt genau zwei Geschlechter.* Jeder Mensch gehört eindeutig entweder dem einen oder dem anderen an, ist also entweder männlich oder weiblich.
2. *Das Geschlecht ist natürlich.* Die Natur bringt nur zwei Geschlechter hervor. Das Geschlecht jedes Menschen basiert »ganz automatisch« auf seinem entweder männlichen oder weiblichen Körper.
3. *Das Geschlecht ist konstant.* Es kann nicht gewechselt werden.

Diese Grundannahmen scheinen selbstverständlich; sie werden in unserer Gesellschaft fast nie angezweifelt. Dabei sind alle drei fragwürdig, wenn man genauer hinsieht – dazu müssen wir zunächst nicht einmal über unseren kulturellen Tellerrand hinwegschauen:

Wesentlich mehr Kinder, als man gemeinhin annimmt, werden mit uneindeutigen Geschlechtsmerkmalen geboren. Diese natürlichen Zwischenformen werden jedoch sofort chirurgisch angepasst. Sobald ein Neugeborenes nicht in das Junge-oder-Mädchen-Schema passt, wird es schon kurz nach der Geburt entsprechend »zurecht-operiert«. Diese Fälle werden selten bekannt, da die schockierten Eltern die »peinliche Sache« meist vor der Umwelt verschweigen.

Transsexuelle stellen irritierenderweise fest, dass Körper und Geist keineswegs automatisch dasselbe Geschlecht haben müssen. Jemand kann z. B. durchaus als Mädchen aufwachsen, später aber feststellen, dass er »eigentlich« ein Mann ist, und sein Geschlecht entsprechend ändern – sozial, biologisch und juristisch.

Erst in neuerer Zeit stellen AktivistInnen und AutorInnen der so genannten Queer-Bewegung die Grundannahmen der westlichen Geschlechterordnung radikal in Frage: Sie behaupten, es gebe eine Vielfalt von Geschlechtern und sexuellen Identitäten, die gleichwertig nebeneinander stehen sollten, und leiten politische Forderungen daraus ab. Im Alltag dagegen gelingt es nur wenigen, sich tatsächlich dauerhaft dem Anpassungsdruck der Zwei-Geschlechter-Ordnung zu entziehen. Die Grundfesten westlicher Geschlechterordnung bröckeln; ob sie in absehbarer Zeit tatsächlich einstürzen werden, darf bezweifelt werden.[1]

ÜBERBLICK: ALTERNATIVE GESCHLECHTSROLLEN IN NORDAMERIKA

In anderen Kulturen gab und gibt es durchaus andere Möglichkeiten, die den Geschlechtern zugewiesenen sozialen Rollen zu ordnen: Neben männlicher und weiblicher existieren vielerorts weitere Rollen (mit je nach Kultur verschiedenen Bezeichnungen), es gibt dort also Menschen, die weder Mann noch Frau sind. Von Tahiti über Sibirien bis Nordamerika werden alternative Geschlechtsrollen aus so vielen historischen und zeitgenössischen Kulturen berichtet, dass man fast den Eindruck gewinnen könnte, nicht deren Vorhandensein, sondern eher das *Fehlen* alternativer Rollen sei die Ausnahme.

---

1 Die vielfältigen kulturellen und sozialen Mechanismen, die unsere Vorstellungen von einer zweigeschlechtlichen Weltordnung täglich neu bestärken und uns daran hindern, sie zu verändern, können hier nicht dargestellt werden. Ich empfehle hierzu den brillanten Artikel von Hirschauer: Die soziale Fortpflanzung der Zweigeschlechtlichkeit. In: Kea 2001: 29–60.

Besonders bekannt und relativ gut dokumentiert sind alternative Geschlechtsrollen in Nordamerika. Eine Untersuchung des *Gay American Indians*[2]-Geschichtsprojektes stellte 1988 in 133 nordamerikanischen Ethnien alternative Geschlechtsrollen fest. In mehr als einem Viertel der nordamerikanischen Ethnien gibt oder gab es also mehr als nur Männer und Frauen.

Menschen in alternativen Geschlechtsrollen wurden früher meist als *Berdache* bezeichnet; seit den 1990er Jahren ersetzen indianische Organisationen diese als abwertend erlebte[3] Bezeichnung durch den Ausdruck *Two-Spirit* (»zwei Seelen«).[4] Die Gestaltung dieser alternativen Geschlechtsrollen war in den unzähligen nordamerikanischen Gesellschaften teilweise ähnlich, oft aber auch recht unterschiedlich. In vielen Kulturen gab es Personen, die, anatomisch betrachtet, Männer oder Frauen waren, die aber in alternativen Rollen lebten. Man könnte hier also von vier Geschlechtern sprechen (Mann, Frau, »männlicher« Two-Spirit, »weiblicher« Two-Spirit). Andernorts sind nur »männliche« Two-Spirits bekannt.[5] Im Folgenden soll vor allem von den Letzteren die Rede sein: von anatomisch männlichen Personen, die weder eine männliche noch eine weibliche, sondern eine alternative Geschlechtsrolle einnehmen.[6]

Den »typischen« Two-Spirit gibt es nicht, zu unterschiedlich wurde diese Rolle in verschiedenen Kulturen und von verschiedenen Personen gelebt. Die folgenden Beschreibungen sollten deshalb nur als eine Art Skizze gelesen werden.[7] Ich beschreibe zunächst die »traditionellen« Two-Spirits. Von ihren modernen NachfolgerInnen wird später noch die Rede sein.

DER ALLTAG EINES TWO-SPIRIT Oft kündigte sich bereits in der Kindheit des späteren Two-Spirit ein Interesse für die Tätigkeiten des anderen Geschlechts an. In einigen arktischen Ethnien wurde dieses Interesse schon früh akzeptiert und ein anatomisch männliches Kind dann von vornherein in der

---

2 *Gay American Indians* = Organisation der schwulen Indianer Amerikas
3 Das Wort *Berdache* ist vermutlich eine französische Umformung des arabischen *Bardaj* bzw. *barah*, was »männlicher Prostituierter« bedeutet.
4 Sie übersetzen mit diesem Begriff das Northern Algonkin-Wort *niizh manitoag* ins Amerikanische, das die Vorstellung beschreibt, dass die betreffenden Personen sowohl eine männliche als auch eine weibliche Seele besitzen.
5 Ich spreche von «männlichen« Two-Spirits, wo von anatomischen Männern die Rede ist, die in einer alternativen Rolle leben, also streng genommen eben keine »Männer« sind. Leider erzwingt die deutsche Sprache diese unelegante Lösung. Ob dies in allen Fällen anatomisch eindeutige Männer oder teilweise auch anatomische Hermaphroditen (zweigeschlechtliche Menschen) waren, ist übrigens nicht genau nachzuvollziehen.
6 Die »weiblichen« Two-Spirits sind leider wesentlich schlechter dokumentiert. Vermutlich waren sie tatsächlich seltener, wurden außerdem aber auch öfter einfach übersehen oder ignoriert.
7 Wer sich für die detaillierte Beschreibung alternativer Rollen in einzelnen Ethnien interessiert, sei auf die hervorragende Arbeit von Lang 1990 verwiesen.

»weiblichen« Rolle erzogen. Meist aber fand erst in der Pubertät oder später ein Ritual statt, das aus dem jungen Mann offiziell einen Two-Spirit machte: In Prärie- und Plainsgebiet war es oft eine bestimmte Vision des angehenden Two-Spirit, die seinen Rollenwechsel bestätigte, anderswo fanden rituelle »Tests« statt, die den Betroffenen öffentlich als Two-Spirit beglaubigten und so den Rollenwechsel besiegelten – meistens (aber nicht immer) mit Gültigkeit für das gesamte weitere Leben.

So wie alle Männer und Frauen im Alltag fast ununterbrochen auf ihre Geschlechtsrolle hinweisen – durch Kleidung, Sprache, Verhalten etc. –, so nutzte auch ein Two-Spirit diese Möglichkeiten, um seinen besonderen Status darzustellen. Das für Außenstehende markanteste Zeichen des Two-Spirit war das Tragen besonderer Kleidung: Häufig trug ein »männlicher« Two-Spirit ausschließlich »weibliche« Kleidung. Auch Haartracht, Schmuck, Tattoos etc. orientierten sich meist am weiblichen Vorbild. Oft aber waren es gerade Mischformen männlicher und weiblicher Kleidung und Attribute, die den Two-Spirit als »zwischen den Geschlechtern« lebend kennzeichneten.

Auch in Sprache (Ansprachewendungen, besondere männliche oder weibliche Sprachgewohnheiten, Stimmlage etc.) und Körpersprache drückte sich der besondere Status entweder durch Imitation der weiblichen Rolle oder durch Mischformen aus. Gehen, Stehen, Sitzen, Reiten – fast jede Körperbewegung konnte genutzt werden, um die besondere Rolle zu kennzeichnen.

Sehr unterschiedlich war die Zuordnung von Two-Spirits im Bereich der Rituale. Wer als junger Mann beispielsweise in einen Männer-Bund initiiert worden war, konnte in diesem oft auch nach seinem Rollenwechsel als Two-Spirit Mitglied bleiben. An dem wichtigen Ritual der Schwitzhütte nahmen in einigen Ethnien die Two-Spirits gemeinsam mit den Männern teil, in anderen nicht. Oft gab es rituelle Funktionen, die ausschließlich von Two-Spirits durchgeführt wurden: Two-Spirits wählten beispielsweise bei den Hidatsa und Lakota den Baum für den Pfahl des Sonnentanzes aus und fällten ihn. Oft hatten Two-Spirits die besondere Fähigkeit, glückbringende Namen zu vergeben (berühmte Indianer wie Crazy Horse, Sitting Bull und Black Elk etwa verdankten ihre Namen Two-Spirits). Mit der massiven Unterdrückung der Two-Spirits durch westliche Institutionen bekamen einige Ethnien Probleme, bestimmte Rituale ordnungsgemäß durchzuführen.

Vor allem war es die Teilnahme an den Tätigkeiten des »anderen« Geschlechts, die die Rolle des Two-Spirit prägte. Meist verrichtete ein »männlicher« Two-Spirit vorwiegend »weibliche« Tätigkeiten, oft brachte er es in weiblichen Handwerken wie Perlenstickerei oder Korbflechterei sogar zu besonderer Meisterschaft. Vielerorts wiederum standen Two-Spirits sowohl männliche als auch weibliche Tätigkeiten offen, was ihren besonderen Status ausdrückte.

Ebenfalls sehr unterschiedlich gestaltete sich das sexuelle Leben der Two-Spirits. Relativ selten berichtet werden Ehen oder flüchtige Kontakte »männlicher« Two-Spirits mit Frauen oder ein völlig asexuelles Leben. Die große Mehrzahl »männlicher« Two-Spirits dagegen hatte Beziehungen zu Männern. Das Spektrum reicht hier von gelegentlichen oder häufigeren sexuellen Kontakten bis hin zu offiziellen Ehen. Als unverbindliche Sexualpartner waren Two-Spirits beliebt, weil bei ihnen die für Frauen üblichen Vorschriften bezüglich Menstruation, Schwangerschaft etc. keine Rolle spielten und sie auch sonst an weniger strenge Regeln gebunden waren. Wo offizielle Eheschließungen möglich waren, wurden Two-Spirits oft wegen ihres Fleißes und ihrer »größeren Robustheit« als Ehepartner geschätzt. Da sie keine Kinder gebären konnten, wurden sie von wohlhabenden Männern oft als Zweit- oder Drittpartner neben einer Ehefrau geheiratet. Crazy Horse beispielsweise soll mit mindestens einem Two-Spirit verheiratet gewesen sein. Jedoch gab es durchaus auch monogame Ehen zwischen einem Mann und einem »männlichen« Two-Spirit.

ALTERNATIVE GESCHLECHTSROLLEN UND HOMOSEXUALITÄT Dass in vielen nordamerikanischen Kulturen Menschen lebten, die weder eindeutig männlich noch weiblich waren, verblüffte europäische Reisende von Anfang an. Wie immer, wenn eine fremde Ordnung der westlichen in grundlegenden Punkten widerspricht, waren die EuropäerInnen kaum in der Lage, klar zu sehen, was sie da vor sich hatten. Bezüglich unseres Themas können wir feststellen, dass westliche BeobachterInnen alternative Geschlechtsrollen oft überhaupt nicht erst *wahrnehmen* konnten (oder wollten), selbst wenn sie das Phänomen direkt vor der Nase hatten.

Die amerikanische Ethnologin Mathilda C. Stevenson beispielsweise, die um die vorletzte Jahrhundertwende bei den Zuni forschte, arbeitete dort jahrelang mit einer Zuni-Informantin namens Wewha zusammen, die Stevensons Fragen bezüglich der Zuni-Kultur geduldig beantwortete. Stevenson selbst beschrieb Wewha als die größte und kräftigste Person in ganz Zuni, und auf Fotografien sehen wir Wewha mit recht markant-herben Gesichtszügen. Trotz der engen Zusammenarbeit blieb Stevenson lange Zeit die einzige Person in Zuni, die nicht im geringsten ahnte, dass Wewha keine »echte« Frau war. Stevenson kam einfach nicht auf die Idee.

Die frühesten Beschreibungen von Two-Spirits durch westliche BeobachterInnen finden wir bereits im 16. Jahrhundert. Diese Berichte standen zunächst lange Zeit unter dem Stichwort »Sodomie«. Gemeint war damit die Sünde wider die Geschlechterordnung (und somit wider den göttlichen Schöpfungsplan) und umfasste jegliche (auch ehelich-heterosexuelle) Sexualität, die nicht ausdrücklich der Fortpflanzung diente. Diese Sünde stand in der spätmittelalterlichen Rechtsprechung an dritter Stelle gleich hinter Blasphemie (Gotteslästerung) und »Verbrechen gegen die Person des Königs« und löste entsprechende Abneigung und Furcht aus. Dass den Völkern der »Neuen Welt« generell unterstellt wurde, die christliche Schöpfungsordnung nicht zu kennen und somit ohnehin in chronischer Sünde zu leben, mag allerdings das spezielle Entsetzen über indianische Männer in Frauenröcken ein wenig gelindert haben: Die IndianerInnen wurden ohnehin der Sodomie in jeder denkbaren Form verdächtigt. Beschreibungen von Two-Spirits wurden teilweise bewusst eingesetzt, um zum Bild des gottlosen und sündigen Indianers beizutragen – und so die Vernichtung indianischer Kulturen zu rechtfertigen. Umgekehrt verzerrte das vorgefasste Klischee vom »gottlosen Wilden« die Scharfsichtigkeit der EuropäerInnen und machte es ihnen schwer oder unmöglich, unvoreingenommen zu beobachten.

Interessanterweise sind einige frühe Texte (vor allem, solange in diesen von sexuellen Kontakten keine Rede ist und stattdessen vor allem das Alltagsverhalten der Two-Spirits beschrieben wird) wesentlich unbefangener und ausführlicher als spätere Quellen, in denen bereits die Abscheu vor den vermuteten sexuellen Sünden den Blick und die Feder lähmt. Bei allen frühen Quellen müssen wir also berücksichtigen, wie sehr christliche Moralvorstellungen die Beschreibungen trübten.

Mit dem Beginn der Neuzeit änderte sich die Perspektive: Die Wissenschaften bemühten sich, die Kirche als Welterklärungsmacht abzulösen und versuchten, ihr auch die Zuständigkeit für den Bereich der Geschlechterordnung aus der Hand zu nehmen. Bis zum Ende des 19. Jahrhunderts wurden innerhalb der Medizin eigens hierfür Spezialwissenschaften hervorgebracht, die sich zwar kaum mit den traditionellen Geschlechterrollen beschäftigten, dafür umso mehr mit allen *Abweichungen von der Norm*, die sie als »Perversionen« beschrieben. Bestimmend für die Beobachtung alternativer Geschlechtsrollen in Nordamerika wurde vor allem der neue Begriff »Homosexualität« – obwohl der sich nur bedingt zur Beschreibung des Lebens der Two-Spirits eignet.

EthnologInnen wie Ruth Benedict (1887–1948) beschrieben das Phänomen der Two-Spirits als »institutionalisierte Homosexualität« und rühmten den vorbildlich toleranten Umgang mit sexuellen Außenseitern in den indianischen Kulturen.[8] Sie übersahen dabei, dass Homosexualität im westlichen Sinne mit

---

8   Ebenso auch George Devereux: Homosexuality Among the Mohave Indians. In: Human Biology 9, 1937, S. 498–527; Alfred Kroeber: Psychosis or social sanction. In: Character and Personality 8, 1940, S. 204–215; Ari Kiev: The study of folk psychiatry. In: Ari Kiev (Hrsg.): Magic, Faith, and Healing: Studies in primitive Psychiatry. New York 1964.

dem Two-Spirit-Konzept kaum etwas zu tun hat: Ein westlicher Homosexueller hat sexuelles Interesse an Personen des gleichen Geschlechts, weicht aber sonst nicht unbedingt von seiner männlichen Geschlechtsrolle ab. Der Begriff beschreibt vor allem ein sexuelles und partnerschaftliches Interesse. Ein Two-Spirit dagegen lebt in einer Rolle jenseits von Mann und Frau, und hat *im Rahmen dieser Rolle* eventuell auch Beziehungen zu Männern. Allerdings eben *nicht* als Mann, sondern als Two-Spirit, weshalb hier nicht von Homosexualität (als »Sexualität unter Gleichen«) gesprochen werden kann. Sexualität zwischen *zwei Männern* war vermutlich auch in den meisten indianischen Kulturen verpönt.[9] Im Vordergrund steht beim Begriff des Two-Spirit also nicht das sexuelle Interesse (das ja keineswegs immer auf Männer gerichtet ist) sondern das Interesse an einer sozialen Rolle.[10]

Interessanterweise kam es zu einer Wechselbeziehung zwischen Ethnologie und Sexualwissenschaft: Während einerseits das neue Konzept der »Homosexualität« die Beschreibungen von Two-Spirits färbte, wurde umgekehrt dieses Konzept von Homosexualität, das sich um die Wende zum 20. Jahrhundert allmählich ausformt, zunächst wohl stärker als bisher angenommen von ethnologischen Berichten beeinflusst. Karl Heinrich Ulrichs[11] frühe Homosexualitätstheorie von »weiblichen Seelen in männlichen Körpern« beispielsweise oder Magnus Hirschfelds[12] Modelle vom »dritten Geschlecht« bzw. einer Vielzahl von »sexuellen Zwischenstufen« standen den indianischen Modellen wesentlich näher als das Homosexualitätskonzept, das wir heute kennen. Ulrichs und Hirschfelds Modelle hätten, wenn sie erfolgreicher gewesen wären, theoretisch die Chance geboten, das westliche Dogma von nur zwei Geschlechtern zu

---

[9] Leider wissen wir fast nichts über den indianischen Umgang mit Sexualität zwischen Männern. Nach »echter« Homosexualität wurde in Nordamerika nicht mehr gesucht, weil man sie eben bei den Two-Spirits bereits gefunden glaubte. Zudem würden indianische Männer sich gehütet haben, sich ausgerechnet vor Europäern über homosexuelle Erfahrungen auszubreiten.

[10] Von westlichen Mann-zu-Frau-Transsexuellen dagegen unterscheiden sich Two-Spirits dadurch, dass sie nicht wirklich die weibliche Rolle anstreben, sondern eben eine Sonderrolle.

[11] Karl Heinrich Ulrichs (1825–1895), Jurist, Publizist, Dichter und Schriftsteller, gilt heute als früher Vorreiter der Homosexuellenbewegung. Er war der erste, der eine wissenschaftliche Theorie zur Homosexualität formulierte. Der Kernpunkt dieser Theorie: Der homosexuelle Mann besitze »eine weibliche Seele, eingeschlossen in einem männlichen Körper«. Vor dem Münchner Juristentag 1867 sorgte Ulrichs für einen Skandal, als er sich als erster öffentlich für die Rechte der Homosexuellen einsetzte.

[12] Magnus Hirschfeld (1868–1935), Nervenarzt und Sexualforscher, setzte sich mit seinem »Wissenschaftlich-Humanitären Komitee« für die Abschaffung der strafrechtlichen Verfolgung Homosexueller ein und gründete 1918 das später von den Nazis zerstörte »Institut für Sexualforschung«. Hirschfeld entwickelte verschiedene theoretische Modelle und spekulierte dabei u.a. ebenfalls über verschiedene Kombinationsmöglichkeiten von männlichen und weiblichen Körper- und Seelenanteilen.

durchbrechen – auch im »christlichen Abendland« hätten so alternative Geschlechtsrollen entstehen können. Letztlich aber setzte sich ein anderes Konzept von Homosexualität durch, das dem Zwei-Geschlechter-Dogma wiederum untergeordnet wurde: Homosexuelle sind demnach Männer, die Männer lieben, oder Frauen, die Frauen lieben, aber keine »Zwitterwesen«.

Dennoch blieben die Phänomene »Homosexualität« und »Two-Spirits« seitdem eng verknüpft – mit negativen und positiven Konsequenzen:

Einerseits wurde durch diese Verknüpfung die Erforschung alternativer Geschlechtsrollen erheblich gehemmt: Die Ängste und Abneigungen, die ForscherInnen bezüglich Homosexualität mit sich herumtrugen, wurden leider automatisch auf Two-Spirits übertragen. Two-Spirits galten lange Zeit nicht als ethnologisches Forschungsfeld, sondern als psychiatrisches Problem. So erstaunlich es aus heutiger Sicht scheint: Eine wichtige und weitverbreitete kulturelle Einrichtung wurde nicht als solche erkannt, sondern als »Geistesstörung« einzelner Personen abgetan. Noch 1975 beschloss die *American Anthropological Association*[13] offiziell, jegliche Forschungen über Homosexualität in anderen Kulturen zu unterlassen – und dazu zählte die Two-Spirit-Forschung ebenfalls. Bis heute gefährden EthnologInnen, die zu »Homosexualität« forschen, ihr berufliches Weiterkommen.[14]

Andererseits kam es durch die Verknüpfung von »Homosexualität« und »Two-Spirits« zu einem interessanten Austausch auf einer anderen Ebene: Bereits seit Anfang des 20. Jahrhunderts begannen sich homosexuelle AktivistInnen in Europa und Amerika für die ethnologischen Berichte von »Homosexuellen« in aller Welt zu interessieren. Beschreibungen wie die von den Two-Spirits wurden politisch genutzt, um zu beweisen, dass »Homosexualität« auf der ganzen Welt existiere. Sie sei somit etwas vollkommen »Natürliches« und dürfe deshalb auch nicht bestraft werden. Im Kampf gegen den §175 StGB[15] und ähnliche Strafgesetze spielten solche Argumente eine wichtige Rolle: Man erklärte, was die Natur selbst hervorbringe, könne keinesfalls unmoralisch oder unrecht sein.[16]

---

13 *American Anthropological Association* = Verband amerikanischer EthnologInnen.
14 Selbst der international anerkannte Ethnologe Edward E. Evans-Pritchard, der sich wegen seines Rufes eigentlich wenig zu sorgen brauchte, ließ einen Artikel über Homosexualität bei den Azande 30 Jahre lang in der Schublade liegen, bevor er endlich den Mut fand, ihn zu veröffentlichen.
15 Der §175 StGB regelte die Strafbarkeit homosexueller Handlungen und wurde erst 1994 völlig abgeschafft.
16 Leider siegte auch hier die Macht der westlichen Geschlechterordnung über die Verlockungen der exotischen Idylle: Statt sich von der »vorbildlichen Toleranz« der Indianer beeindrucken zu lassen und die Strafgesetze für westliche Homosexuelle abzuschaffen, bekamen längst auch die indianischen vermeintlichen »Homosexuellen« die volle Härte ebendieser Gesetze zu spüren. Zwar wurden

In den 1970er Jahren begannen viele EthnologInnen über »Homosexualitäten« in anderen Kulturen zu forschen, und in den 1990er Jahren brach eine wahre Flut von entsprechenden Veröffentlichungen herein, allerdings weniger als Teil der »offiziellen« Ethnologie, sondern vor allem getragen von schwulen und lesbischen EthnologInnen, die teils einfach diesen vernachlässigten Forschungsbereich vorantreiben wollten, teils auch politische Absichten damit verbanden. In jüngerer Zeit treten auch indianische EthnologInnen hervor, die sich teils selbst als schwul, lesbisch oder *two-spirited* bezeichnen, und die ihre Arbeit oft ausdrücklich mit emanzipatorischen Zielen verbinden.

AKTUELLE SITUATION Bekanntlich wurden die traditionellen Lebensweisen der indianischen Völker weitgehend zerstört oder zumindest gründlich verändert. IndianerInnen wurden in Reservate abgedrängt, zwangschristianisiert, dem westlichen Rechtssystem unterworfen, die Kinder in ein westliches Schulsystem eingegliedert. Damit konnten unter anderem auch westliche Moralvorstellungen wie Monogamie und Keuschheit außerhalb der Ehe durchgesetzt werden. Gleichzeitig wurde auch das westliche Modell der Geschlechterordnung mit seiner Abwertung aller geschlechtlichen Anormalität gegenüber den traditionellen Rollenvorstellungen durchgesetzt. Es gab übrigens eigens Gesetze, die jeden anatomischen Mann verpflichteten, jederzeit eine Mindestzahl »männlicher« Kleidungsstücke zu tragen. Viele Two-Spirits wurden aufgrund derartiger Gesetze verhaftet und häufig schwer misshandelt oder getötet. Traditionelle Vorstellungen von alternativen Geschlechtsrollen hatten es schwer, sich gegen die moralische und physische Gewalt der christlich-westlichen Ideologie zu behaupten.

Junge IndianerInnen, die feststellen, dass sie den »normalen« Geschlechtsrollen nicht entsprechen, und die nach alternativen Rollenmodellen suchen, finden heute auf den Reservaten statt der traditionellen »Two-Spirits«-Konzepte meist ausschließlich die westlichen Konzepte von Homosexualität bzw. Transsexualität vor. Allerdings ist es für sie nicht besonders verlockend, sich als homo- oder transsexuell zu identifizieren. Vielen modernen IndianerInnen gilt Homosexualität als ein »unindianisches«, »unchristliches« oder jedenfalls verachtenswertes Phänomen. Die Atmosphäre in den Reservaten ist größtenteils überaus homophob – d. h. allem gegenüber, was der heterosexuellen »Normalität« nicht entspricht, ablehnend bis feindlich gestimmt. Viele Betroffene erle-

---

Two-Spirits von Anfang an von westlichen Eroberern und Missionaren unterdrückt und verfolgt, der Höhepunkt der Brutalität fiel allerdings – sicher nicht zufällig – mit der westlichen Homosexuellendiskussion Ende des 19. Jahrhunderts / Anfang des 20. Jahrhunderts zusammen.

ben oder befürchten Gewalt und wandern infolgedessen in die Städte ab. Viele urbane (städtische) IndianerInnen übernehmen westliche Konzepte und bezeichnen sich selbst als homosexuell oder transsexuell. Dadurch sind sie allerdings in einer Situation doppelter Diskriminierung: als Schwule/Lesben/Transsexuelle und als IndianerInnen. Auch innerhalb schwullesbischer Subkulturen erfahren sie oft Ausgrenzung.

Viele moderne IndianerInnen besinnen sich allerdings wieder auf traditionelle indianische Werte, um ganz bewusst eine indianische Identität zu pflegen und zu bewahren. Diese allgemeine Tendenz hat auch schwule, lesbische und transsexuelle IndianerInnen erfasst.

Bereits Mitte der 1970er Jahre begannen sie, die Beschreibungen und Berichte über Two-Spirits auszuwerten und entsprechende Konzepte politisch zu verwerten. Mit der Gründung der *Gay American Indians* (GAI) im Jahr 1975 begannen einige indianische AktivistInnen ganz gezielt, traditionelle Geschlechtskonzepte wieder aufleben zu lassen. Sie identifizierten sich nicht als schwul oder lesbisch, sondern als »Two-Spirit«. In diesem Begriff fassen indianische AkivistInnen seitdem sowohl traditionelle, indigene alternative Rollenmodelle als auch die westlichen Konzepte von Homosexualität und Transsexualität zusammen. Diese Vermischung mag aus wissenschaftlicher Sicht problematisch erscheinen, da hier völlig verschiedene Phänomene unter einen Hut gesteckt werden. Jedoch ist gerade diese Unschärfe des Begriffs politisch ausgesprochen geschickt: Erstens können so Menschen mit ganz verschiedenen Identitäten und Lebensweisen zu einer Solidargemeinschaft zusammengeschweißt werden, statt ihre Unterschiede zu betonen. Zweitens wird es so möglich, zwischen modernen schwulen und lesbischen IndianerInnen und deren traditionellen Two-Spirit-»Vorbildern« eine Kontinuität zu behaupten. Moderne Two-Spirits gelten somit nicht als »Verräter« an der indianischen Lebensweise, indem sie die »westliche Unart« der Homosexualität übernehmen, sondern im Gegenteil als Bewahrer einer spezifisch-indianischen Tradition. Drittens ist schon im Begriff »Two-Spirit« die Betonung einer weiteren Behauptung angelegt: Angeblich verfügen Two-Spirits über besondere spirituelle Begabungen. Ob dies traditionell tatsächlich so wichtig war, ist umstritten, doch trägt auch diese Behauptung dazu bei, die Skepsis und Ablehnung indianischer Traditionalisten gegenüber indigenen Schwulen, Lesben und Transsexuellen zu überwinden – man reiht sich ein in die verbindende Tendenz der bewussten Wiederbelebung traditioneller Kultur. Gleichzeitig gelingt eine, wenn auch etwas unbestimmte, Abgrenzung gegenüber der euro-amerikanischen schwulen Subkultur. Moderne Two-Spirits kritisieren westliche Schwule wegen ihrer Betonung des Sexuellen und weil diese es häufig aggressiv ablehnen, sich als »nicht männlich« zu beschreiben und das westliche Zwei-Geschlechter-Modell in Frage zu stellen.

Interessanterweise beruht das moderne indigene Konzept des Two-Spirit teilweise eher auf den Klischees westlicher BeobachterInnen als wirklich auf traditionellen indigenen Realitäten: Die Behauptungen, dass Two-Spirits mit westlichen Homo- und Transsexuellen verglichen oder sogar gleichgesetzt werden könnten und dass sämtliche Two-Spirits spirituell privilegierte und deshalb ganz besonders geachtete Persönlichkeiten gewesen seien, entstammen vor allem den Berichten westlicher BeobachterInnen. Heute weiß man, dass diese Berichte teilweise die Realität völlig verkannten. Man könnte hämisch anmerken, es gehe hier also gar nicht um eine Rückbesinnung auf indianische »Traditionen«, sondern um die Verwirklichung ursprünglich westlicher Phantasien. Etwas spöttisch wurde bereits angemerkt, dass viele Two-Spirits ausgerechnet die klischeestrotzenden europäischen Quellen als eine Art Handbuch zum Thema »*Wie bastele ich mir eine Two-Spirit-Identität?*« verwenden. Dennoch bleibt festzuhalten, dass die Strategie der AktivistInnen den heutigen kulturellen Realitäten äußerst geschickt angepasst ist und dass sie modernen Two-Spirits zu einer als stimmig erlebten – und erstaunlich flexiblen – Identität verhilft.

In den USA und Kanada gibt es mittlerweile sieben Two-Spirits-Organisationen. Das wachsende Traditionsbewusstsein fördert die Achtung der Two-Spirits auch in den Reservaten. Nach einer langen Zeit der Repression wächst die Zahl der Two-Spirits z. B. bei den Cheyenne und Navaho wieder.

Ein Priester auf Kodiak wäre vielleicht heute noch so verblüfft wie sein Kollege vor hundert Jahren. Die »unechten Bräute« aber sind inzwischen cleverer geworden.

LITERATUR

Kea
2001 Zeitschrift für Kulturwissenschaften, Ausgabe 14: Heteronormativität.

Lang, Sabine
1990 Männer als Frauen – Frauen als Männer. Geschlechtsrollenwechsel bei den Indianern Nordamerikas. Hamburg.

Setz, Wolfram (Hrsg.)
2000 Die Geschichte der Homosexualitäten und die schwule Identität an der Jahrtausendwende. Eine Vortragsreihe aus Anlaß des 175. Geburtstags von Karl Heinrich Ulrichs. Berlin.

WEBSITES

www.nwtwospiritsociety.org/ (September 2003) Homepage der Northwest Two-Spirit-Society

www.geocities.com/westhollywood/castro/8260/ (September 2003)
Homepage der Bay Area American Indian Two Spirits

AUTORINNEN UND AUTOREN

Aboueldahab, Barbara
Jg. 1956, studierte Ethnologie, Iranistik, Germanistik und Sport in Kiel und Göttingen. Magisterarbeit über die Baha'i im Iran, freiberufliche Tätigkeit als Ethnologin. Schwerpunkte: Islam, Frauen im Islam, Stellung der Frau im Vorderen Orient, insbes. in Ägypten. Zahlreiche Forschungsaufenthalte in Ägypten.

Beer, Volker
Jg. 1966, Ethnologe und Religionswissenschaftler. Magisterarbeit 1997 zum Thema »*Vom Wahn zum Ismus: Eine kritische Betrachtung des Verhältnisses zwischen Ethnologie und Cargo-Kulten.*« Nach dem Studium u. a. wissenschaftlicher Mitarbeiter beim Religionswissenschaftlichen Medien- und Informationsdienst REMID e.V. in Marburg, in der museumspädagogischen Abteilung IKAT des Museums der Weltkulturen in Frankfurt a. M. und in der Völkerkundlichen Sammlung der Philipps-Universität Marburg. Lehraufträge zu Museumsethnologie und »Cargo-Kulten«. Mitarbeit bei mehreren ethnologischen Ausstellungen. Fortbildungen u. a. zu Museumspädagogik, Ausstellungsgestaltung und Ausstellungsmanagement. Derzeit – neben anderen Projekten – Arbeit an einer Dissertation zum Thema »*Two-Spirit und Queer. Ein Beispiel für die Wechselwirkungen alternativer Geschlechtsrollenkonzepte der Native Americans und des Westens*«.

Bertels, Ursula
Jg. 1963, studierte Ethnologie, Ur- und Frühgeschichte und Romanistik in Münster und Freiburg. 1992 Promotion in Freiburg zum Thema »*Das Fliegerspiel in Mexiko – Historische Entwicklung und gegenwärtige Erscheinungsformen*«. Seit 1986 regelmäßige Forschungsaufenthalte in Mexiko. Lehraufträge an verschiedenen Universitäten, u. a. Münster und Trier. Seit 1994 Mitarbeiterin des Vereins Ethnologie in Schule und Erwachsenenbildung (ESE) e.V. und dort in der Erwachsenenbildung, der Schule und der Forschung tätig. Seit 2002 ist sie 1. Vorsitzende des Vereins.

Biallas, Katrin
Jg. 1968, als Au-Pair 1988 erstmals in Israel, 1991 erste Sinai-Reise und Adoption in eine Beduinenfamilie, seither jährliche lange Feldaufenthalte im Sinai. Zur gleichen Zeit Studium der Ethnologie, Islamkunde, Judaistik und Vergleichenden Religionswissenschaft in München und Tübingen, 1998 Magisterabschluss in Ethnologie mit einer diskursanalytischen Arbeit zu Beduinen in

Israel. Seit 1999 Vermittlung ethnologischer Inhalte durch Vorträge an Schulen und in der Erwachsenenbildung sowie in ethnopoetischer Form (Lichtbildschau »*Wüstengeschichten*«). 1999–2002 freie Mitarbeit am ethnologischen Museum (Lindenmuseum) Stuttgart. Seit 2000 regelmäßige Organisation und Begleitung von Reisen im Sinai mit ethnologischem Schwerpunkt für kleine Zielgruppen; Radiosendungen zu den Themen »*Reisen in der Wüste*« und »*Beduinen*«.

Brünenberg, Kerstin
Jg. 1970, freiberufliche Museumspädagogin und Ausstellungsmacherin; studierte Ethnologie, Geschichte und Pädagogik an den Universitäten Münster und London. Nach dem Studium absolvierte sie ein wissenschaftliches Volontariat am Westfälischen Museum für Naturkunde in Münster. Im Projekt »Ethnologie in der Schule« des Vereins Ethnologie in Schule und Erwachsenenbildung (ESE) e.V. war sie als ethnologische Lehrkraft tätig. Derzeit ist sie ESE-Koordinatorin für den Bereich Schule und arbeitet in der Vermittlung von interkultureller Kompetenz in der Erwachsenenbildung. Forschungsaufenthalte in den Südstaaten der USA (Afroamerika), Algerien und Niger (Tuareg), sowie Namibia (Nama).

Fallers, Heike
Journalistin, studierte Ethnologie an der Universität Hamburg, arbeitet u. a. für den »Stern« und »Die Zeit«.

Giebeler, Cornelia
Soziologin, lehrt als Professorin an der Fachhochschule Bielefeld. Forschungsschwerpunkte: Kindheitsforschung, Frauen- und Geschlechterforschung, Lateinamerikaforschung (aktuell: Biografische Rekonstruktion indigener Frauen in Chile und Mexiko), Rekonstruktive Forschungsmethoden (Netzwerk rekonstruktive Sozialarbeitsforschung und Biografie), Global Social Work, Interkulturalität (Interkulturelle Gärten als innovative Konzeption der Migrationssozialarbeit).

de Jong, Willemijn
Jg. 1949, Titularprofessorin für Ethnologie am Ethnologischen Seminar der Universität Zürich. Sie lehrt Gender-, Verwandtschafts- und Sozialanthropologie; Publikationen zu Arbeit, Familie und Geschlechterbeziehungen sowie zu Ritualen und sozialer Identität in Flores, Indonesien. In den letzten Jahren hat sie ein Forschungsprojekt über lokale Sicherheit und Gender in Indien und Burkina Faso geleitet. In diesem Zusammenhang forschte sie in Kerala, Indien.

Jürgens, Panja
Jg. 1939, international anerkannte Fotografin, Einzel- und Gruppenausstellungen ihrer Fotodokumentationen u. a. im Museum of Photography, Lausanne, Ludwig Forum für internationale Kunst, Aachen, Kunsthalle Köln, sowie Bern, Zürich, New York, Wien, Frankfurt a. M., Veröffentlichungen ihrer Fotos in zahlreichen deutschen Magazinen und im *International Magazine of Photography* (1987, 1993). Zwei Filme sind bisher über sie und ihre Arbeit gedreht worden.

Kalka, Claudia
Jg. 1963, Studium der Ethnologie, Biologie und Kunstgeschichte; Promotion, Volontariat in der Völkerkunde-Abteilung des Niedersächsischen Landesmuseums Hannover, Lehraufträge an der Universität Hamburg, Mitarbeit in Ausstellungskonzeption und Gestaltung am Museum für Völkerkunde Hamburg, derzeit museumspädagogische Tätigkeit in der Völkerkunde-Sammlung der Hansestadt Lübeck.

Klocke-Daffa, Sabine
Jg. 1956, studierte Ethnologie, Soziologie und Spanisch an der Westfälischen Wilhelms-Universität Münster; promovierte 1998 mit einer Arbeit über soziale Sicherung und Austauschbeziehungen bei den Nama in Namibia. Seit 1987 wissenschaftliche Mitarbeiterin am Institut für Lippische Landeskunde des Landesverbandes Lippe in Lemgo und Lehrbeauftragte der Universität Münster. 2004–2006 Vertretungs-Professorin im Institut für Ethnologie in Münster. Derzeitige Forschungsschwerpunkte: Austauschsysteme, Rituale, soziale Sicherung in Zeiten von AIDS.

Krasberg, Ulrike
Privatdozentin am Institut für Vergleichende Kulturforschung (Völkerkunde) an der Universität Marburg, Mitarbeiterin des Museums der Weltkulturen in Frankfurt am Main. Aufbau, Betreuung und Redaktion der Internetzeitung *www.Journal-Ethnologie.de* (hrsg. vom Museum der Weltkulturen); jahrelange Feldforschung in Griechenland und Marokko.

Lütkes, Christiana
Jg. 1958, legte 1988 ihr Magisterexamen in Ethnologie, Soziologie und Volkskunde an der Universität Münster ab, 1998 Promotion in Ethnologie an der Universität Hamburg. Ihre Dissertation »*Gom. Arbeit und ihre Bedeutung bei den Wampar im Dorf Tararan, Papua-Neuguinea*« basiert auf einem einjährigen Feldforschungsaufenthalt in Neuguinea im Jahre 1991. Seit 1989

Lehrbeauftrage am Institut für Ethnologie der Universität Münster, seit 2004 Projektleiterin bei der Agentur für gesellschaftliches Engagement (AGE) in Hamm.

Meier, Barbara
Jg. 1965, wissenschaftliche Assistentin an der Universität Münster, seit 1988 zahlreiche Feldforschungsaufenthalte in Ghana. Promotion 1993 über Nichtenpflegschaftsverhältnisse der Bulsa, seit 1994 Forschungen über Migration in West- und Ostafrika (Uganda). Forschungsschwerpunkte: Migration, Rituale, Genderbeziehungen.

Prinz, Ulrike
Jg. 1961, derzeit Referentin des Goethe-Instituts München im Bereich Kultur und Gesellschaft. Studium der Ethnologie, Romanistik und Philosophie in München und Madrid (1985/86). 1998 Promotion an der Philipps-Universität Marburg mit der Arbeit: »*Das Jacaré und die streitbaren Weiber – Poesie und Geschlechterkampf im östlichen Tiefland Südamerikas.*« 1998–2004 Arbeit als freie Ethnologin, 1999–2000 DFG-Forschungsprojekt: »*Das gefährliche Spiel mit dem ‚anderen': Travestie der Geschlechter und Verwandlung in indianischen Kulturen des amazonischen Tieflands*«, Aug.–Okt. 2000 Forschungsaufenthalt in Brasilien und Parque Nacional do Xingu, Mato Grosso; seit 2000 Lehrbeauftragte an der Ludwig-Maximilians-Universität München.

Raesfeld, Lydia
Jg. 1963, Studium der Ethnologie, Archäologie und Vor-und Frühgeschichte an der Westfälischen Wilhelms-Universität Münster (Magister), Promotion in Ethnologie an der Albert-Ludwigs-Universität Freiburg i.Br. Berufliche Tätigkeit: 1996–1998 Instituto Nacional Indigenista, Mexiko; 1998–2002: Lehrtätigkeit an der Universidad Autónoma del Estado de Hidalgo und der Universidad Pedagógica Nacional in Mexiko, seit 2002 Profesora-Investigadora am Instituto de Ciencias Sociales y Humanidades der Universidad Autónoma del Estado de Hidalgo in Pachuca, Mexiko, Forschungsschwerpunkte: Mexiko, Interkulturalität, Migration, Rituale und Zeremonien.

Schäfer, Rita
Ethnologin, derzeit Mitarbeiterin am Institut für Ethnologie der FU-Berlin; Forschungen in Sierra Leone, Zimbabwe, Namibia und Südafrika. Themenschwerpunkte: Traditionelle und moderne afrikanische Frauenorganisationen, Geschlechterverhältnisse und ländliche Entwicklung. Aktuelles Forschungsprojekt: Frauenrechtsorganisationen und Gewalt gegen Frauen in Südafrika.

Speeter-Blaudszun, Sonja
Jg. 1960, studierte Ethnologie, Soziologie und Pädagogik in Mainz. 2002 Promotion in Mainz über »*Die Expeditionen der Familie Marshall. Eine Untersuchung zur ethnographischen Erforschung der Nyae Nyae !Kung*«; seitdem Lehraufträge an den Universitäten Mainz und Hamburg. Regionale Interessen: Afrika, Europa, Nordamerika. Forschungen in den USA und Namibia. Thematische Schwerpunkte: Geschlechterforschung, Biographieforschung, Visuelle Anthropologie.

Stappert, Gisela
Jg. 1959, 1985 Magisterexamen in Ethnologie, Soziologie und Allgemeine Erziehungswissenschaften an der Johann Wolfgang Goethe-Universität in Frankfurt a. M. 1992 Promotion in Frankfurt. 1992–1994 wissenschaftliche Mitarbeiterin im Hessischen Puppenmuseum in Hanau. 1995–2001 wissenschaftliche Mitarbeiterin an der Universität Frankfurt. Schwerpunkte: Indianer Nordamerikas, Geschlechterforschung, materielle Kultur, ethnografische Bilderforschung.

de Vries, Sandra
Jg. 1964, studierte Ethnologie, Publizistik und Soziologie in Münster und Tübingen. Forschungsaufenthalte in Baltistan, Pakistan von 1993–1996 im Rahmen des Karakorumprojekts der Deutschen Forschungsgesellschaft (DFG). Seit 1996 Mitarbeiterin des Vereins Ethnologie in Schule und Erwachsenenbildung (ESE) e.V., Koordinatorin des Bereichs Erwachsenenbildung. Tätigkeiten im Bereich der Lehre, Forschung, Schule und Erwachsenenbildung.

Watson-Franke, Maria-Barbara
Professor Emerita am Department of Women's Studies, San Diego State University, San Diego, CA, USA, studierte Ethnologie an der FU Berlin und an der Goethe-Universität Frankfurt a. M. und erhielt 1970 ihren Dr. phil. an der Universität Wien. Sie führte Feldforschungen in Südamerika und Europa durch und hat zahlreiche Publikationen über die Wayúu in Venezuela veröffentlicht. Ihre neuesten Publikationen und Forschungsprojekte befassen sich mit Gender-Dynamiken und Elternschaft in matrilinearen Systemen, der Beziehung matrilinearer Gruppen zum Nationalstaat und der Rolle weiblicher Schamanen der Wayúu (Venezuela).

BILDNACHWEIS

Karten auf Seite 50, 68, 94, 114, 186, 194, 220: Sabine Klocke-Daffa.
Karten auf Seite 10, 28, 40, 60, 76, 86, 104, 140, 150, 162, 174, 200, 208, 230: Birgitta Huse.

Seite 30	Foto: Marschall-Collection.
Seite 31	Karte aus: Marshall, Lorna: Nyae-Nyae !Kung. Beliefs and Rites. Cambridge 1999.
Seite 34, 35	Fotos: Sonja Speeter-Blaudzun.
Seite 44, 45	Fotos: Piotr Lütkes.
Seite 53, 54, 56	Fotos: Katrin Biallas.
Seite 62, 65	Fotos: Kerstin Brünenberg.
Seite 71, 72	Sandra de Vries.
Seite 79, 85	Fotos: Heike Faller.
Seite 88	Foto: Ursula Bertels.
Seite 96, 100	Fotos: Barbara Aboueldahab.
Seite 108, 112	Fotos: Sabine Klocke-Daffa.
Seite 118	Karte aus Ifeka-Moller, Caroline: Female militancy and colonial revolt: The women's war of 1929, Eastern Nigeria. In: Ardener, Shirley (ed.): Perceiving women. London 1975, S. 130.
Seite 120	Karte aus Westermann, Verena: Women's disturbances – Der Anlu-Aufstand bei den Kom (Kamerun), 1958–1960. Münster/Hamburg 1992, S. 174.
Seite 121	Karte aus: Forde, C. D. und P. M. Kaberry: West African kingdoms in the 19th century. London 1967, S. 124.
Seite 142, 145, 147	Fotos: Ulrike Krasberg.
Seite 153	Karte nach Whiteley, Peter M: Deliberate Acts: Changing Hopi Culture Through the Oraibi Split. Tucson 1988, S. 3.
Seite 154	Foto: Gisela Stappert.
Seite 157	Foto: Kate Cory. Abbildung in: Wright, Barton; Gaede, Marc und Marnie Gaede (eds.): The Hopi Photographs: Kate Cory, 1905–1912. La Cañada. 1986, Foto 64.
Seite 159	Fotos: Gisela Stappert.
Seite 164, 169	Fotos: Cornelia Giebeler.
Seite 177, 180	Fotos: Sabine Wunderlich.
Seite 181	Foto: Willemijn de Jong.
Seite 190	Foto: Claudia Kalka.
Seiten 195, 197	Fotos: Maria-Barbara Watson-Franke.
Seite 203, 205	Fotos: Lydia Raesfeld.
Seite 212	Fotos: Barbara Meier.
Seite 222, 224	Fotos: Ulrike Prinz.
Seite 232	Fotos: Panja Jürgens.